ÉLÉMENTS

DE LA

GRAMMAIRE BRETONNE

TRÉGUIER. — A. LE FLEM, IMPRIMEUR-LIBRAIRE.

ÉLÉMENTS

DE LA

GRAMMAIRE BRETONNE

PAR L'ABBÉ

J. HINGANT

TRÉGUIER

A. LE FLEM, IMPRIMEUR-LIBRAIRE

—

1868

Propriété de l'Auteur.

PRÉFACE

Les raisons, qui m'ont déterminé à faire cet ouvrage, auront certainement peu de valeur aux yeux de ceux qui n'admettent pour personne la nécessité, ni même l'utilité de parler convenablement la langue bretonne. Mais j'ai la conviction qu'elles seront jugées avec plus de justice par ceux qui ont un ministère à remplir dans un pays où la plupart des habitants ne peuvent s'exprimer qu'en breton. A ceux-ci je puis joindre ceux qui comprennent que telle connaissance peut être utile, et même nécessaire à plusieurs, sans qu'ils en aient eux-mêmes besoin. Quant aux hommes d'étude, qui savent que la langue bretonne est respectable par son ancienneté, aussi bien que par sa régularité et sa clarté, je n'ai aucune critique injuste à craindre de leur part; au contraire, j'ai à remercier plusieurs d'entre eux de m'avoir encouragé à compléter mon œuvre autant que possible.

Maintenant on me demandera si j'ai réussi à satisfaire leur désir. A cette question je ne puis répondre que par le résultat même de mes recherches, et par le jugement de ceux à qui j'ai soumis mon ouvrage. Une chose est bien certaine pour moi et pour tous ceux qui ont examiné mon livre, c'est que j'ai cherché toutes mes règles dans l'usage. J'ai visé à la plus grande clarté possible dans l'exposition de mes règles : je les ai disposées et détaillées de manière que celui-là même, qui ne saurait pas un seul mot breton, pourrait les étudier avec fruit : cela n'empêchera pas ceux qui savent déjà le breton de profiter de mes recherches.

L'orthographe que j'ai adoptée, c'est celle de Le Gonidec : cette adoption ne sera pas approuvée par ceux qui veulent écrire sans principe.

Comme je l'ai déjà dit, j'ai pris toutes mes règles dans l'usage; de là on peut conclure que mon but a été de faciliter l'étude du breton usuel que le peuple parle, et que les bons auteurs écrivent, soit en prose, soit en vers.

Parmi ceux qui ont écrit en prose, on remarque MM. Troude et Milin, et M. Chatton.

Les deux premiers ont traduit le livre de l'*Imitation* avec une exactitude et une clarté qui prouvent que les Bretons ne manquent ni de tournures ni de termes pour exprimer leurs idées.

M. Chatton a fait un livre intitulé *Levr Bugale Mari*. La rapidité avec laquelle ce *Mois-de-Marie* s'est répandu dans toute la partie bretonne, et le plaisir nouveau que l'on éprouve toujours en le lisant, font l'éloge de cet ouvrage plus que tout ce que l'on pourrait en dire.

Comme la langue bretonne prête beaucoup à la poésie par l'abondance de ses termes pour exprimer les divers sentiments, et par la variété de ses tournures, ceux qui ont écrit en vers sont plus nombreux que ceux qui ont écrit en prose. Il serait trop long de les énumérer tous ici; mais il y en a parmi eux dont les écrits sont trop précieux pour que je laisse d'en recommander la lecture.

Les différentes pièces de M. Le Jean; *Télen Rémengol*, par M. Lescour; *Bombard-Kernev*, par M. Proux; *Bépréd-*

Breiziad, par M. Luzel; *Gwerz ann Tad Guillou*, par M. le Mat, montrent clairement que ces auteurs joignent à leur goût et à leur talent pour la poésie une connaissance profonde du breton. Nous avons aussi de M. de la Villemarqué un chef-d'œuvre de littérature bretonne, intitulé *Barzaz-Breiz*.

Outre ces savants écrivains, dont je viens de mentionner les ouvrages, nous voyons plusieurs littérateurs distingués qui estiment notre vieille langue d'Armorique, la cultivent, et prouvent par leur succès que le breton n'a rien d'insurmontable pour celui qui veut l'apprendre. Un des premiers qui honorent ainsi notre langue et qui lui rendent cette justice, c'est notre illustre et bien-aimé évêque, Mgr David.

Vient ensuite M. Quémar, recteur de Saint-Laurent, qui a été une des premières causes impulsives d'une application sérieuse à la culture de la langue bretonne.

Nous pouvons encore compter parmi ceux qui font la gloire de notre idiôme, M. Charles de Gaule, M. Guitterel, M. Etienne, etc.

La langue bretonne, comme on le voit, devient un objet d'étude pour plusieurs savants, et on doit même ajouter que tout le monde indistinctement la respecte maintenant plus qu'autrefois, et veut l'apprendre pour pouvoir la parler convenablement : l'exemple est donné d'en haut, et l'exemple des grands entraîne les petits. Que faut-il maintenant pour seconder les efforts de ceux qui veulent s'instruire? Il faut des ouvrages élémentaires : c'est cette considération-là qui m'a le plus dominé quand j'ai commencé mon ouvrage.

Quant au plan de cet ouvrage, je n'ai pas besoin d'en parler ici : il est assez bien dessiné dans la table même des matières; mon plus grand soin a été évidemment de le faire tel que le génie de la langue le demandait. Quand je rencontrais quelque analogie frappante entre le latin et le breton, je la faisais remarquer : cela peut donner à plusieurs l'intelligence de la règle que je posais, sans nuire en aucune manière à ceux qui n'ont pas étudié la grammaire latine.

Enfin, j'ai fait mon possible pour compléter mon ouvrage et pour le mettre à la portée de tous ceux qui savent ce que c'est qu'une Grammaire; ce que je désire, maintenant, c'est le succès de ceux qui l'étudieront.

Jean HINGANT,

Prêtre.

A SA GRANDEUR

MONSEIGNEUR DAVID

Évêque de Saint-Brieuc et Tréguier

Monseigneur,

Permettez que je dépose aux pieds de Votre Grandeur l'hommage de mon respect et de ce modique travail. Il a peu de valeur, je le sais ; si cependant il peut être de quelque utilité, c'est sous les auspices de Votre Grandeur qu'il pourra faire le bien que l'on peut en espérer. Il m'a coûté de longues veilles ; mais ces veilles, j'en serais bien récompensé, si je pouvais atteindre le but que je me suis proposé, celui de faciliter une étude dont Votre Grandeur sait si bien reconnaître les avantages pour tous, et la nécessité pour plusieurs.

Veuillez, Monseigneur, agréer cette faible marque d'une reconnaissance que je ne puis vous témoigner assez ; bénissez ce petit livre et son auteur, et permettez, s'il vous plaît, que j'inscrive votre nom en tête de ma grammaire; ce sera pour moi le plus doux souvenir et le plus beau titre au succès de mon ouvrage.

Daignez, Monseigneur, je vous prie, agréer l'expression du profond respect et de la reconnaissance avec lesquels j'ai l'honneur d'être

de Votre Grandeur,

le très-humble et très-obéissant serviteur,

Jean HINGANT,
Prêtre.

ÉVÊCHÉ
DE
SAINT-BRIEUC ET TRÉGUIER

Saint-Brieuc, le 27 Mai 1868.

APPROBATION

DE MONSEIGNEUR DAVID

ÉVÊQUE DE SAINT-BRIEUC ET TRÉGUIER

Cher Abbé,

J'accepte avec plaisir la Dédicace de votre grammaire. Je l'ai lue avec fruit; je la relirai dès qu'elle sera imprimée. Elle est claire, nette, courte. J'espère bien que les docteurs en *Brezonek* n'y trouveront pas d'inexactitude.

Ne craignez pas, cher Abbé, notre dialecte de Tréguier: il porte avec lui certains caractères précieux dont nous n'avons pas à rougir. Moins sonore, moins élégant que celui de Léon, il est plus concis. Sa manière de contracter les syllabes me porterait à croire à sa priorité d'existence. Nos vieux Celtes prononçaient plutôt *laret* que *lavaret*, *kén a vo* que *kén a vézo*, etc., etc.

Puis, votre grammaire doit surtout devenir notre grammaire diocésaine. Elle peut rendre sous ce rapport de grands services. Or jamais, ni dans la partie cornouaillaise ni dans la partie trécoroise, vous ne modifierez les contractions en usage. Pourquoi donc ne pas les faire passer dans votre grammaire? Je vous en laisse juge pourtant.

Le *Brezonek* est une langue admirable qu'il faut à tout prix maintenir, épurer et glorifier. Cette gloire appartient surtout au Clergé breton, qui doit la regarder comme une tâche et un devoir de religion. Conserver la langue de nos pères, c'est en conserver les mœurs, les sentiments religieux, l'indépendance de caractère, tout ce qui a fait la Bretagne grande et belle dans le passé.

C'est parce que vous l'avez compris de bonne heure, cher Abbé, que vous avez conquis mon estime et mon affection : votre grammaire sera un honneur pour le diocèse et un titre de plus à mes bénédictions.

L'Évêque de Saint-Brieuc et Tréguier,

† AUGUSTIN.

Guingamp, le 16 Juin 1868.

Mon cher Abbé,

Une ère nouvelle semble s'ouvrir pour notre vieille langue bretonne : cette langue longtemps négligée, méprisée même par plusieurs, sort enfin d'un injuste et trop long oubli; on en étudie les principes, on en recherche avec soin les monuments épars, et notre littérature nationale s'enrichit chaque jour de quelque publication nouvelle.

Dans cette réhabilitation de notre précieux idiôme, le principal honneur revient sans contredit à l'illustre Le Gonidec : c'est lui que les Bretons vénèreront désormais comme le législateur de leur langue, et grâce à lui, comme le dit très-bien un de ses disciples, M. Hersart de la Villemarqué, l'autorité remplace l'anarchie, la règle succède au caprice, l'unité règne sous le rapport de l'orthographe, du vocabulaire et de la syntaxe, et les Bretons peuvent écrire et parler correctement et uniformément leur langue, plus pure et mieux cultivée qu'elle ne le fut jamais.

Cependant, si accomplie que fut l'œuvre du maître, elle était encore susceptible de perfectionnement. Quelques questions avaient été laissées dans l'oubli, quelques autres semblaient réclamer un peu plus de lumière, et l'auteur ne donnait pas encore la clef de tous les secrets de notre langue.

Vous avez vu ces lacunes, vous avez entrepris de les combler, et, laissez-moi vous le dire, vous l'avez fait avec un plein succès.

Votre grammaire, construite sur un plan nouveau, est beaucoup plus complète que celle de Le Gonidec : elle se recommande par une heureuse classification des matières, des règles claires, sûres et toujours déduites d'un usage constant et général, et elle me semble résoudre toutes les difficultés que peut offrir l'étude de notre idiôme.

Je ne saurais donc trop la recommander aux amateurs du *Brezonek*. Elle sera un guide sûr pour ceux qui sont encore étrangers à cette belle langue, et à ceux mêmes qui la connaissent, elle enseignera à la raisonner et à la mieux comprendre.

Recevez, mon cher Abbé, avec mes félicitations bien sincères, l'assurance de mon entier dévouement.

Aug. CHATTON,
Curé-Doyen.

Mon cher Confrère,

Vous avez bien voulu me faire voir votre grammaire bretonne, et vous me demandez ce que j'en pense. Je me rends à vos désirs et je viens volontiers ajouter mon humble suffrage aux approbations flatteuses et distinguées qu'elle a déjà reçues.

Votre grammaire accuse un immense travail et une connaissance profonde de la langue. Tout en marchant sur les traces de Le Gonidec, vous avez complété son œuvre et l'avez même rectifiée sur quelques points. Comme ce savant linguiste breton, vous avez cherché les principes et les règles de notre vieil idiôme dans leur véritable source.

L'usage, en effet, qui est le roi du langage et que vous n'avez pas confondu avec certaines coutumes purement locales, a été votre principal guide.

Et c'est en l'observant attentivement que vous avez découvert et que vous tracez d'une main sûre les règles si variées et si nombreuses des permutations que vous pouvez résumer en quatre lignes, la formation des temps pour la conjugaison des verbes, et que vous devinez les lois d'une syntaxe bretonne que le peuple ne viole jamais dans son langage, mais que les savants n'avaient pas encore osé formuler dans leur théorie.

Tous ceux donc qui s'intéressent à la conservation de la langue bretonne, ou qui en voudraient faire une étude sérieuse, vous sauront gré de votre travail et liront avec fruit votre grammaire.

Votre dévoué serviteur,

LE MAT,

Vicaire de Tréguier.

Monsieur l'Abbé,

Vous avez bien voulu soumettre à mon examen et à mon appréciation le manuscrit de votre grammaire bretonne.

J'ai lu votre travail avec le plus grand soin et la plus grande attention, et j'aime à vous dire que j'ai été agréablement surpris d'y trouver, à chaque page, la preuve incontestable de votre étonnante familiarité avec le génie de notre belle langue.

Votre livre, qu'il me tarde de voir imprimé et accessible à toutes les bourses, est un magnifique trophée élevé par vous à la gloire de notre Bretagne. Construite sur un plan aussi clair, aussi simple que nouveau, votre œuvre restera, car elle a un but utile, celui de faciliter à tous les hommes de cœur et de bonne volonté l'étude, moins ardue que l'on ne croit, de notre idiôme national, et de vulgariser cette étude dans nos campagnes, où la langue admirable de nos ancêtres est encore trop méconnue, malgré les nombreux travaux publiés par plusieurs de nos savants compatriotes, dans le louable but de la régénérer.

Salut cordial et accueil sympathique à la *Grammaire Bretonne,* santé et longue vie à son auteur pour qu'il puisse la perfectionner encore, puisque hélas! rien de parfait, ici-bas, ne sort de la main de l'homme.

Recevez, Monsieur l'Abbé, l'assurance de ma grande estime pour votre ouvrage et pour vous-même.

J. M. LE JEAN.

Guingamp, le 24 Juin 1868.

GRAMMAIRE BRETONNE

PREMIÈRE PARTIE

Il y a en breton dix sortes de mots : le *nom*, l'*article*, l'*adjectif*, le *pronom*, le *verbe*, le *participe*, l'*adverbe*, la *préposition*, la *conjonction* et l'*interjection*.

Comme l'alphabet breton diffère de l'alphabet français, et que pour étudier une langue il faut commencer par l'étude de ses premiers éléments, nous verrons d'abord l'alphabet, ensuite la prononciation des lettres, et après nous parlerons de chaque espèce de mots en particulier.

ALPHABET.

1. L'alphabet breton est composé de vingt-quatre lettres ou signes, dont voici l'ordre et la figure :

A, B, K, D, E, F, G, H, CH, C'H, I, J, L, M, N, O, P, R, S, T, U, V, W, Z.

Les lettres se divisent en voyelles et en consonnes.

Il y a cinq voyelles : *a, e, i, o, u*. On les appelle voyelles parce qu'elles n'ont besoin d'aucune autre lettre pour produire un son.

Les consonnes sont au nombre de dix-neuf : *b, k, d, f, g, h, ch, c'h, j, l, m, n, p, r, s, t, v, w, z*. On les appelle consonnes parce qu'elles ne peuvent produire aucun son sans le secours de quelque voyelle.

DE LA PRONONCIATION.

2. Il y a trois sortes de prononciations : la prononciation d'une voyelle seule, celle de deux voyelles qui se suivent immédiatement et celle d'une consonne suivie ou précédée d'une voyelle.

PRONONCIATION D'UNE VOYELLE SEULE.

3. Les voyelles *a, i, o, u* peuvent être sans accent, ou surmontées de l'accent circonflexe; si elles sont sans accent, elles sont brèves, et si elles sont surmontées de l'accent circonflexe, elles sont longues ; elles se prononcent en breton comme en français, à part les cas mentionnés plus bas; ainsi l'*a* a la même prononciation et la même mesure dans les mots *ma, va, da, pa*, etc., que dans les mots français *ma, ta, sa, la*, etc. L'*â* a également la même prononciation et la même mesure dans les mots bretons *tâd, mâb*, etc., que dans les mots français *pâte, marâtre*, etc. La même remarque peut être faite sur les autres voyelles.

L'*i* breton n'a jamais le son de l'*i* français comme dans les mots *instant, imparfait, ingrat*, etc.; il se prononce toujours comme *i* dans les mots *inanimé, innocent, uniformité*, etc. : Ijin, adresse; iñtra, se ternir; d'iñ, à moi, etc.

L'*u* breton n'a jamais le son de l'*u* français, comme dans *un;* il sonne toujours comme *u* dans *une :* Unani, unir; muntrer, meurtrier, etc.

L'*o* se prononce toujours comme en français : Penno, des têtes; bròio, des pays, etc.

L'*e* suivi d'un ou de deux *nn* se prononce en breton comme *e* dans *Amen* : Chaden, chaîne; penn, tête; penno, des têtes, etc.

L'*e* breton suivi d'un *m* a plus le son d'un *é* que d'un *è;* ainsi *e* dans *temz*, engrais, se prononce comme *é* dans *même*, etc.

L'*e* breton n'a jamais le son de l'*e* français comme dans *entrer, embellir*, (c'est-à-dire qu'il n'a jamais le son de l'*a*); il est toujours ouvert comme dans les mots français *mère, presque, presse*, quand il est suivi d'une consonne, quelle qu'elle soit, excepté l'*l*, l'*m* et l'*n* : *Éneb*, contre; *bàrner*, juge; *barvek*, barbu, etc. (Suivi d'un *l* il se prononce toujours comme *e* dans *éternel, elle*, etc. : Mérvel, mourir; poell, retenue, etc.)

L'*é* breton se prononce toujours comme l'*é* français; ainsi l'*é* dans *mé, té, énébour*, etc., se prononce comme *é* dans *été, passé*, etc.

PRONONCIATION DE DEUX VOYELLES QUI SE SUIVENT IMMÉDIATEMENT.

4. Parmi les voyelles qui se suivent immédiatement, il y en a qui produisent un son simple, qui ne peut être produit que par deux voyelles, et d'autres qui produisent des sons distincts, mais inséparables, qu'on appelle diphthongues.

Les sons simples, qui ne peuvent être produits que par deux voyelles, sont au nombre de deux, *eu* et *ou* : ils sont les mêmes en breton qu'en français; ainsi *eu* dans *breur* se prononce comme *eu* dans *peur*, et *ou* dans *marc'hadour* se prononce comme *ou* dans *labourer*, etc.

DIPHTHONGUES.

5. Comme il y a plus de diphthongues en breton qu'en français, je ne pourrai pas donner la prononciation de chaque diphthongue bretonne par la prononciation d'une diphthongue française; mais j'espère que je pourrai la donner autrement d'une manière suffisante.

PRONONCIATION DES DIPHTHONGUES.

6. Les diphthongues *ae, ao, aou*, se prononcent en breton à peu près comme *ai* dans *braire, ao* dans *aoriste* et *aou* dans *août*.

Laer, voleur; kaer, beau; — glao, pluie; brao, joli; — gaou, mensonge; daou, deux; kaouléden, un seul grumeau de lait caillé, etc.

Les diphthongues *ea*, *ei*, *eo*, se prononcent en breton comme on prononcerait *éa* dans *réale* (en faisant l'*é* brève, quoiqu'il soit surmonté d'un accent), comme on prononce *ei* dans *eia!* et *eo* dans *Eole* (l'*e* dans les diphthongues, aussi bien qu'ailleurs, est ouvert ou fermé, selon qu'il est sans accent, ou surmonté de l'accent aigu) : Béac'h, fardeau; meaz, campagne; — bleiz, loup; feiz, foi: — éôl ou ôléô, huile; leo, lieue; beol, cuve, etc.

Les diphthongues *ia*, *ie*, *io*, *iou*, *iu*, se prononcent comme *ia* dans *diacre*, *ie* dans *pied*, *io* dans *Ionas* et *iu* dans *Iudas* : Iar, poule; iac'h, sain; — ién, froid; iér, poules; ienn, coin à fendre le bois; — iôd, bouillie; skòiò, frappera; digorio, des ouvertures; — eur iourc'h, un chevreuil; ioul, volonté; — iudaz, traître; iùn, jeune, etc.

La diphthongue *oa* se prononce comme *oi* dans *loi*, et la diphthongue *oé* se prononce comme *oé* dans *poésie* : Loa, cuillère; joa, joie; — moéreb, tante; moéz, voix; oé, fut, etc.

Les diphthongues *oe* suivie de deux *ll* a le son de *oe* comme dans *moelle*, *poêl* : Moeltra, rendre ou devenir humide; poell, retenue, etc.

La diphthongue *ui* se prononce comme *ui* dans *huile* : Ar muia, le plus; ar skuisa, le plus fatigué ou la plus fatiguée, etc.

Les diphthongues *oua*, *oue*, *oui*, se prononcent comme *oua* dans *ouater*, *oue* dans *ouest* et *oui* dans *ouir* : Mouara, chercher des mûres; bouara, assourdir; — pouéza, peser; c'houéza, souffler; — c'houitel, sifflet; déraoui, commencer, etc.

La diphthongue *eué* se prononce en breton comme on prononcerait *eué* en français (s'il existait) : Leué, veau; ann neuérez, celle qui nâge, etc.

Les diphthongues *wa*, *wé*, *wi*, se prononcent à peu près comme les diphthongues *oua*, *oue*, *oui* (cela vient de ce que le double *w* a presque le même son que *ou* : ce n'est pas absolument le même; mais le son de *ou* est celui qui rend le mieux le son du double *w*, et il le rend toujours d'une manière convenable, quoiqu'il puisse être perfectionné par l'usage) : Gwaller, malfaiteur; gwara, courber; — gwéaden, entorse; gwélé, lit; — gwiad, tissu; gwigour, bruit aigu produit par frottement, etc.

PRONONCIATION DES CONSONNES.

7. Les consonnes *b, d, j, m, p, r* et *v* (simple), se prononcent en breton absolument comme en français.

Le *k* se prononce en breton comme *c* dans *cabinet, raconter, curé*, et comme *qu* dans *quérir :* Kalon, cœur; korf, corps; kûrunen, couronne; kézek, chevaux, etc.

L'*f* est un peu plus dur à la fin qu'au commencement ou dans le corps des mots; ainsi *f* dans *korf* est dur comme dans *fou*, tandis que dans *korfou* il est un peu plus doux, quoique le mot *korfou* ne soit que le pluriel de *korf* (il y a cependant des exceptions qu'il faut apprendre par l'usage).

Le *g* a le son dur comme le *y* grec, et ne se prononce jamais comme *j* : Génel (prononcez *ghénel*), naître; anaoudegez, connaissance, etc.

Le *g* mouillé, qui s'exprime ainsi *ñ* dans Le Gonidec, s'exprime généralement en breton comme en français; ainsi, ceux qui adoptent l'orthographe de Le Gonidec, aussi bien que les autres, écrivent *kignen*, ail; *mignon*, ami; au lieu de *kiñen, miñon*, etc.

L'*h* est toujours muet en breton (car, quand on veut avoir le son d'un *h* aspiré, on se sert de *c'h*); ainsi on prononcera *h* dans *holl*, etc., comme dans homme.

Le *ch* breton se prononce comme le *ch* français; ainsi on prononce *ch* dans *chaden* comme dans *chaîne;* dans *chaka* comme dans *cher*, etc.

Le *c'h* a un son difficile à rendre : il faut toujours l'aspirer et le prononcer du gosier, ce qui s'apprend mieux et plus facilement par l'usage que par l'étude; cependant, celui qui l'aspirera comme *h* dans *héros*, aura une prononciation intelligible : C'hoant, envie ; c'hoari, jouer ; séc'hed, soif, etc. Le plus grand défaut des commençants c'est de faire de trop grands efforts pour rendre un son qui n'est pas plus dur que le son de l'*h* aspiré français, et de rester trop longtemps sur la syllabe dont le *c'h* fait partie.

L'*l* se prononce en breton comme en français ; ainsi l'on prononcera *l* dans *mérvel*, etc., comme *l* dans *éternel*, etc.

Quand il est mouillé, il est souligné *l̲*, et se prononce comme l'*l* mouillé en français : Trompil̲, guimbarde ; fuzul̲, fusil, etc. (1)

L'*n* en breton, comme en français, peut être ou n'être pas nasal : quand il est nasal, il se prononce comme *n* dans *non* ou *en* suivi d'une consonne, ou bien comme l'*n* dans *inviter* : Gañthañ, avec lui ; añken, douleur morale (le premier *n* dans *añken* est nasal et l'autre ne l'est pas), etc. (2) L'*n* n'étant pas nasal se prononce comme l'*n* dans *amen* : Pinvidik, riche ; éden, un grain de blé, etc.

L'*s* est dur en breton : au commencement d'un mot il se pro-

---

(1) Il y a encore une autre manière de mouiller l'*l*, c'est de le doubler et de le faire précéder ou suivre d'un *i*, s'il n'est déjà ni précédé ni suivi d'aucun *i* (s'il est déjà précédé ou suivi de quelque *i*, il suffit de laisser cet *i*, et l'*l* deviendra mouillé en étant doublé) : *Trompill* au lieu de *trompil̲*, *heñ a skuill*, au lieu de *heñ a skul̲*, etc. Cette manière de mouiller l'*l* n'est certes pas la meilleure ; mais que faire, quand on écrit pour des lecteurs qui ne connaissent pas les signes orthographiques ?

(2) L'*n* est toujours nasal au présent de l'indicatif de la première personne du singulier, au futur présent et au subjonctif présent de cette même personne pour le dialecte de Tréguier : Kanañ, gweliñ, ra veiñ, etc.

L'*n* est nasal pour tous les dialectes dans les pronoms *iñ*, *eñ*, *hañ*, *ehañ* ou *ezhañ*, *anehañ* ou *anezhañ*, et dans *heñ* sujet : Gan-iñ, gan-eñ ; évit-hañ, tab anehañ, ro ann dra-zé d'ehañ ; heñ a raio zé, etc. (l'*n* n'est pas nasal dans hén, régime : Hén ober a riñ, hén gwéled am cuz, etc.)

L'*n* est encore nasal dans l'exclamation *ac'hañ* (ac'hañ ! taped eo), dans les adverbes *amañ*, *bremañ*, *nañ* ou *nañik* (éd war ho nañ ou éd war ho nañik, allez doucement).

L'*n* est nasal dans *emañ*, il ou elle est, et dans *emañint*, ils ou elles sont.

Enfin, l'*n* que les Trécorois ajoutent quelquefois à la fin du superlatif et à la fin des infinitifs terminés en *a*, est toujours nasal : Ar brasañ, pour ar brasa ; hadañ, pour hada, etc.

Dans les dictionnaires de Le Gonidec, l'*n* nasal est toujours surmonté d'un trait ñ. Suivi de *d* ou *t* l'*n* est forcément nasal : Moñd, etc.

nonce comme *c* dans *cerveau;* au milieu, il se prononce comme deux *ss*, et à la fin, il se prononce un peu plus dur que *ce* à la fin d'un mot français : Séc'hed, soif; ar galloudusa, le plus puissant; gras, grâce, etc.

Le *t* breton est toujours dur comme le *t* français dans *temps* : Ti, maison; tié ou tier, des maisons, etc.

Le *z* breton est doux au commencement d'un mot comme *z* dans *zèle*, il a le son de l'*s* au milieu, et à la fin il se prononce comme *ce* dans *silence* : Da Zoué, à Dieu; kazuz, gênant; plouz, paille, etc.

Le *k*, le *p* et le *t* à la fin d'un mot, et suivis d'une voyelle ou d'un *h* dans le mot suivant, se changent en *b, d, g* : C'hoég eo, au lieu de c'hoék eo; klaskomb anéhañ, au lieu de klaskomp anéhañ; gred é vo, au lieu de gret é vo, etc. *Mes* peut aussi se changer en *mez* devant une voyelle ou un *h*.

Exceptions. — Les finales *k, p, t*, dans les prépositions qui gouvernent les pronoms *hañ, hi, he* ou *ho*, ne varient jamais : Gant-hi, et non pas gand-hi; diout-hañ, et non pas dioud-hañ; digant-he ou digant-ho, et non pas digand-he ou digand-ho; dirak-hañ, et non pas dirag-hañ, etc. Mais on peut dire : dira-z-he ou dira-z-ho, dira-z-hañ, dira-z-hi, etc.

Le *k* et le *t* sont encore invariables s'ils sont précédés d'un *s* : Lost ar c'hàr, et non pas losd ar c'hâr; pésk ébrel, et non pas pésg ébrel; klask a rañ, et non pas klasg a rañ, etc. (Voir la grammaire de Le Gonidec, nº 8, dans ses observations sur les permutations des lettres.)

Remarque sur les Signes Orthographiques.

Il y a en breton, comme en français, des signes orthographiques; l'accent aigu, l'accent circonflexe, l'apostrophe, le trait d'union, le trait dont on se sert pour désigner l'*l* mouillé et l'*ñ* nasal, le trait qui indique le *g* mouillé sous-entendu (ce *g* sous-entendu est toujours suivi d'un *n* dans le même mot, et le trait se met ainsi sur l'ñ : **Miñon**, au lieu de *mignon;* mais maintenant on écrit plus souvent *mignon* que *miñon*), et les autres signes qui se trouvent en français, excepté l'accent grave (1). Comme la même voyelle peut se prononcer de différentes manières, et qu'en réalité elle doit se prononcer d'une manière plutôt que d'une autre dans certains cas donnés, il faut qu'il y ait des signes conventionnels qui en déterminent la prononciation dans le cas où elle se trouve. Ainsi pour savoir que l'*é* est fermé dans *énébour*, il faut que je voie un accent aigu sur cet *é*, ou un autre accent qui aurait le même effet que l'accent aigu ; et pour savoir que *a* est long dans *tâd*, il faut que je voie l'accent circonflexe sur cet *a* : *tâd*, etc.

L'apostrophe doit remplacer l'*a* dans la préposition *da* suivie d'un pronom personnel ou d'un adjectif possessif : D'iñ (et non pas *da iñ*), à moi; d'id, à toi; d'am zâd (*d'am* pour *da ma*), à mon père; d'hò mamm, à votre mère; d'ézhañ, à lui; d'ézhi, à elle; d'hé vreûr, à son frère (en parlant d'un homme); d'az c'hoar, à ta sœur (*d'az* pour *da ta* ou *da da*), etc.

DES NOMS.

9. Il y a en breton, comme en français, des noms propres, des noms communs, des noms composés, des noms adjectifs, ou noms, d'après le sens qu'on veut y donner dans la construction, et de plus il y a les noms infinitifs, ou, ce qui est la même chose, les infinitifs pris comme substantifs.

Ce qu'il y a de plus important à examiner ici, c'est la formation du pluriel et le genre ; le reste n'est pas difficile, et il suffira d'en dire un mot avant de terminer ce chapitre.

---

(1) L'*e* breton est ouvert quand il n'est surmonté d'aucun accent.

FORMATION DU PLURIEL.

10. Comme les noms qui désignent des choses sont presque tous terminés en *ou* ou en *iou* au pluriel, il ne s'agira que de ces noms dans les terminaisons plurielles *ou* et *iou;* je parlerai ailleurs des quelques noms qui ont le pluriel en *ou* et qui désignent des personnes. (Voy. le n° 21.)

PLURIEL TERMINÉ EN *ou*.

Ont le pluriel terminé en *ou* :
Les noms dont le singulier finit en *a* (1).
Exemples : Tra, chose; traou, choses; bara, pain; baraou, pains, etc. (2).
Les noms dont le singulier finit en *b*.
Exemples : Pengab, capuchon; pengabou, capuchons; krib, peigne ; krîbou, peignes; skerb, écharpe; skerbou, écharpes, etc.
Les noms dont le singulier finit en *k*.
Exemples : Park, champ; parkou, champs; mank, faute; mankou, fautes; stok, attouchement; stokou, attouchements, etc.
Les noms dont le singulier finit en *d*.
Exemples : Poézellad, boisselée; poézalladou, boisselées; brid, bride; bridou, brides; pôd, pot; podou, pots, etc.
Les noms dont le singulier finit en *é*.
Exemples : Iné, âme; inéou, âmes; gwélé, lit; gwéléou, lits, etc.
Les noms dont le singulier finit en *f* précédé d'une consonne.
Exemples : Skilf, griffe; skilfou, griffes; korf, corps; korfou, corps, etc.

---

(1) Les noms dont le singulier finit en *oa* ont le pluriel en *iou :* Loa, cuillère; loaiou, cuillères; joa, joie; joaiou, joies, etc.

(2) Pour avoir le dialecte de Tréguier dans la terminaison plurielle en *ou* on n'a qu'à retrancher l'*u ;* et pour avoir celui de Vannes, on n'a qu'à changer *ou* en *eu*. Le dialecte de la Cornouailles ne diffère pas de celui de Léon dans cette terminaison de pluriel en *ou*. Pour le dialecte de Tréguier seulement, le mot *tra* fait *treo* au pluriel.

Les noms dont le singulier finit en *g* ou en *j*.

Exemples : Bég, bec; bégou, becs; tog, chapeau; togou, chapeaux; soñj, pensée; soñjou, pensées, etc.

Les noms dont le singulier finit en *ch*.

Exemples : Rébéch, reproches; rébéchou, reproches; mañch, manche; manchou, manches; loch, loge ou hangar; lochou, loges ou hangars, etc.

Les noms dont le singulier finit en *i*.

Exemples : Fri, nez; friou, nez; gouli, plaie; gouliou, plaies; eskopti, évêché; eskoptiou, évêchés, etc.

Les noms dont le singulier finit en *ll* double ou en *l̩* mouillé.

Exemples : Poell, arrêt; poellou, arrêts; gwall, faute; gwallou, fautes; fûzul̩, fusil; fûzul̩ou, fusils, etc.

Les noms dont le singulier finit en *mm* ou en *m*.

Exemples : Tamm, morceau; tammou, morceaux; furm, forme; furmou, des formes, etc.

Les noms dont le singulier finit en *nn*.

Exemples : Embann, ban; embannou, bans; penn, tête; pennou, têtes, etc.

Les noms dont le singulier finit en *p*.

Exemples : Lamp, saut; lampou, sauts; harp, soutien; harpou, soutiens; skôp, écopes; skôpou, écopes, etc.

Les noms dont le singulier finit en *rr* ou en *r* précédé d'une autre consonne.

Exemples : Barr, extrémité; barrou, extrémités; koufr, coffre; koufrou, coffres; gopr, salaire; goprou, salaires, etc.

Les noms dont le singulier finit en *s*.

Exemples : Gras, grâce; grasou, grâces; dañs, danse; dansou, danses, etc.

Les noms dont le singulier finit en *t* (excepté le *t* précédé d'un *n*. Voy. le nº 13.)

Exemples : C'houist, fléau; fust, manche de fléau; c'houistou, fléaux; fustou, manches de fléaux; prést, prêt; préstou, prêts, etc.

Les noms dont le singulier finit en *v*.

Exemples : Marv, mort ; marvou, morts ; eñv, ciel ; eñvou, cieux, etc.

PLURIEL TERMINÉ EN *iou*.

11. Ont le pluriel terminé en *iou :*

Les noms dont le singulier finit en *f*.

Exemples : Hanaf, petit vase de bois ; hanafiou, petits vases de bois ; stalaf, volet ; stalafiou, volets ; koéf, coiffe ; koéfiou, coiffes, etc. (1).

Les noms dont le singulier finit en *c'h*.

Exemples : Soc'h, soc ; soc'hiou, socs ; lec'h, lieu ; lec'hiou, lieux ; boulc'h, entamure ; boulc'hiou, entamures, etc.

Les noms dont le singulier finit en *l*.

Exemples : Brézel, guerre ; brézeliou, guerres ; ibil, cheville ; ibiliou, chevilles, etc.

Les noms dont le singulier finit en *n*. (Voy. le n° 12.)

Exemples : Koan, souper ; koaniou, soupers ; espern, épargne ; esperniou, épargnes, etc.

Les noms dont le singulier finit en *o*.

Exemples : Leo, lieu ; leoiou, lieues ; gôlô, couvercle ; gôlôiou, couvercles ; brô, pays ; brôiou, pays, etc.

Les noms dont le singulier finit en *r*. (Voy. le n° 14.)

Exemples : Ster, rivière ; steriou, rivières ; amzer, temps ; amzeriou, temps ; foar, foire ; foariou, foires, etc.

Les noms dont le singulier finit en *u*.

Exemples : Tu, côté ; tuiou, côtés ; koc'hu, halle ; koc'huiou, halles, etc.

Les noms dont le singulier finit en *z*.

Exemples ; Miz, mois ; miziou, mois ; gwâz, ruisseau ; gwaziou, ruisseaux ; ménez, montagne ; ménéziou, montagnes, etc.

---

(1) Pour avoir le dialecte de Tréguier dans la terminaison du pluriel en *iou*, on n'a qu'à retrancher l'*u* de *iou*, et pour celui de Vannes, on n'a qu'à changer *iou* en *ien;* celui de la Cornouailles est semblable à celui de Léon dans cette terminaison du pluriel en *iou*. Tréguier : Anafio, etc.

PLURIEL TERMINÉ EN *nou*.

12. Les singuliers en *en*, qui désignent un seul individu de l'espèce désignée par leur radical, sont toujours terminés en *nou* au pluriel (1).

Exemples : Patatézen, une seule patate; patatézennou, quelques patates; koalen, un seul chou; kaolennou, quelques choux, etc.

PLURIEL TERMINÉ EN *chou*.

13. Les noms dont le singulier finit en *nt* ont le pluriel terminé en *chou* (*nt* se change en *chou*).

Exemples : Pont, pont; ponchou, ponts; kant, cercle de bois d'un crible ou d'un tamis; kanchou, des cercles de bois; hent, chemin; henchou, chemins; kont, compte; konchou, comptes; etc. — Tréguier : Poncho, kancho, etc.

PLURIEL TERMINÉ EN *iérou*.

14. Les noms dont le singulier finit en *ier* ont le pluriel terminé en *iérou* (on change *ier* en *iérou*).

Exemples : Kaier, cahier; kaiérou, cahiers; bannier, bannière; banniérou, bannières; pilier, pilier; piliérou, piliers; solier, grenier à foin; soliérou, greniers à foin; skalier, échalier; skaliérou, échaliers, etc. — Tréguier : Kaiéro, etc.

---

(1) Le radical de ces noms n'est, de sa nature, ni singulier ni pluriel; il est du masculin et désigne un nombre indéterminé : Bleô, cheveux ou des cheveux; panez, du panais; koad, du bois, etc. En ajoutant *en* à la terminaison de ces noms on détermine le nombre : Bleô, cheveux; bleôen, un seul cheveu; panez, du panais; panézen, un seul panais, etc. Ces noms en *en* sont toujours du féminin; et, quoique de leur nature ils désignent un seul individu de l'espèce désignée par le radical, ils doivent être précédés de l'article en breton, s'ils le sont en français, à moins qu'en vertu de quelque règle de la syntaxe on ne doive retrancher l'article français : Le seul cheveu qui lui reste, ar vleoen a chom gant-hañ; un seul cheveu, eur vleoen; le seul cheveu de sa tête, bleoen hé benn (ici le mot *bleoen* a un complément et ne peut pas être précédé de l'article en breton), etc.

PLURIEL TERMINÉ EN *éien*.

15. Dans les noms singuliers terminés en *ek*, qui désignent des personnes, on n'a qu'à changer *ek* en *éien* pour avoir le pluriel.

Exemples : Bélek, prêtre ; béléien, prêtres ; tiek, chef de maison ; tiéien, chefs de maison ; amézek, voisin ; amézéien, voisins ; marc'hek, chevalier ; marc'héien, chevaliers ; marek, cavalier ; maréien, des cavaliers ; lontrek, gourmand ; lontréien, des gourmands, etc.

Pour avoir le féminin de ces noms, on n'a qu'à changer *ek* en *égez ;* mais ce féminin désigne des choses plus souvent que des personnes, quand il est au singulier : Tiek, chef de maison ; tiégez, femme qui est à la tête d'un ménage, et plus souvent *ménage ;* bélek, prêtre ; bélégez, prêtresse ; amézégez, voisine, et plus souvent *voisinage*, etc.

Pour avoir le pluriel de ces noms féminins en *égez*, on n'a qu'à y ajouter *ed*, et ce pluriel est plus usité que le singulier, et ne désigne jamais des choses ; ces noms en *égez* peuvent cependant avoir un pluriel en *iou*, et se former comme les autres pluriels en *iou :* il n'y a que quelques-uns de ces noms en *égez* dont le pluriel en *iou* soit usité : Bélegez, prêtresse ; bélegézed, des prêtresses ; gwiégez, connaissance (on dit *plac'h gwiek*, pour signifier *une savante*, et non pas *gwiégez ;* mais on pourrait dire gwiziégézed, des savantes) ; amézégez, voisinage ; amézégézed, des voisines ; amézégeziou, des lieux voisins (mot à mot des voisinages) ; tiégez (féminin de tiek), ménage ; tiégézed, des femmes qui gouvernent des ménages ; tiégéziou, des ménages, etc.

Pour employer à propos ces féminins en *égez* soit au singulier, soit au pluriel, il faut connaître un peu l'usage.

PLURIEL TERMINÉ EN *ien*.

16. Les noms terminés en *er*, en *eur* ou en *our*, qui désignent des personnes, ont le pluriel en *ien ;* et, pour former ce pluriel, on n'a qu'à ajouter *ien* à la terminaison *er, eur* ou *our*.

Exemples : Labourer ou laboureur, laboureur ; labourerien ou laboureurien, des laboureurs; marc'hadour, marchand; marc'hadourien, des marchands, etc.

On forme le féminin de ces noms en ajoutant *ez* à *er*, *eur* ou *our* : Labourérez, laboureurez, marc'hadourez, etc.

Le pluriel est régulier : Labourerézed, marc'hadourézed, etc.

PLURIEL TERMINÉ EN *iz*.

17. En ajoutant *iz* à un nom de pays, de ville, de bourg, etc., on a le pluriel du nom qui désigne les habitants de ce pays, de cette ville, de ce bourg, etc.

Exemples : Tréger, Tréguier; Trégériz, Trécorois; Léon, Léon; Léoniz, Léonards; Kernev, Cornouailles; Kernéviz, Cornouaillais; Breiz, Bretagne; Breiziz, Bretons; Brést, Brest; Bréstiz, Brestois; Mountroulez, Morlaix; Mountrouléziz, Morlaisiens; Lannion, Lannion; Lannioniz, Lannionais; San-Briek, Saint-Brieuc; San-Briégiz, habitants de Saint-Brieuc; Plistin, Plestin; Plistiniz, Plestinais, etc. (Parrez, paroisse; parrésian, paroissien; parrésianiz, paroissiens.)

Pour avoir le singulier de ces noms, on n'a qu'à changer *iz* en *iad* : Trégériz, Trécorois; eunn Trégeriad, un Trécorois; Léoniz, Léonards; eul Léoniad, un Léonard; Kerneviz, Cornouaillais; eur C'herneviad, un Cornouaillais, etc.

Pour en avoir le féminin singulier, on n'a qu'à changer *iz* en *iadez*, et pour avoir le féminin pluriel, on n'a qu'à changer *iz* en *iadézed* : Trégériadez, Trécoroise; Trégériadézed, des Trécoroises; Léoniadez, Léonarde; Léoniadézed, des Léonardes, etc.

PLURIEL TERMINÉ EN *ed*.

18. Les noms, qui désignent des personnes ou des choses animées, ont généralement le pluriel terminé en *ed* : on forme ce pluriel en ajoutant *ed* à la terminaison du singulier (il faut excepter les noms mentionnés aux numéros 15, 16 et 17, ainsi que les noms hétéroclites dont je parlerai ailleurs).

Exemples : Moéreb, tante; moérebed, des tantes; eoñtr, oncle; eoñtred, des oncles; martolod, matelot; martoloded, des matelots ; gôf, maréchal ; gôfed, des maréchaux ; kardinal, cardinal ; kardinaled, des cardinaux ; kaporal, caporal ; kaporaled, des caporaux ; plac'h, femme ; plac'hed, des femmes ; merc'h, fille ; merc'hed, des filles ; ministr, ministre ; ministred, des ministres ; glout, glouton ; glouted, des gloutons ; etc. ; — louz, blaireau ; louzed, des blaireaux ; lôen, bête ; lôened, des bêtes ; pik, pie ; piked, des pies ; evn, oiseau ; evned, des oiseaux ; gwennili, hirondelle ; gwennilied, des hirondelles ; pésk, poisson ; pésked, des des poissons ; préñv, ver ; préñved, des vers ; gô ou gôz, taupe ; gôed ou gôzed, des taupes, etc.

PLURIEL TERMINÉ EN *idi* OU EN *ed*.

19. Les noms, qui désignent des personnes avec une qualité bonne ou mauvaise, et dont le singulier est en *iad* ou en *ad*, ont le pluriel terminé en *idi* et quelquefois en *ed* : pour former ce pluriel on n'a qu'à changer *iad* en *idi* ou ajouter *ed* à la terminaison du singulier.

Exemples : Déouiad, droitier ; déouidi ou déouiaded, des droitiers ; kleiziad ou kleiad, gaucher ; klizidi ou kleidi, ou bien kleiziaded ou kleiaded, des gauchers ; brôad, indigène ; brôidi, des indigènes ; divrôad, étranger ; divrôidi, des étrangers ; tréméniad, passant ; tréménidi, des passants ; dibriad, gourmand ; dibridi, des gourmands, etc.

Pour avoir le féminin de ces noms, on n'a qu'à ajouter *ez* à la terminaison du singulier : Déouiad, droitier ; déouiadez, femme qui se sert de la main droite ; brôad, indigène ; brôadez, indigène (femme) ; divrôad, étranger ; divrôadez, femme étrangère, etc.

Le pluriel de ces noms féminins se forme en y ajoutant *ed* : Déouiadez, déouiadézed ; kleiziadez, kléiadézed ; brôadez, brôadézed ; divrôadez, divrôadézed, etc.

PLURIEL TERMINÉ EN *iyou*.

20. Pour avoir le diminutif d'un nom, quel qu'il soit, on n'a qu'à ajouter *ik* au singulier de ce nom, et pour avoir le pluriel de

ce diminutif, on n'a qu'à ajouter *igou* au pluriel du nom d'où dérive le diminutif (1).

Exemples : Plac'h, femme; plac'hik, petite femme; plac'hed, des femmes; plac'hédigou, de petites femmes; merc'h, fille; merc'hik, petite fille; merc'hed, des filles; merc'hédigou, de petites filles; mâb, fils; mabik, petit fils; mibien, des fils; mibienigou, de petits fils; marc'hadour, marchand; marc'hadourien, des marchands; marc'hadourienigou, de petits marchands; poull, mare; poullik, petite mare; poullou, des mares; poullouigou, de petites mares, etc.

PLURIEL TERMINÉ EN *ou* OU EN *iou*.

21. Comme nous l'avons dit, parmi les noms qui désignent des personnes ou des choses animées, il n'y a que quelques-uns dont la terminaison plurielle soit en *ou* ou en *iou;* ces quelques noms sont peu nombreux. En voici les plus connus : Pâp ou pâb, pape; pâbou, des papes; tâd, père; tâdou, des pères; mamm, mère; mammou, des mères; tést, témoin; téstou, des témoins; mer, maire; meriou, des maires; pried, époux ou épouse; priedou, des époux ou des épouses (ou les uns et les autres). Le mot *gwennek* fait *gwennéien* au pluriel, quoiqu'il désigne une chose.

DUEL.

22. Lorsqu'on parle uniquement des membres doubles du corps de l'homme ou de la bête, on se sert du duel en breton.

Exemples : Ann diou vréac'h ou ann divréac'h, les bras; ann daou lagad, les yeux; ann diou jôt ou ann diou voc'h, les joues; an diou lez, les hanches; ann diou vorzad, les cuisses; ann diou skoaz, les épaules; ann diou skouarn, les oreilles; ann diou c'hâr ou an diouàr, les jambes; ann daou droad, les pieds; ann daouarn, les mains.

---

(1) Pour avoir le diminutif d'un nom terminé en *ek*, il faut changer *ek* en *égi;* et pour avoir le pluriel de ce diminutif, il faut ajouter *igou* au pluriel du nom d'où dérive le diminutif: Gonidek, qui gagne; gonidégik, qui gagne peu; gonidéien, qui gagnent; gonidéienigou, qui gagnent peu; gwennek, sou; gwennégik, petit sou; gwennéien, des sous; gwennéienigou, de petits sous, etc.

Quand il s'agit de choses inanimées, ces noms ont aussi leur pluriel ordinaire : Bréc'hiou ar c'hravaz, les bras de la civière; treid ann dàol, les pieds de la table, etc.

NOMS HÉTÉROCLITES.

23. Les noms hétéroclites sont tellement irréguliers qu'ils ne sont soumis à aucune règle. En voici les plus connus (ils ne sont pas très-nombreux, et il y en a une partie dont il ne serait pas nécessaire de parler; car on y voit plusieurs noms qui ont deux pluriels, l'un régulier et l'autre irrégulier).

Singulier.	*Pluriel.*
Aotrou, monsieur ou seigneur.	Aotronez, seigneurs.
Abostol, apôtre.	Ann Ebestel ou ann Abostoled, les apôtres.
Arc'h, arche.	Irc'hier, des arches.
Askorn, os.	Eskern, des os.
Ara ou arar, charrue.	Éré ou érer, des charrues.
Bàz, bâton.	Bizier, des bâtons.
Biz, doigt.	Bizied, des doigts.
Bleiz, loup.	Bleizi, des loups.
Bran, corbeau.	Brini, des corbeaux.
Breur, frère.	Breûdeùr, des frères.
Bugel, enfant.	Bugalé, des enfants.
Kàr, charrette.	Kiri, des charrettes.
Kàz, chat.	Kizier, des chats.
Kazek, jument.	Kézégenned, des juments.
Kénderv, cousin.	Kéndirvi, des cousins.
Kéniterv, cousine.	Kénitervézed, des cousines.
Ki, chien.	Chas, des chiens.
Klézé, épée.	Klézéier, des épées.
Kloarek, clerc.	Glér, des clercs.
Kloc'h, cloche.	Kléier, des cloches.
Kroc'hen, peau.	Krec'hen, des peaux.

Krôgen, coquille. — Kregen, des coquilles.
Dañvad, brebis. — Déñved, des brebis.
Dén, personne. — Tùd, des personnes.
Dôr, porte. — Dorojou, des portes.
Dour, eau. — Doureier, des eaux.
Dréd, étourneau. — Dridi, des étourneaux.
Énez, île. — Énizi ou énézenned, des îles.
Érô, sillon. — Irvi, des sillons.
Eskop, évêque. — Eskibien, des évêques.
Falc'h, faux. — Filc'hier, des faux.
Falz, faucille. — Filzier, des faucilles.
Forc'h, fourche. — Ferc'hier, des fourches.
Gâd, lièvre. — Gédon, des lièvres.
Glao, pluie. — Glaoeier, des pluies.
Gaou, mensonge. — Gevier, des mensonges.
Gavr, chèvre. — Gevr ou girvi, des chèvres.
Gast, fille publique. — Gisti, des filles publiques.
Grég, épouse. — Gragez, des épouses.
Gwerzid, fuseau. — Gwerzidi, des fuseaux.
Gwiz, truie. — Gwizi, des truies.
Ialc'h, bourse. — Ilc'hier, des bourses.
Iàr, poule. — Iér, poules.
C'hoar, sœur. — C'hoarézed, des sœurs.
Lestr, vaisseau. — Listri, des vaisseaux.
Louarn, renard. — Léern, des renards.
Màb, fils. — Mibien, des fils.
Manac'h, moine. — Ménec'h, des moines.
Marc'h, cheval. — Kézek, des chevaux.
Matez, servante. — Mitizien, des servantes.
Mean ou mén, pierre. — Mein, des pierres.
Moualc'h, merle. — Mouilc'hi, des merles.
Oan, agneau. — Ein, des agneaux.
Ozac'h, homme marié. — Ézec'h, des hommes mariés.
Plañken, planche. — Pleñch ou Pleñken, des planches.

Porz, cour. Perzier, des cours.
Rastel, râteau. Réstel, des râteaux.
Tàro, taureau. Tirvi, des taureaux.
Targaz, matou. Targizien ou Tirgizien, des matous.
Ti, maison. Tié ou Tier, des maisons.
Troad, pied. Treid, des pieds.

REMARQUE. Les différents pluriels mentionnés aux numéros 15, 16, 17, 18, 19, 22 et 23 sont les mêmes partout, excepté dans le dialecte de Vannes (1).

DU GENRE.

24. Il y a en breton le genre masculin et le genre féminin : quant au genre commun et au genre neutre, ce ne sont pas des genres proprement dits en breton, puisque le genre commun est toujours du masculin, et le genre neutre n'est autre chose que le pronom de la troisième personne du singulier féminin employé comme neutre dans certaines tournures celtiques. Nous examinerons les différentes manières de les connaître.

DIVERSES MANIÈRES DE CONNAITRE LE GENRE DANS LES NOMS.

25. On peut poser en règle générale que tous les noms qui désignent des personnes ou des animaux sans raison, quels qu'ils soient, sont du masculin, si les êtres désignés sont mâles ; et du féminin, si les êtres désignés sont des femelles.

Exemples : Tàd (m.), père ; tàdou (m.), des pères ; mamm (f.), mère ; mammou (f.), des mères ; kazek (f.), jument ; kézégenned

---

(1) Dans le dialecte de Vannes on a *eu* au lieu de *o* ou de *ou*, et *on* au lieu de *en* pour terminaison d'un nom au pluriel : Togo (Tréguier), chapeaux ; togou (Léon), togeu (Vannes) ; labourerien (Tréguier, Léon et la Cornouailles), laboureurs ; labourerion (Vannes).

(f.), des juments ; marc'h (m.), cheval ; kézek (m.), des chevaux ; skrivagnour (m.), auteur ; skrivagnourien (m.), des auteurs ; skrivagnourez (f.), femme auteur ; skrivagnourézed (f.), des femmes auteurs, etc.

DÈN (m.), *homme ;* TUD (m.), *des hommes.*

26. Le genre commun est celui qui convient aux deux sexes, soit en parlant des hommes, soit en parlant des bêtes (1).

REMARQUE. Il y a certains pluriels qui ne sont pas, de leur nature, du genre commun, mais ils en sont à cause du sens qu'on y donne ; ainsi *saout*, pluriel de *bioc'h*, vache, est souvent du genre commun, parce qu'on dit souvent *saout*, au lieu de dire *lôened korn*, des bêtes à cornes, etc.

POÉZEL (f.), POÉZELLAD (f.).

Les noms, qui désignent des mesures, et les noms, qui désignent le contenu de ces mesures, sont du même genre.

Exemples : Poézel (f.), boisseau ; poézellad (f.), boisselée ; dorn (m.), main ; dornad (m.), poignée ; eul leùr (f.), une aire ; eul leùriad (f.), une airée, etc.

BRAZDER (f.), *grandeur.*

28. Les noms abstraits (qui sont presque tous terminés en *der* et n'ont pas de pluriel), sont du féminin.

Exemples : Brazder (f.), grandeur ; hirder (f.), longueur ; huelder (f.), hauteur, etc.

KANABEK (f.), *chenevière.*

29. Les noms en *ek*, qui désignent un lieu ou un concours (2),

---

(1) Il y a des noms de choses qui peuvent être regardés comme étant du genre commun : ce sont ceux qui désignent une espèce sans donner aucun nombre des individus contenus dans cette espèce : Panez, du panais ; éd, du blé ; bleô, cheveux ; dréz, des ronces ; gwiniz, du froment ; bili, des cailloux, etc. Ces noms sont toujours du masculin.

(2) Parmi les noms en *ek* il y en a qui expriment concours, comme *rédadek*, qui signifie course ; s'il n'y a pas de concours, comme lorsqu'il n'y aurait qu'un seul à courir, il ne faut pas dire *rédadek* pour signifier une course ; il faut

sont du féminin; les autres noms en *ek* sont généralement du masculin.

Exemples : Kanabek (f.), chenevière; kôlôek (f.), lieu où l'on serre la paille (*kôlôek* se dit aussi du mulon de paille et est également du féminin dans ce sens); linek (f.), champ de lin, etc. — boutek (m.), hotte; gwennek (m.), sou (sont du féminin les noms en *ek* qui désignent des femelles, comme *kazek*), etc.

Skoéd (m.), *écu*.

30. Les noms terminés en *ed*, qui désignent des choses, sont du masculin.

Exemples : Skoéd (m.), écu; boéd (m.), nourriture; gwéled (m.), vue, etc. *Golc'hed*, couette, est du féminin.

Penn (m.), *tête*.

31. La plupart des noms en *enn* sont du masculin, et les noms en *en*, sont également du masculin, excepté ceux qui désignent un seul individu de l'espèce indiquée par leur radical, et ceux qui désignent une seule action (le mot *tenn*, signifiant *harnois*, est du féminin).

Exemples : Penn (m.), tête; gourc'hémenn (m.), commandement; planken (m.), planche; kroc'hen (m.), peau, etc. Anken, glaouren, tiréten, toen et quelques autres mots en *en* sont encore du féminin (1).

---

dire *rédaden. Charéadek* signifie charroi où il y a plusieurs à charroyer; *lac'hadek* ou *lazadek* signifie boucherie (action de tuer, et non pas lieu où l'on tue) où il y a plusieurs qui tuent et plusieurs qui sont tués : on dit *lac'hadek* en breton comme on dit *boucherie* en français, quand on parle d'une guerre sanglante; on dit aussi *eul lac'hadeg a zô béd*, il y a eu une *boucherie*, quand on a tué beaucoup de bêtes; mais, si on n'a tué qu'une seule bête, il faut dire *lac'haden* et non pas *lac'hadek*, etc. Ces noms sont du féminin et dérivent toujours de quelque verbe : Néa, filer; néadek, action de filer en concours, etc.

(1) Les noms en *en*, qui désignent un seul individu de l'espèce indiquée par leur radical, sont toujours du féminin. On reconnaît que ces noms en *en* désignent un seul individu de l'espèce indiquée par leur radical, quand, après en avoir retranché la syllabe *en*, on a un radical qui, de sa nature, n'est ni pluriel ni singulier, mais qui est souvent un second pluriel de ces noms en *en* : Bleoen (f.), un seul cheveu; bleo, des cheveux; éden, un épi ou un seul grain; éd, des épis ou du grain, etc. — Les noms en *en*, qui désignent une action, dérivent

ANAOUDÉGEZ (f.), *connaissance.*

32. Les noms en *gez*, qui dérivent des noms ou des adjectifs, terminés en *ek*, et les noms en *lez* et en *oni*, sont du féminin.

Exemples : Anaoudégez (f.), connaissance; pinvidigez, (f.), richesse; lézorégez (f.), négligence; rouantelez (f.), royaume; madélez (f.), bonté; brasoni, (f.), arrogance; mignoni (f.), amitié, etc.

KIGÉREZ (f.), *boucherie.*

33. Les noms terminés en *érez* sont du féminin, excepté ceux qui expriment une action (1).

Exemples : Kigérez (f.), boucherie; gwennérez (f.), lieu où l'on blanchit la cire, la toile, etc.; lammérez (m.), action de sauter, etc.

DIVÉRADUR (m.), *ce qui découle.*

34. Les noms terminés en *adur* sont, pour la plupart, du masculin.

Exemples : Divéradur (m.), ce qui découle; breinadur (m.), pourriture; etc. (Plijadur, plaisir, et displijadur, déplaisir, sont du féminin : *Ar blijadur*, le plaisir; et non pas *ar plijadur; eunn displijadur vrâz*, un grand déplaisir, et non pas *eunn displijadur braz;* taladur (f.), dolàbre).

MAGADUREZ (f.), *éducation.*

35. Les noms terminés en *adurez* sont du féminin.

Exemples : Magadurez (f.), éducation; kélennadurez (f.), enseignement, etc. (Les noms en *égez* ou en *gez* sont le féminin

---

généralement de quelque verbe, et sont toujours du féminin : Balé, marcher, se promener; baléaden, action de marcher, une seule promenade; rédek, courir; rédaden, action de courir, une seule course, etc. — Ces noms ont leur pluriel comme les noms mentionnés au numéro 12 : Baléadenno, etc.

(1) Les noms en *érez*, qui expriment une action, sont du masculin, quoique de leur nature ils soient féminins; car les noms en *érez* ne sont autre chose que le féminin des noms en *er* : Lammérez (m.), action de sauter; lammérez (f.), femme qui saute; gwalc'hérez (m.), action de laver; gwalc'hérez (f.), laveuse, etc. On ne prend pas souvent ces noms en *érez* pour exprimer une action ; on met l'article avant l'infinitif qui a alors le même sens : Al lammet (et non pas *al lammérez*), action de sauter; mot à mot. le sauter, etc.

des noms en *ek;* les noms en *erez* sont le féminin des noms en *er;* il n'est donc pas étonnant que ces noms soient du féminin, et désignent souvent des personnes ou des choses animées du sexe féminin, puisque les noms en *ek* et en *er*, d'où ils dérivent, désignent souvent des personnes et des choses animées du sexe masculin. Nous voyons aussi que les noms en *lez* et les noms en *adurez* sont du féminin, et que la véritable terminaison, qui est la syllabe finale, est *ez* dans tous ces noms. Si nous cherchons encore d'autres noms terminés en *ez*, nous les trouvons presque tous du féminin (paotrez (f.), pôdez (f.), porc'hellez (f.), *poéz* signifiant *poids* est du masculin, et *poéz* signifiant *pesanteur* est du féminin); on peut donc conclure, en dernière analyse, que presque tous les noms terminés en *ez* sont du féminin).

NOMBRES ORDINAUX.

36. Les nombres ordinaux pris comme substantifs sont du masculin, excepté *terved* et *péderved* (1).

Exemples : Trived (m.), troisième; terved (f.), troisième; pévarved (m.), quatrième; péderved (f.), quatrième; pemved ou pempved (m.), cinquième; eizved (m.), huitième, etc.

TERVÉDEN (f.), *troisième partie.*

37. Les nombres que l'on forme en ajoutant *en* à la terminaison des nombres ordinaux sont du féminin.

Exemples : Tervéden (f.), troisième partie; pédervéden (f.), quatrième partie; pempvéden (f.), cinquième partie; ugentvéden vingtième partie, etc.

GWAZIK (m.), *petit homme.*

38. Les diminutifs sont du même genre que les noms d'où ils dérivent.

---

(1) L'initiale d'un nombre, soit ordinal, soit cardinal, se change toujours de forte en faible après l'article : Ann drived, le troisième; ann derved, la troisième; eur bévared, un quatrième; er béderved, dans la quatrième, etc.

Exemples : Gwàz (m.), homme ; gwàzik (m.), petit homme ; plac'h (f.), femme ; plac'hik (f.), petite femme, etc.

Le mot *tra* est du féminin ; mais on dit toujours daou zra, tri zra, pevar zra, et non diou zra, ter zra, péder zra : Voilà trois bonnes choses, chétu azé tri zra vâd, etc. Le pronom personnel qui se rapporte à *tra* se met aussi au masculin : Chétu azé eunn dra vâd ; selled out-hañ, et non pas selled out-hi ; mé am euz c'hoant da gaoud anéhañ, et non pas mé am euz c'hoant da gaoud anehi, etc.

AL LABOURAT.

39. On n'a qu'à mettre l'article avant l'infinitif pour en faire un substantif ; les adjectifs bretons, comme les adjectifs français, deviennent aussi des substantifs, quand ils sont précédés de l'article ; mais il n'est pas permis de mettre l'article avant tous les adjectifs bretons, et d'en faire ainsi des substantifs : il faut consulter l'usage, quand on veut faire un substantif d'un adjectif.

Exemples : Labourat, travailler ; al labourat, l'action de travailler (mot à mot, le travailler) ; diskuiza, se reposer ou se défatiguer ; ann diskuiza, l'action de se défatiguer (mot à mot, le se défatiguer) ; sével, monter ; ar zével graiou a zô diez d'ar ré a zô berr hô halan, il est difficile à ceux qui ont la courte haleine de monter des côtes (mot à mot, le monter des côtes est difficile à ceux qui ont la courte haleine), etc.

DE L'ARTICLE.

Il y a trois espèces d'articles en breton, l'article déterminatif, l'article indéterminatif et l'article composé (1). Ils ont tous les trois

---

(1) Cet article n'est autre chose qu'une contraction de la préposition *é* et de la finale de l'article déterminatif ; aussi signifie-t-il toujours *dans la, dans le* ou *dans les*, selon que le nom qui le suit est du féminin ou du masculin, du singulier ou du pluriel. Mais il ne faut pas le mettre avant un nom, si ce nom ne peut pas être précédé de l'article déterminatif en breton: Er park, dans le champ (*park* peut être ici précédé de l'article) ; é park va breur, et non pas *er park va breur (park,* ayant *va breur* pour complément, ne peut pas être précédé de l'article), etc. En Tréguier, au lieu de *é* on met *éñ* : Eñ park ma breur, etc.

les mêmes finales, ils se mettent avant les mêmes lettres et occasionnent les mêmes permutations.

ANN AVAL, EUNN AVAL, ENN AVAL.

40. *Ann, eunn, enn* se mettent avant les noms et les adjectifs qui commencent par une voyelle (1), par un *d* ou un *t* et par un *h* ou un *n*.

Exemples : Ann aval, la pomme; eunn aval, une pomme; enn aval, dans la pomme; ann dorn, la main; eunn dorn, une main; enn dorn, dans la main; ann daouarn, les mains; enn daouarn, dans les mains; ann ti, la maison; eunn ti, une maison; enn ti, dans la maison; ann tié, les maisons; enn tié, dans les maisons; ann hirder, la longueur; eunn hirder, une longueur; enn hirder, dans la longueur; ann néz, le nid; eunn néz, un nid; enn néz, dans le nid; ann nézio, les nids; enn nézio, dans les nids, etc.

AR BÉD, EUR BÉD, ER BÉD.

41° *Ar, eur, er* se mettent avant les mots qui commencent par *b, k, f, g, gw, ch, c'h, j, m, p, r, s, v, w, z* et *i* suivi d'une voyelle.

Exemples : Ar béd, le monde; eur béd, un monde; er béd, dans le monde; ar garanté (2), la charité; eur garanté vràz, une grande charité; er garanté, dans la charité; ar forn, le four; eur forn, un four; er forn, dans le four; ar galloud, la puissance; eur galloud, une puissance; er galloud, dans la puissance; ar gwélé, le lit; eur gwélé, un lit; er gwélé, dans le lit; ar gwéléo, les lits; er gwéléo, dans les lits; ar chapel, la chapelle; eur chapel, une chapelle; er chapel, dans la chapelle; ar c'hoari, le jeu; eur c'hoari, un jeu; er c'hoari, dans le jeu; ar c'hoario, les jeux;

---

(1) Excepté l'*i* suivi d'une autre voyelle; car l'*i* suivi d'une autre voyelle ne suit nulle part la règle des voyelles : Ar iar, la poule, et non pas *ann iar*; ar iér, les poules; ar iod, la bouillie; Per ha Iann, et non pas *Per hag Iann*, etc.

(2) Je mets *ar garanté*, et non pas *ar karanté*, parce qu'après *ar, eur, er* le *k* se change en *g* dans tous les noms singuliers féminins. (Voy. le n° 45.)

er c'hoario, dans les jeux; ar jardin, le jardin; eur jardin, un jardin; er jardin, dans le jardin; ar voger (1), le mur; eur voger, un mur; er voger, dans le mur; ar méné, la montagne; eur méné, une montagne; er méné, dans la montagne; ar park, le champ; eur park, un champ; er park, dans le champ; ar parko, les champs; er parko, dans les champs; ar rastel, le râteau; eur rastel, un râteau; er rastel, dans le râteau; ar soc'h, le soc; eur soc'h, un soc; er soc'h, dans le soc; ar veñjañs, la vengeance; eur veñjañs, une vengeance; er veñjañs, dans la vengeance; ar wirioné, la vérité; eur wirioné, une vérité; er wirioné, dans la vérité; ar zaé, la robe; eur zaé, une robe, etc. (2).

AL LOUER, EUL LOUER, EL LOUER.

42. *Al, eul, el* se mettent avant les mots qui commencent par *l*.

Exemples : Al louer, l'auge; eul louer, une auge; el louer, dans l'auge; al labour, l'ouvrage; eul labour, un ouvrage ou un travail; el labour, dans l'ouvrage ou dans le travail; al labourio, les travaux; el labourio, dans les travaux, etc.

DES PERMUTATIONS.

Il y a diverses particules après lesquelles les initiales se changent de fortes en faibles, et il y a quelques particules qui font changer certaines initiales de faibles en fortes. Pour faciliter l'étude de ces changements ou permutations, il faut classer les particules qui les occasionnent.

---

(1) Je mets *eur voguer*, et non pas *eur moguer*, parce qu'après *ar, eur, er* l'*m* se change en *v* dans les noms féminins singuliers.

(2) L'*s* suivi d'une consonne dans le même mot ne se change jamais en *z* après *ar, eur, er*, ni après les autres particules : Ster, rivière; eur ster, une rivière; ar sterio, les rivières; spered, esprit; ar spéred, l'esprit, etc. (L'*s* dans *siminal*, cheminée, ne se change pas en *z* : Ar siminal, la cheminée, etc.)

1° PERMUTATIONS APRÈS LES ARTICLES.

43. Après *ann, eunn, enn,* le *t* se change en *d* dans les noms et les adjectifs féminins singuliers (1).

Exemples : Tiréten, tiroir; ann diréten, le tiroir; eunn diréten, un tiroir; enn diréten, dans le tiroir; téner, tendre; ann dénerra, la plus tendre; enn dénerra, dans la plus tendre, etc.

ANN DAMMALLERIEN, ENN DOUERIEN.

44. Après *ann, enn, t* se change en *d* dans les noms masculins pluriels qui désignent des personnes (2).

Exemples : Tammaller, accusateur; ann dammallerien, les accusateurs; muioc'h a évez a vé enn dud koz évid enn dud iaouañk, les personnes âgées ont plus de précaution que les jeunes gens; touer, jureur; ann douerien, les jureurs; enn douerien, dans les jureurs, etc.

Exceptions : Tâd, père; ann tâdo (et non pas *ann dado*), les pères; enn tâdo, dans les pères; tést, témoin; ann tésto, les témoins; enn tésto, dans les témoins; Turk, turc; ann Turked, les Turcs; enn Turked, dans les Turcs.

AR VARAZ, EUR VARAZ, ER VARAZ.

45. Après *ar, eur, er, b* se change en *v, k* en *g, g* en *c'h, gw* en *w, m* en *v, p* en *b* et *s* en *z,* dans les noms et les adjectifs féminins singuliers (3).

---

(1) Les noms féminins pluriel gardent leur initiale propre après *ann, enn :* Ann tirétenno, les tiroirs; ann toenno, les toits; enn toenno, dans les toits, etc.

(2) Les noms masculins pluriels, qui ne désignent pas des personnes, gardent leur initiale propre après *ann, enn :* Ann tourio, les tours; enn tourio, dans les tours; ann tirvi, les taureaux, etc.

(3) Les noms masculins, qui ont *k* pour initiale propre, changent cette initiale en *c'h* après *ar, eur, er,* et au singulier et au pluriel.
Exemples : Karer, charron; ar c'harer, eur c'harer, er c'harer; karerien, des charrons, ar c'harerien; er c'harerien; kàr, charrette; ar c'hàr, eur c'hàr, er c'hàr; kiri, des charrettes; ar c'hiri, er c'hiri, etc.
Les noms masculins pluriels, qui ont *k* pour initiale, peuvent avoir *c'h* ou *g* pour initiale après *ar* et *er,* s'ils désignent des personnes : Ar garerien ou ar c'harerien; er garerien ou er c'harerien; kéréer, cordonnier; kéréerien, des cordonniers; ar c'héréerien ou ar géréerien, etc.

Exemples : Baraz, baquet ; ar varaz, le baquet ; eur varaz, un baquet ; er varaz, dans le baquet ; kârigel, brouette ; ar gârigel, la brouette ; eur gârigel, une brouette ; er gârigel, dans la brouette ; gras, grâce ; ar c'hras, la grâce ; eur c'hras, une grâce ; er c'hras, dans la grâce ; gwarek, arc ; ar warek, l'arc ; eur warek, un arc ; er warek, dans l'arc ; maneg, gant ; ar vaneg, le gant ; eur vaneg, un gant ; er vaneg, dans le gant ; manégérez, celle qui fait des gants ; ar vanégérez, la femme qui fait des gants ; eur vanégérez, une femme qui fait des gants ; péden, prière ; ar béden, la prière ; eur béden, une prière ; er béden, dans la prière ; saé, robe ; ar zaé, la robe ; eur zaé, une robe ; er zaé, dans la robe ; silien, anguille ; ar zilien, l'anguille ; eur zilien, une anguille ; er zilien, dans l'anguille, etc. (1).

Exception : Plac'h, femme ; ar plac'h (et non pas *ar blac'h*), eur plac'h, er plac'h.

AR VARNERIEN.

46. Après *ar, er, b* se change en *v, k* en *g, g* en *c'h, gw* en *w, m* en *v, p* en *b* et *s* en *z*, dans les noms masculins pluriels qui désignent des personnes (2).

Exemples : Barner, juge ; ar varnerien, er varnerien ; bélek, prêtre ; ar véléien, er véléien ; klasker, chercheur ; ar glaskerien, er glaskerien ; Gall, Français ; ar C'hallaoued, er C'hallaoued ; gwiader, tisserand ; ar wiadérien, er wiadérien ; merer, fermier ; ar vererien, er vererien ; paour, pauvre ; ar bévien ; muioc'h a ioul-vàd a zô er bévien évid a c'halloud da zikour ar ré all, chez

---

(1) Les noms féminins pluriels gardent leur initiale propre après *ar, er*, excepté ceux qui ont *k* pour initiale propre : Barazio, des baquets ; ar barazio, les baquets ; er barazio, dans les baquets, etc. Mais on dira ar c'halono, les cœurs ; er c'halono, dans les cœurs, etc., parce que les noms féminins pluriels, qui ont *k* pour initiale propre, changent cette initiale en *c'h* après *ar, er*.

(2) Les noms masculins pluriels, qui ne désignent pas des personnes, gardent leur initiale propre après *ar, er*, excepté ceux qui ont *k* pour initiale propre : brank, branche ; ar branko, les branches ; er branko, dans les branches ; goulie, plaie ; ar goulio, er goulio ; park, champ ; ar parko, er parko ; marc'had, marché ; ar marc'hajo, er marc'hajo ; gwélé, lit ; ar gwéléo, etc.

les pauvres il y a plus de bonne volonté que de puissance pour secourir les autres; siliaouer, pêcheur d'anguilles; ar ziliaouerien, er ziliaouerien, etc.

Exceptions : Mer, maire; ar merio (et non pas *ar verio*), er merio; mâb, fils; ar mipien, er mipien ou ar vibien, er vibien; breûdeûr, frères; **ar** breûdeûr ou ar vreudeur.

POAN VRÉC'H.

47. Quand il y a deux noms de suite, dont le premier est féminin singulier et a le second pour complément, le nom complément change ainsi son initiale de forte en faible; *b* se change en *v*, *k* en *g*, *g* en *c'h*, *gw* en *w*, *m* en *v*, *p* en *b* et *t* en *d*.

Exemples : Bréc'h, bras; poan (f.) vréc'h, mal de bras; bîz, doigt; poan vîz; mal de doigt; gwalen (f.) vîz, anneau pour mettre au doigt; bleûd, farine; eur boézellad vleûd, une boisselée de farine; kalon, cœur; poan galon, mal de cœur; ki, chien; chaden (f.) gi, chaîne pour attacher le chien; gwiniz, froment; tachen (f.) winiz, parcelle de terre sous froment; gwin, vin; eur wérennad win, un verre de vin; gwad ou goad, sang; taken (f.) wad ou taken oad, goutte de sang; mézer, drap; eur walennad vézer, une aune de drap; mein, pierres; eunn doen vein, un toit de pierres (d'ardoises); patatez, patates; eunn erô batatez, un sillon de patates (un sillon sous patates); paotred, garçons; eur vanden baotred, une bande de garçons; tân, feu; eur fulen dân, une étincelle de feu, etc. (On dit ar iaou bask, le jour de l'Ascension; ar zadorn fask, le samedi de pâque; ar zûl fask, al lun fask, ar meurs fask, quoique les mots précédents soient masculins.)

Exceptions : Les mots terminés en *b* ou en *p*, en *k* ou en *g*, en *d* ou en *t*, en *f* ou en *v*, en *ch* ou en *c'h*, en *s* ou en *z*, ou bien en *j*, ces noms-là ne font pas varier les initiales *k*, *p*, *t*. (Voyez la remarque que j'ai faite à la fin du n° 56.)

Exemples : **Eur grib koad** (et non pas *eur grib* goad), un peigne de bois; eur skôp kistin, une pelle de châtaignier pour vider l'eau d'un bateau, une écope de châtaignier; eur wask kélvé, une presse faite de coudrier; eur garg kraou, une charretée de noix; eur gàrigellad kribo, une brouettée de peignes; eur c'houist kistin, un fléau de châtaignier; eur c'hrañch koad, une granche de bois; eunn arc'h kérez, une arche de cerisier; eur viñs koad, un escalier de bois; eur werz poéziou, une vente de poids, etc. (Voy. les nos 54 et 56.)

2o PERMUTATIONS APRÈS *A*, *ABA*, ETC.

48. Après les particules *a, aba, ar ré, da* ou *ta, dam, daou, dem, di, diou, diwar, dré, eil, endra, en em, en eur, gwall, gour, hanter, hé* (1)*, na, né, pa, pé, peur, peuz, ra, ré, seúl, war, b* se change en *v, k* en *g, d* en *z, g* en *c'h, gw* en *w, m* en *v, p* en *b, t* en *d,* et *s* en *z* (2).

A VERN.

Exemples : Bern, tas; a vern, en tas; klei, gauche; a glei, à gauche; déo, droite; a zéo, à droite; géno, bouche; a c'héno, de bouche; gwél, vue; a wél, de vue; mâd, bon; a vâd, tout de bon; pell, loin; a bell, de loin; tammo, morceaux; a dammo, par morceaux; saour, séve; né neuz kéd a zaour, il n'y a pas de séve, etc.

---

(1) *Hé* adjectif possessif ou pronom de la troisième personne du singulier masculin : Hé vern, son tas (en parlant d'un homme); hé bédi a riñ, je le prierai, etc.

(2) On n'a pas à se demander quelles espèces de mots sont ces particules; qu'elles soient prépositions, pronoms, adjectifs possessifs ou autres espèces de mots, qu'elles soient avant un nom ou un verbe, un adjectif ou un adverbe, elles occasionnent toujours les mêmes permutations : A vern, en tas; héñ a vern, il entasse; da véva, à nourrir; da véva a riñ, je te nourrirai; da vévañs, ta nourriture; hé béden, sa prière (à lui); hé bédi, le prier, etc.

ABA VALÉ (1).

Exemples : Balé, marcher; aba valé, depuis qu'il marche; kas, envoyer; aba gas, depuis qu'il envoie; digas, apporter; aba zigas, depuis qu'il apporte; garmat, crier; aba c'harm, depuis qu'il crie; gwéla, pleurer; aba wél, depuis qu'il pleure; médi, couper du blé; aba véd, depuis qu'il coupe du blé; pédi, prier; aba béd; depuis qu'il prie; téc'hal, fuir; aba déc'h, depuis qu'il fuit; sélaou, écouter; aba zelaou, depuis qu'il écoute, etc.

AR RÉ VIAN.

Exemples : Bian, petit; ar ré vian, les petits; kôz, vieux; ar ré gôz, les vieux; déô, droit; ar ré zéô, les droitiers; glàz, bleu; ar ré c'hlàz, les bleus; galloudek, puissant; ar ré c'halloudek, les puissants; gwéñ, sauvage; ar ré wéñ, les sauvages; mâd, bon; ar ré vàd, les bons; paour, pauvre; ar ré baour, les pauvres; tosten, avare; ar ré dosten, les avares; sioul, silencieux; ar ré zioul; les silencieux, etc.

DA VÉVA A RIÑ.

Exemples : Béva, nourrir; da véva ou ta véva (ta n'est pas usité) a riñ, je te nourrirai; kana, chanter; da gana, à chanter; diwall, garder; da ziwall, à garder; gouren, lutter; da c'houren, à lutter; gwalc'hi, laver; da walc'hi, à laver; pad, durer; da bad, à durer; médi; couper du blé; da védi, à couper du blé; tomma, chauffer; da domma, à chauffer; sellet, regarder; da zellet, à regarder, etc.

DAM VRUZUNA.

Exemples : Bruzuna, briser; dam vruzuna, briser à demi; klewet, entendre; dam glewet, entendre à demi; gwélet, voir; dam wélet, entre-voir; dârô, mûr; dam zârô eo; il est presque

---

(1) *Abaoé* est plus usité que *aba* devant un substantif; et avant un verbe on se sert plus souvent de *abaoé ma*, dans une proposition affirmative, et de *abaoé na* ou *né*, dans une proposition négative, que de *aba* : Abaoé disûl, depuis dimanche; abaoé ma valé, depuis qu'il ou qu'elle marche; abaoé na valé két, ou abaoé né valé két, depuis qu'il ou qu'elle ne marche pas, etc.

mûr; mevi, soûler; dam vevi, soûler à demi; poézet, pesé; dam boézed eo, il est à peu près pesé; toulla, percer; dam doulla, percer à demi; sellet, regarder; dam zellet, regarder à demi, etc. (*Dem* ne s'emploie que dans le sens de *dam*.)

DAOU VORN.

Exemples : Born, borgne; daou vorn, deux borgnes; korn, corne; daou gorn, deux cornes; dall, aveugle; daou zall, deux aveugles; gouañ, hiver; daou c'houañ ou daou c'hoañ, deux hivers; gwàz, homme; daou wâz, deux hommes; màb, fils; daou vàb, deux fils; péz, pièce; daou béz, deux pièces; tol, coup; daou dol, deux coups; sant, saint; daou zant, deux saints, etc.

DIVRAO (*di* PRIVATIF).

Exemples : Braô, joli; divraô, laid; kalon, cœur; digalon, sans cœur; dalla, aveugler; dizalla, désaveugler; gras, grâce; dic'hras, sans grâce; gwara, courber; diwara, redresser; marc'ha, monter; divarc'ha, démonter; penn, tête; dibenn, sans tête; trué, pitié; didrué, sans pitié; santuz, qui s'aperçoit vite de...; dizant ou dizantuz, qui ne s'aperçoit pas vite de..., etc.

DIOU VARN.

Exemples : Barn, jugement; diou varn, deux jugements; karg, charretée; diou garg, deux charretées; dôr, porte; diou zòr, deux portes; giz, coutume; diou c'hîz, deux coutumes; gwalen, aune; diou walen, deux aunes; mérc'h, fille; diou vérc'h, deux filles; plac'h, femme; diou blac'h, deux femmes; tolen, image; diou dolen, deux images; silien, anguille; diou zilien, deux anguilles, etc.

DIWAR VREMAÑ.

Exemples : Bremañ, à présent; diwar vremañ, dès à présent; kein, dos; kouézed eo diwar gein hé vreùr, il est tombé de dessus le dos de son frère; dôr, porte; hén taped am euz diwar zôr ann ti, je l'ai pris de dessus la porte de la maison; gouré ou gorré, surface; diwar c'houré ou diwar c'horré, de dessus la surface ; gwin, vin ; diwar win en deuz gret sé, il a fait cela après avoir bu (du vin); marc'h, cheval ; diwar varc'h, de cheval ; penn, tête ; diwar-benn, touchant; siliou, anguilles ; ann dour-zé a zeu diwar ziliou, cette eau-là vient de dessus des anguilles, etc.

DRÉ VAG.

Exemples : Bàg, bateau; dré vàg, en bateau ; komz, parole ; dré gomz, par parole; dévez, journée ; dré zévez; par journée ; garant, voie; dré c'harand ar ré fur é valé, il marche sur les traces des sages ; gwir, droit, vrai; dré wîr, par droit; môr, mer; dré vôr, par mer; pinijen, pénitence ; dré binijen, par pénitence ; toull, trou; tremen dré doull eunn nadoz *ou* eunn noadé, passer par le trou d'une aiguille ; sikour, secours; dré zikour, par secours, etc.

EIL VARA.

Exemples : Bara, pain; eil vara, deuxième pain ; karg, charge; eil garg, deuxième charge ; dôr, porte; eil zôr, deuxième porte ; gras, grâce; ann eil c'hras, la deuxième grâce ; gwalc'h, lavement ; eil walc'h, deuxième lavement; miz, mois ; ann eil vîz ar bloaz, le deuxième mois de l'année; pañk, banc; ann eil bañk, le deuxième banc; tol, coup; eil dol, second coup; sùn, semaine; eil zùn, deuxième semaine, etc.

EÑDRA VÉVO (1).

Exemples : Bévo, il vivra; eñdra vévo, tant qu'il vivra; kano, il chantera; eñdra gano, tant qu'il chantera; dastumo, il ramassera; eñdra zastumo, tant qu'il ramassera ; goulenno, il demandera; eñdra c'houlenno, tant qu'il demandera; gwélo, il verra ; eñdra wélo, tant qu'il verra ; mac'ho, il foulera; eñdra vac'ho, tant qu'il foulera; pado, il durera; eñdra bado, tant qu'il durera;

---

(1) *Keit ha ma* (tant que) est plus usité que *eñdra :* Keit ha ma véviñ, tant que je vivrai, etc., etc.

tolo, il jettera; eñdra dolo, tant qu'il jettera; sello, il regardera; eñdra zello, tant qu'il regardera, etc.

EN EM VÉVA.

Exemples : Béva, nourrir; en em véva, se nourrir; kanna, laver, battre; en em ganna, se battre (le verbe *kanna* précédé de *en em*, signifie presque toujours *se* battre); diwall, garder; en em ziwall, se garder, se défendre; glac'hari, ruiner; en em c'hlac'hari, se ruiner; gwalennata, pointiller; en em walennata a réont aun eil égilé, ils se pointillent mutuellement; mirout, garder, conserver; en em virout, se conserver; penta, orner; faire la toilette; en em benta, faire sa toilette; teri, casser; en em deri, se casser; sellet, regarder; en em zellet, se regarder, etc.

EN EUR VALÉ.

Exemples : Balé, marcher; en eur valé, en marchant; karet, aimer; en eur garet, en aimant; doñt, venir; en eur zoñt, en venant; gourena, lutter; en eur c'houren, en luttant; gwaskenni, tousser; en eur waskenni, en toussant; mérvel, mourir; en eur vérvel, en mourant; paka, paqueter; en eur baka, en paquetant; trémen, passer; en eur drémen, en passant; saludi, saluer; en eur zaludi, en saluant, etc.

GWALL VARN.

Exemples : Barn, jugement; gwall varn, jugement cruel; kiez, chienne; eur wall giez eo (en parlant d'une femme), c'est une harpie; dén, homme; eur gwall zén, un méchant homme; gouli, plaie; gwall c'houli, plaie profonde; gwilioud, accouchement; gwall wilioud, accouchement très-pénible; marô, mort; gwall varô, mort affreuse; péc'hi, pécher; gwall béc'hi, pécher gravement; téod, langue; gwall déod, mauvaise langue; sell, regard; eur gwall zell en deuz, il a un regard repoussant, etc.

GOUR-VADÉI.

Exemples : Gour-vadéi, ondoyer (au lieu de *gour-vadéi* on dit ordinairement *kristeni*); klévé, épée; gour-glévé, poignard; dén, personne ; gour-zén, petit homme ; poaza, cuire ; gour-boaza, cuire un peu ; treûst, poutre ; gour-dreûst, poutrelle, etc.

HANTER VÉVA.

Exemples : Béva, nourrir; hanter véva, moitié nourrir; karget, chargé; hanter garget, à moitié chargé; dibuna, dévider; hanter zibuna, dévider à demi; gôloet, couvert; hanter c'hôloet, à demi couvert; gwéñvet, fané; hanter wéñvet, à demi fané; marô, mort; hanter varô, à demi mort; pura, nettoyer; hanter bured eo, il est nettoyé à demi; toret, cassé; hanter doret, à demi cassé; savet, élevé; hanter zaved eo, il est à moitié élevé, etc.

HÉ VUGEL.

Exemples : Bugel, enfant; hé vugel, son enfant (à lui); karg, charge; hé garg, sa charge; galloud, puissance; hé c'halloud, sa puissance (en parlant d'un homme); gwélé, lit; hé wélé, son lit; matez, servante; hé vatez, sa servante; penn, tête; hé benn, sa tête; saout, vaches; hé zaout, ses vaches, etc.

NA *ou* NÉ VÉVO KÉT PELL KÉN.

Exemples : Bévo, il (ou elle) vivra; na vévo *ou* né vévo két pell kén, il ne vivra plus longtemps; kaso, il enverra; na gaso *ou* né gaso két, il n'enverra pas; dorno, il battra; na zorno *ou* né zorno két c'hoaz, il ne battra pas encore; gourc'hémen, il (ou elle) commande; na c'hourc'hémen két *ou* né c'hourc'hémen két, il (ou elle) ne commande pas; gwélet, voir; na wél *ou* né wel két, il ne voit pas; marvo, il mourra; na varvo *ou* né varvo két c'hoaz, il ne mourra pas encore; pàd, durer; na bàd *ou* né bàd két, il ne dure pas; troc'ha, couper; na droc'h *ou* né droc'h kéd a éd c'hoaz, il ne coupe pas de blé encore; soñjal, penser; na zoñj *ou* né zoñj nétra, il ne pense rien, etc.

PA VÉZO *ou* PA VO.

Exemples : Bézo *ou* bo, il sera; pa vézo *ou* pa vo, quand il sera; komz, il parle; pa gomz, quand il parle; digaso, il apportera; pa zigaso, quand il apportera; galvez, tu appelles; pa c'halvez, quand tu appelles; gwélo, il verra; pa wélo, quand il verra; méd, il coupe du blé; pa véd, quand il coupe du blé; pédez, tu pries; pa bédez, quand tu pries; tammez, tu morcelles; pa dammez, quand tu morcelles; sello, il regardera; pa zello, quand il regardera, etc.

PÉ VUOC'H?

Exemples : Buoc'h, vache; pé vuoc'h? quelle vache? kroc'hen, peau; pé groc'hen? quelle peau? dévez, journée; pe zévez? quelle journée? galloud, pouvoir; pé c'halloud? quel pouvoir? gwéen, arbre; pé wéen? quel arbre? marò, mort; pé varo en deuz-hañ béd? quelle mort a-t-il (ou a-t-elle) eue? pont, pont; pé bont? quel pont? tour, tour; pé dour? quelle tour? saé, robe; pé zaé? quelle robe? etc.

PEUR-VOUZARED EO.

Exemples : Bouzared eo, il est assourdi; peur-vouzared eo, il est complètement assourdi; kribet, peigné; peur-gribet, entièrement peigné; douret, arrosé; peur-zoured eo ar prad, le pré est entièrement arrosé; gret, fait; peur-c'hret, entièrement fait; gwellaat, améliorer, se rétablir; peur-wellaat, se rétablir complètement; médi, coupé du blé; peur-védi, couper tout le blé; pala, bêcher; peur-bala, bêcher entièrement; troc'ha, couper; peur-droc'ha, couper entièrement; séc'ha, sécher; peur-zéc'ha, sécher entièrement, etc.

PEUZ VIAN.

Exemples : Bian, petit; peuz vian, presque petit; klañv, malade; peuz-klañv, indisposé (les lettres initiales *k*, *p* et *t* ne se changent pas après *peuz ;* Peuz-trenk, acidulé, voir *peuz-trenk* dans le dictionnaire breton-français de Le Gonidec. Voy. le n° 47); . glaz, bleu; peuz-c'hlaz, presque bleu; gwér, couleur verte et luisante; peuz wér, presque vert et luisant; mélen, jaune; peuz vélen, jaunâtre, etc (1).

RA VÉVO.

Exemples : Béva, vivre; ra vévo, qu'il vive; kana, chanter; ra ganiñ, que je chante; derc'hel, tenir; ra zalc'ho, qu'il tienne; galloud pouvoir; ra c'halliñ, que je puisse; gwélet, voir; ra wélo, qu'il voie; ménel, rester; ra vano, qu'il reste (qu'il soit de reste); pléga, plier; ra blégo, qu'il plie; tével, sa taire; ra davo, qu'il se taise; sélaou, écouter; ra zélaouiñ, que j'écoute, etc.

RÉ VIAN.

Exemples : Bian, petit; ré vian, trop petit; kòz, vieux; ré gôz, trop vieux; drouk, méchant; ré zrouk, trop méchant; grogner; grogneur; ré c'hrogner, trop grogneur; gwaret, courbé; ré waret, trop courbé; mignon, mignon; ré vignon, trop mignon; pouner, lourd; ré bouner, trop lourd; treûd, maigre; ré dreûd, trop maigre; séc'h, sec; ré zéc'h, trop sec, etc.

SEUL VUANNOC'H.

Exemples : Buan, prompt; seûl vuannoc'h, tant plus prompt; kòz, vieux; seûl gôsoc'h, tant plus vieux; dru, gras; seûl zruoc'h (et mieux *druoc'h;* car le *d* ne se change pas souvent en *z* après *seûl*, etc.), tant plus gras; glâz, bleu; seûl c'hlâsoc'h, tant plus bleu; gwenn, blanc; seûl wennoc'h, tant plus blanc; mélen, jaune; seûl vélennoc'h, tant plus jaune; pell, loin; seûl belloc'h, tant plus loin; téo, gros; seûl dévoc'h, tant plus gros; sioul, silencieux; seûl ziouloc'h, tant plus silencieux, etc.

Cette particule *seûl* ne se met qu'avant un comparatif dans une phrase où *plus* est répété, et il a toujours un sens général : Seûl viannoc'h, seûl skañvoc'h, plus (ce dont il s'agit) petit, plus léger, c'est-à-dire, d'autant plus léger que c'est plus petit, etc.

Si l'on veut déterminer le sens, il faut prendre une autre tour-

---

(1) Le mot *kazi* ou *kaji* est plus usité que *peuz* : Kazi bian, presque petit; kazi klañv, presque malade. etc. (Après *kazi* la permutation n'a pas lieu).

nure et dire : Seùl-vui ec'h co bian ma zog, seul-vui éc'h co skañv, plus mon chapeau est petit, plus il est léger (il est d'autant plus léger, qu'il est plus petit), etc.

WAR-VALÉ.

Exemples : Balé, marcher; war-valé, sur pied; koaz, diminution; war-goaz, en diminuant; gorré ou gouré, surface; war-c'horré *ou* war-c'houré, à la surface; gwell, meilleur; war-well, en s'améliorant; mòr, mer; war-vôr, sur mer; penn, tête; war-benn, en sus; tû, côté; war-dû (Trég.) ou var-zù ar c'hrésté, du côté du midi; saò, action de lever; var-zaò, en levant, etc.

MORVRAN.

49. Dans les mots composés de deux substantifs, si le substantif régi précède, le substantif régissant change son initiale de forte en faible.

Exemples : Morvran (au lieu de morbran), cormoran; douvvél, hydromel, etc.

3° PERMUTATIONS APRÈS *AM, EM, HÉ,* ETC.

50. Après *am, em, hé* (1), *hô* (2), *va* ou *ma* (3), *naô, péder, pévar, teir* ou *ter*, *tri*, *k* se change c'h, *p* en *f*, *t* et *s* en *z*; en Tréguier, *t* se change en *d* après *naô, péder, pevar, ter, tri*,

---

(1) *Hé* adjectif ou pronom de la troisième personne du singulier féminin : Hé c'havaden, sa trouvaille (la trouvaille d'une femme ou d'un autre sujet féminin; car si c'est un homme qui a fait la trouvaille, il faut dire *hé gavaden*); hé c'hased am euz d'ar ger, je l'ai envoyée à la maison; hé gased am euz d'ar ger, je l'ai envoyé à la maison, etc.

(2) *Hô* adjectif ou pronom de la troisième personne du pluriel, soit masculin, soit féminin : Karg, charge; hô c'harg, leur charge; penn, tête; hô fenn, leur tête; hô c'hased am euz d'ar ger, je les ai envoyés à la maison, etc.

(3) *Ma* adjectif ou pronom de la première personne du singulier, soit masculin, soit féminin; mais *ma* conjonction ne se trouve pas dans cette classe de particules.

RO EUNN TAMM FOEN D'AM C'HAZEK.

Exemples : Kazek, jument; ro eunn tamm foen d'am (*d'am c'hazek* pour *da ma c'hazek* ou *da va c'hazek*) c'hazek, donne un peu de foin à ma jument; paotr, garçon; lared am euz d'am faotr dond amañ, j'ai dit à mon garçon de venir ici; tâd, père; mé a laro d'am zâd, je dirai à mon père; sikour, secourir; deuz d'am zikour eunn tammik, viens me porter un peu de secours, etc. *D'am* est pour *da ma* ou *da va* dans ce dernier exemple, comme dans les trois précédents; mais il est pronom ici; tandis que dans les autres exemples il est adjectif possessif. Nous verrons plus tard qu'un adjectif possessif, mis avant un verbe actif, devient pronom personnel régime direct de ce verbe; ainsi *d'* avant *am*, dans ce dernier exemple, a l'infinitif *sikour* pour complément, et *sikour* a *am* pour complément.

EM C'HARG ÉMAÑ.

Exemples : Karg, charge; em c'harg émañ, j'en suis chargé mot à mot, il est dans ma charge : *em* est pour *é ma* ou *é va*); penn, tête; mé am euz poann em fenn, j'ai mal à la tête (mot à mot, j'ai mal en ma tête); ti, maison; em zi, dans ma maison; sac'h, sac; em zac'h, dans mon sac, etc.

HÔ C'HÉZEK.

Exemples : Kézek, chevaux; hô c'hézek, leurs chevaux; park, champ; hô fark, leur champ; ti, maison; hô zi, leur maison; santélez, sainteté; hô zantélez, leur sainteté, etc.

VA *ou* MA C'HAR.

Exemples : Kàr, charrette; va c'hàr *ou* ma c'hàr, ma charrette; park, champ; va fark *ou* ma fark, mon champ; tenn, harnais; va zenn *ou* ma zenn, mon harnais; saout, vaches; va zaout *ou* ma zaout, mes vaches, etc.

NAO C'HAZEK.

Exemples : Kazek, jument; nao c'hazek, neuf juments;

poull, mare; nao foull, neuf mares; tour, tour; nao zour *ou* nao dour, neuf tours; sac'h, sac; nao zac'h, neuf sacs; dén, personne; nao zén ou nao dén, neuf personnes, etc.

PÉDER C'HARG.

Exemples : Karg, charretée; péder c'harg, quatre charretées; péder féden, quatre prières; toen, toit; péder zoen *ou* péder doen, quatre toits; silien, anguille; péder zilien, quatre anguilles, etc.

PÉVAR C'HÉRÉER.

Exemples : Kéréer, cordonnier; pévar c'héréer, quatre cordonniers; prénest, fenêtre; pévar frénest, quatre fenêtres; ti, maison; pévar zi *ou* pévar di, quatre maisons; sant, saint; pévar zant, quatre saints, etc.

TEIR *ou* TER C'HAMMED.

Exemples : Kammed, pas; teir *ou* ter c'hammed, trois pas; poézaden, pesée; teir *ou* ter foézaden, trois pesées; trompil, guimbarde; teir *ou* ter zrompil, ou bien teir *ou* ter drompil, trois guimbardes; sûn, semaine; teir *ou* ter zûn, trois semaines, etc.

TRI C'HORN.

Exemples : Korn, corne; tri c'horn, trois cornes; poéz, poids; tri foéz, trois poids; pôd, pot; tri fôd, trois pots; tâl; front; tri zâl *ou* tri dâl, trois fronts; soc'h, soc; tri zoc'h, trois socs, etc.

4° PERMUTATIONS APRÈS *HO, AZ, EZ*.

51. Après *hô* (1), *az* (2), *ez* (3), *b* se change en *p*, *d* en *t*, *g* en *k*, et *z* en *s*.

---

(1) *Hô* adjectif ou pronom de la deuxième personne du pluriel.

(2) *Az* adjectif ou pronom de la deuxième personne du singulier; il est toujours précédé de *d'* et signifie *da da* ou *da ta*. Voy. les exemples.

(3) *Ez* adjectif ou pronom de la deuxième personne du singulier; il est pour *é da* ou *é ta*, dans ta. Voy. les exemples.

HÔ PUGALÉ.

Exemples : Bugalé, enfants ; hô pugalé, vos enfants ; daou, deux ; hô taou lagad, vos yeux ; gwélé, lit ; hô kwélé, votre lit ; gourdrouz, menacer ; n'hô kourdrouzañ két, je ne vous menace pas ; zamm *ou* samm, fardeau ; hô samm, votre fardeau, etc.

D'AZ PUGEL.

Exemples : Bugel, enfant ; d'az pugel é vo ann dra-zé, cela sera à ton enfant ; douaro, terres ; d'az touaro, à tes terres ; grég, épouse ; d'az krég, à ta femme, à ton épouse, etc.

POÉZ A ZO EZ PARA.

Exemples : Bara, pain ; poéz a zo ez para, ton pain est lourd (mot à mot, il y a du poids dans ton pain) ; daou, deux ; ha poan ac'h euz ez taou lagad ? as-tu mal aux yeux ? goug, cou ; ha poan ac'h euz ez koug ? as-tu mal au cou ? etc.

5º PERMUTATIONS APRÈS *O, É, MA*.

52. Après *ó* (1), *é* (2), *ma* (3), *b* se change en *v*, *d* en *t*, *g* en *c'h*, *gw* en *w*, et *m* en *v*.

O VÉVA.

Exemples : Béva, vivre ; ô véva, vivant ; digéri, ouvrir ; ô tigéri, ouvrant ; gouid, gagner ; ô c'honid, gagnant ; gwélet, voir ; ô wélet, voyant ; mérvel, mourir ; ô vérvel, mourant, etc.

E VALÉFÉ.

Exemples : Baléfé, marcherait ; né grédañ kéd é valéfé béteg

---

(1) *O* qui sert à former le participe présent, et qui se change en *oc'h* avant les voyelles, excepté avant l'*i* suivi d'une autre voyelle : oc'h anaveout, connaissant, etc. Mais on dira : O iudal, hurlant, et non pas *oc'h iudal*, parceque l'*i* dans *iudal* est suivi d'une autre voyelle. Si le verbe commence par un *h*, il faut aspirer cet *h* ou changer *ó* en *oc'h* : O c'hada *ou* oc'h hada, etc.

(2) *É* conjonction qui sert à rendre la conjonction française *que* dans plusieurs cas, et qui se change en *éc'h* dans les cas où *ó* se change en *oc'h*.

(3) *Ma* conjonction, soit seul, soit faisant partie d'une conjonction composée.

énô, je ne crois pas qu'il marche (1) jusque là; deûfé, viendrait; hag é teûfé, et il viendrait; gôlòio, couvrira; mé a gréd é c'hòlòio anéhañ, je crois qu'il le couvrira; gwellaio, se rétablira; mé a gréd é wellaio, je crois qu'il se rétablira; mervel, mourir; mé a gréd é varvo zouden, je crois qu'il mourra bientôt, etc.

EVID MA VÉVINN PELL.

Exemples : Béva, vivre; évid ma véviñ pell, afin que je vive longtemps; dougann, je porte; ma tougañ anéhañ, si je le porte; gonid, gagner; évid ma c'honéiñ, afin que je gagne; gwélañ, je vois; ma wélañ, si je vois; mac'hañ, je foule aux pieds; ma vac'hañ, si je foule aux pieds, etc.

6º PERMUTATIONS APRÈS *HOR, HON, PEMP, DÉK*.

53. Après *hor, hon,* le *k* se change en *c'h :* Kàr, charrette; hor c'hàr *ou* hon c'hàr, notre charrette; kazek, jument; hon c'hazek *ou* hor c'hazek, notre jument; kérent, parents; hor c'hérent *ou* hon c'hérent, nos parents, etc.

PEMP KÎR.

Après *pemp,* g se change en *k,* et *gw* en *kw.*

Exemples : Gîr ou gér, parole; pemp kir ou pemp kér, cinq paroles ou cinq mots; gwélé, lit; pemp kwélé, cinq lits, etc.

DÉK VLOAZ (2).

Après *dék,* b se change en *v, g* en *k,* et *gw* en *kw.*

Exemples : Bloaz, an; dék vloaz, dix ans; gaou, mensonge; dék kaou, dix mensonges; gwiaden, tissu de toile; dék kwiaden, dix tissus de toile, etc. (3).

---

(1) Le conditionnel s'emploie souvent pour le présent du subjonctif, voy. le nº 109

(2) En Trég. on ne change le *b* en *v* après *dék* que dans le mot *bla*.
Exemple : Hènnez en deuz dék bugel hag a zo dék vla ar iaouanka anhe, celui-là a dix enfants, dont le plus jeune a dix ans, etc.

(3) Le changement de *g* en *k* après *dék* n'est pas de rigueur; on dit aussi bien et aussi souvent *dék gaou* que *dék kaou,* etc.

7° PERMUTATIONS DANS LES ADJECTIFS APRÈS CERTAINS SUBSTANTIFS.

54. Les adjectifs, qui qualifient et suivent immédiatement un nom féminin singulier, changent leur initiale de *forte* en faible; c'est-à-dire que *b* se change en *v*, *k* en *g*, *g* en *c'h*, *gw* en *w*, *m* en *v*, *p* en *b*, *t* en *d*, et *s* en *z* (1).

Exemples : Brâz, grand; eur vilien (f.) vrâz, un grand caillou; kristen, chrétien; eur vamm gristen, une mère chrétienne; gorek, lent; eunn dra (f.) c'horek, une chose qui agit lentement; gwenn, blanc; eur gazek wenn, une jument blanche; mâd, bon; eur vuoc'h vâd, une bonne vache; paduz, durable; eunn dra baduz, une chose durable; téo, gros; eur c'houlaouen (f.) déo, une grosse chandelle; séc'h, sec; eur batatézen zéc'h, une patate sèche (farineuse), etc.

Exceptions. Après les noms féminins singuliers terminés en *b* ou en *p*, en *k* ou en *g*, en *d* ou en *t*, en *f* ou en *v*, en *ch* ou en *c'h*, en *s* ou en *z*, ou bien en *j*, les initiales *k*, *p*, *t*, ne changent pas. (Voy. la remarque qui est à la fin du n° 56.)

Exemples : Kôz, vieux; eur gib (f.) kôz (et non pas eur *gib gôz*), un vieux cercle de fer, qui garnit l'intérieur du moyeu d'une roue; pouner, lourd; eur grib (f.) pouner, un peigne lourd; toret, cassé; eur grib toret, un peigne cassé; eur skop kôz, une vieille écope; eur skob pouner, une écope lourde; eur skop toret, une écope cassée; eur gazek kaer (et non pas eur *gazek gaer*), une belle jument; eur gazek prizuz, une jument qui vaut beaucoup; eur gazek téo, une grosse jument; eur garg kaer, une belle charretée; eur garg pouner, une lourde charretée, eur garg talvoudek, une belle charge (mot à mot, une charge qui vaut beaucoup); eur boézellad kaer a éd, une belle boisselée de blé; eur gammed toret (et non pas *eur gammed doret*), une jante cassée; eur c'houîst (f.) kôz, un vieux fléau; eur c'harant (f.)

---

(1) Si le nom féminin est au pluriel, l'adjectif garde son initiale propre : Bilienno brâz, mammo kristen, traou gorek, kézégenned gwenn, saout mâd, treo paduz, goulaouenno téo, patatézenno séc'h, etc.

priek, une voie faite dans un terrain argileux; eur c'houist toret, un fléau cassé; eur c'hrañch kôz, une vieille granche; eur vérc'h-kaer, une bru; eur vérc'h pinvidik, une fille riche; eur flac'h téo, une grosse béquille; eur c'hras kaer, une belle grâce; eur wers paduz, une vente qui dure; eur voéz kréñv, une forte voix; eur gazez pikouz, une chatte chassieuse; eunn nôzvez téval a ra, il fait une nuit obscure; eunn hanaf kistin, une jatte de châtaignier; eunn hanaf kôz, préñvéded ha toullet, une jatte vieille, vermoulue et percée, etc.

BUGALÉ VIAN.

55. Après les noms masculins pluriels, qui désignent des personnes, l'initiale de l'adjectif se change de forte en faible (1).

Exemples : Bian, petit; bugalé vian, de petits enfants; kalonek, courageux; béleien galonek, des prêtres courageux; gôrek, lent; ar géménerien c'hôrek, les tailleurs lents; gwella (superlatif de mâd, bon); ar c'héréerien wella, les meilleurs cordonniers; mâd, bon; tùd vâd, de bonnes personnes; pinvidik, riche; marc'hadourien binvidik, de riches marchands; truézuz, digne de compassion; bugalé druézuz, des enfants dignes de compassion, etc.

Exceptions : Après les noms masculins pluriels terminés en *d* ou en *z* qui désignent des personnes, les initiales *k, p, t* ne varient pas (2).

Exemples : Tud karantézuz, et non pas tud garantézuz, des personnes charitables; tud pennek, et non pas tud bennek, des personnes têtues; tud troed oud ar vâd, et non pas tud droed

---

(1) Après les noms masculins pluriels, qui ne désignent pas des personnes, l'initale de l'adjectif ne varie pas : Kiri bian, de petites charrettes; poézio kôz, de vieux poids; kézek gôrek, des chevaux lents; ann tiê gwella, les meilleures maisons; parko mâd, de bons champs; béc'hio pouner, de lourds fardeaux; penno téo, de grosses têtes, etc.

(2) Je dis les noms terminés en *d* ou en *z*, parceque la finale ordinaire des noms qui désignent des personnes est *n, d* ou *z*; mais il y en a qui sont terminés en *c'h*, et ceux-ci ne font pas varier les finales *k, p, t* : Ezec'h karantézuz, et non pas ézec'h garantézuz; ménec'h paour, etc.

oud ar vâd, des personnes tournées vers le bien ; paotred kreñv, et non pas paotred gréñv (mot à mot, garçons forts); tud talek, et non pas tud dalek, des personnes qui ont un front remarquable; rouanez paour, et non pas rouanez baour, des rois pauvres (mais on dit, rouané baour, des rois pauvres : le *p* du mot *paour* se change en *b* parce qu'on a retranché le *z* du mot rouanez), etc.

Autres exceptions. Après *tâdo*, pères; *tésto*, témoins; *merio*, maires; *glér*, clercs; *breudeur*, frères; *pâbo*, papes; *mévelio*, valets, l'initiale de l'adjectif ne varie pas : Tâdo mâd, et non pas tâdo vâd ; tâdo koz, et non pas tâdo goz; ann tésto gwella, et non pas ann tésto wella; ar merio brâz, et no pas ar merio vrâz; glér paour, et non pas glér baour; breudeur-kaer, et non pas breudeur-gaer; ma breudeur kér, et non pas ma breudeur gér; pâbo brâz; mévelio mâd, etc. (1).

PIPI GÔZ.

56. Les noms de baptême (aussi bien ceux qui désignent des hommes que ceux qui désignent des femmes) font varier l'initiale de l'adjectif de forte en faible.

Exemples : Pipi gôz, et non pas Pipi kôz; Pipi gaez, Per gôz, Pipi vihan, Per baour, etc. — Iann vihan, Iann gôz, Iann vâd, etc.— Ioenn vrâz, Ioenn grenn, Ioenn baour, etc. — Eflamm gôz, Eflamm bennek, etc. — Gwil vihan, Gwil gaez, Gwil vâd, Gwil dalek, etc. — Jako gaez, Jako vian, Jako baour, Jako vâd, etc. — Bizien gaez, Bizien gôz, Bizien vâd, etc. — Paol gôz, Paol baour, Paol wella, etc. — Mikael baour, etc.

Mari gôz, Mari vian, Mari baour, etc. — Katell gaez, Katell bennek, Katell vrâz, etc. — Anna baour, Anna binvidik, etc. — Jann vihan, Jann gaez, etc.

REMARQUE. Les noms dont la finale n'est pas une des quatre

---

(1) Les mots *pâb* et *mével* ont un autre pluriel qui suit aussi la règle générale: Pibien vrâz; mévelien vâd, etc.

consonnes *l, m, n, r* ou une voyelle, ces noms-là ne font jamais varier les initiales *k, p, t* (1).

Exemples : Pipiik koz, et non pas Pipiik goz; Pipiik paour, Pipiik talek, etc. — Jakez kaez, Jakez pinvidik, Jakez téo, etc. — Fanch kaez, Fanch kerzer, Fanch talek, etc. — Loiz krēñv, Loiz paour, Loiz troadek, etc.

Janned koz, Janned pikouz, Janned tuek, etc. — Annaik kaez, Annaik paour, Annaik talek, etc. — Soaz kòz, Soaz pilaouerez, Soaz troadek, etc.

Voyez les exemples qui se trouvent aux exceptions des numéros 47, 54 et 55.

Cette dernière remarque n'est pas sans importance ; c'est dans l'usage que je l'ai puisée, comme toutes les règles que j'ai données jusqu'ici, par conséquent on ne pourra pas la violer sans aller contre l'usage.

Elle est un résumé des exceptions qui suivent les numéros 47, 54 et 55. Pour parler, non seulement d'une manière convenable, mais encore d'une manière intelligible le breton, il faut observer ler règles de la permutation : on peut dans certains cas faire des contre-sens en violant ces règles ; voici quelques preuves de ce que j'avance : Un bras gros, eur vréc'h téo : la règle générale est ainsi posée dans certains auteurs : « Après un nom féminin singulier, l'initiale de l'adjectif se change de forte en faible. »

En appliquant cette règle je dois écrire *eur vréc'h déo*, car *bréc'h* est du féminin singulier, et *d* est la faible de *t;* mais alors, au lieu de dire *un bras gros*, je dis *un bras droit*. Si en voulant désigner la main d'un homme, je dis *hé dorn*, je désigne la main

---

(1) Cette remarque s'étend à tous les noms indistinctement : ainsi on n'a pas à se demander si le nom est masculin ou féminin, s'il est au singulier ou au pluriel, s'il désigne des personnes ou des choses, il suffit qu'il n'ait pour finale ni une voyelle ni une des quatre consonnes *l, m, n, r,* pour laisser invariables les trois initiales *k, p, t* : Eur verc'hez kaer, eur rouanez paour (une reine pauvre), eur gazek kaer, eur vréc'h krēñv, eur vréc'h téo (un braz gros), eur wiz pounner, eur plac'h kaer, eur plac'h paour, eur falc'h krēñv, eur falz pounner, etc.

d'une femme, au lieu de celle d'un homme; pour désigner la main d'un homme, il faut dire *hé zorn.*

ANN HOLL VUGALÉ.

57. L'adjectif *hóll,* tout ou tous, précédé de *ann* et suivi immédiatement du substantif, auquel il se rapporte, fait varier l'initiale de ce substantif de forte en faible : Bugalé, enfants; ann holl vugalé, tous les enfants; kiri, charrettes; ann holl *giri,* toutes les charrettes; gwéléo, lits ; ann holl wéléo, tous les lits ; gwiaderien, tisserans ; ann holl wiaderien, tous les tisserans ; mévelien, valets; ann holl vévelien, tous les valets; mitizien, servantes; ann holl vitizien, toutes les servantes; pévien, pauvres; ann holl bévien, tous les pauvres; tud, personnes ; ann holl dud, toutes les personnes ou tout le monde; sier, sacs; ann holl zier, tous les sacs, etc.

L'initiale *g* se change quelquefois en *c'h;* mais, comme elle ne varie pas toujours d'une manière régulière (après cet adjectif *holl*), je ne puis la soumettre à aucune règle ; c'est l'usage qu'il faut consulter, et l'usage, n'étant pas le même chez tout le monde pour cette initiale *g*, chacun peut la changer ou la laisser telle qu'elle est sans encourir des reproches.

Quand *héc'h* (adjectif possessif de la troisième personne du singulier féminin) est avant l'adjectif *holl,* l'initiale du nom auquel se rapporte *holl* étant un *p*, on peut changer ce *p* en *f* : Héc'h holl fédenno ou héc'h holl bédenno, etc. (Je crois qu'il est préférable de dire *héc'h holl fédenno,* en changeant en *f* l'initiale *p* de *pédenno*, prières.)

DES ADJECTIFS.

58. Il y a quatre sortes d'adjectifs, les adjectifs qualificatifs, les adjectifs démonstratifs, les adjectifs possessifs, et les adjectifs numériques ou les adjectifs de nombre.

ADJECTIFS QUALIFICATIFS.

Les adjectifs qualificatifs ont trois degrés de force dans leur qualification, le positif, le comparatif et le superlatif. Ni le genre ni le nombre du substantif, auquel ils se rapportent, ne font varier la finale de l'adjectif, soit au positif, soit au comparatif, soit au superlatif, comme nous le verrons dans la syntaxe, où je donnerai la formation du comparatif et du superlatif, et leur emploi. Voy. les nos 45 et 48 de la syntaxe.

ADJECTIFS DÉMONSTRATIFS.

50. Les adjectifs démonstratifs bretons sont invariables, excepté la particule *sé* qui se change en *zé* après les mots terminés par une voyelle ou une des quatre consonnes *l, m, n, r*. Ces particules démonstratives se mettent toujours après les noms auxquels elles se rapportent, et ces noms sont toujours précédés de l'article déterminatif.

Exemples : Ann dén-mañ, cet homme-ci; ann dén-zé, cet homme-là; ann dud-sé, ces hommes-là; ann dén-hont, cet homme (qui est là-bas); ar park-sé, ce champ-là; er voger-zé, dans ce mur-là; d'ann dud-sé, à ces hommes-là, etc.

Il n'y a de particules démonstratives que *mañ*, *sé* (et *zé*, puisque *sé* doit se changer quelquefois en *zé*) et *hont*, qui servent aussi à former les pronoms démonstratifs.

ADJECTIFS POSSESSIFS.

60. Les adjectifs possessifs ne sont pas soumis aux règles de la permutation; mais il y en a dont la finale change.

Tableau des adjectifs possessifs.

Va ou *ma*   Mon, ma, mes
Da ou *ta*   Ton, ta, tes

Hé (1)	Son, sa, ses
Hon	Notre, nos
Hô (2)	Votre, vos
Hô	Leur, leurs

Je donnerai dans la syntaxe l'emploi de ces adjectifs ; il est cependant utile de donner ici quelques exemples, qui fassent voir que ni le genre ni le nombre ne peuvent causer aucun changement dans ces adjectifs.

Exemples : Va zàd *ou* ma zàd, mon père ; va mamm *ou* ma mamm, ma mère ; va c'hérent *ou* ma c'hérent, mes parents ; da vreur (on ne dit pas *ta vreur*, car *ta* n'est guère usité ni comme adjectif possessif, ni comme pronom personnel), ton frère ; da c'hoar, ta sœur ; da vreûdeûr, tes frères ; da c'hoarézed, tes sœurs; hé vàb, son fils (en parlant d'un homme) ; hé vérc'h, sa fille (en parlant d'un homme) ; hé vugalé, ses enfants (en parlant d'un homme) ; hé màb, son fils (en parlant d'une femme) ; hé mérc'h, sa fille (en parlant d'une femme) ; hé bugalé, ses enfants (en parlant d'une femme); hon mamm, notre mère ; hon tâd, notre père ; hon tié, nos maisons ; hô pugel, votre enfant ; hô pugalé, vos enfants ; hô bugel, leur enfant ; hô bugalé, leurs enfants, etc.

NOMS DE NOMBRE.

61. Il y a deux sortes de nombres, les nombres cardinaux et les nombres ordinaux.

NOMBRES CARDINAUX.

62. Voici la solution des difficultés que les nombres cardinaux peuvent présenter.

---

(1) *Hé*, en parlant d'une femme, fait *héc'h*, quand il est suivi d'une voyelle ou d'un *h* muet : Héc'h holl vugalé, tous ses enfants (en parlant d'une femme); mais on dira *hé holl vugalé* (en parlant d'un homme); héc'h obéro, ses œuvres, etc.

(2) *Hô* fait *hoc'h* avant une voyelle ou un *h* muet : Hoc'h obéro, vos œuvres; hoc'h holl vugalé, tous vos enfants, etc. On ne dira pas *hoc'h ier*, vos poules, car *i*, suivi d'une voyelle, n'est pas soumis aux règles des autres voyelles : on dira hô ier, vos poules, etc.

DE UN A DIX.

Unn ou *unan*, un ; *daou* (pour le masculin), *diou* (pour le féminin), deux ; *teir* ou *ter* (pour le féminin), *tri* (pour le masculin), trois ; *péder* (pour le féminin), *pevar* (pour le masculin), quatre ; *pemp*, cinq ; *c'hoec'h*, six ; *seiz*, sept ; *eiz*, huit ; *nao*, neuf ; *dék*, dix (1).

DE DIX A VINGT.

Pour avoir les nombres de dix à vingt on n'a qu'à ajouter *zek* aux nombres de un à dix, excepté pour dix-huit : on fait aussi quelques élisions de la manière qui suit : le *z* disparait dans *eunnek* et se change en *t* dans *seitek* et *naontek*.

Unnek, onze ; *daouzek*, douze ; *trizek*, treize ; *pévarzek*, quatorze ; *pemzek*, quinze ; *c'hoézek* ou *c'houézek*, seize ; *seitek*, dix-sept ; *triouec'h* ou *triouac'h*, dix-huit ; *naoñtek*, dix-neuf ; *ugeñt*, vingt.

DE VINGT A TRENTE.

Pour aller de vingt à trente on dit *un sur vingt, deux sur vingt*, etc. Unan var-n-ugent, vingt-un ; daou *ou* diou (selon que l'objet à désigner est masculin ou féminin) var-n-ugent, vingt-deux ; tri *ou* ter var-n-ugent, vingt-trois ; pevar *ou* péder var-n-ugent, vingt-quatre ; pemp var-n-ugent, vingt-cinq ; c'hoec'h *ou* c'houec'h var-n-ugent, vingt-six ; seiz var-n-ugent, vingt-sept ; eiz var-n-ugent, vingt-huit ; nao var-n-ugent, vingt-neuf ; tregont, trente.

DE TRENTE A QUARANTE, ETC.

Pour aller de trente à quarante, de quarante à cinquante, de cinquante à soixante, de soixante à quatre-vingts et de quatre-vingts à cent, on n'a qu'à mettre le plus petit nombre avant le plus grand : quarante se traduit par daou-ugent, cinquante par

---

(1) Si l'objet à désigner est du féminin, il faut se servir de *diou*, *teir* ou *ter*, *péder*, au lieu de *daou*, *tri*, *pevar* : Diou blac'h, deux femmes ; ter c'hazek *ou* teir c'hazek, trois juments ; péder c'ham ned, quatre pas, etc.

hanter-kant, soixante par tri-ugent; quatre-vingts par pevar-ugent, et cent par kant.

Exemples : Trégont, trente; unan ha trégont, trente-un; daou *ou* diou ha tregont, trente-deux; tri *ou* ter ha tregont, trente trois; pevar *ou* péder ha tregont, trente-quatre; pemp ha tregont, trente-cinq; c'hoec'h ha tregont, trente-six; seiz ha tregont, trente-sept; eiz ha tregont, trente-huit; nao ha tregont, trente-neuf; daou-ugent, quarante. — Unan ha daou-ugent, quarante-un, etc. — Unan bag hanter-kant, cinquante-un; daou *ou* diou hag hanter-kant, cinquante-deux, etc. — Unan ha tri-ugent, soixante-un; daou *ou* diou ha tri-ugent, soixante-deux; tri *ou* teir ha tri-ugent, soixante-trois; pévar *ou* péder ha tri-ugent, soixante-quatre; pemp ha tri-ugent, soixante-cinq, etc. — Pevar-ugent, quatre-vingts; unan ha pevar-ugent, quatre-vingt-un; dég ha pevar-ugent, quatre-vingt-dix; unneg ha pevar-ugent, quatre-vingt-onze, etc. Unan ha c'hoec'h ugent, cent-vingt, etc.

Au lieu de dire cent vingt, cent trente, cent quarante, cent cinquante, etc., on dit en breton : c'hoec'h ugent, dég ha c'hoec'h ugent, seiz ugent, dég ha zeiz ugent (mot à mot, six vingts, dix et six vingts, sept vingts, dix et sept vingts, etc).

PEVAR LOEN.

63. Le substantif, qui suit immédiatement un nom de nombre, reste toujours au singulier.

Exemples : Pevar loen (et non pas *pevar loened*), quatre bêtes; pemp dén (et non pas pemp tùd), cinq personnes; c'hoec'h kazek, six juments, etc.

KAÑD A GÉZEK.

64. Quand le nom de nombre est suivi de la particule *a*, le substantif, qui suit immédiatement cette particule se met au pluriel.

Exemples : Kand a gézek, cent chevaux; pemp a dùd, cinq personnes; dég a zaout, dix vaches, etc.

Il est plus conforme à l'usage de dire *pemp dén* que *pemb a dûd; kant loen kézek* que *kand a gézek*, *dék buoc'h* que *dég a zaout* (à moins que par le mot *saout* on ne veuille désigner des bêtes à cornes, et non pas des *vaches* seulement), etc.

NOMBRES ORDINAUX.

65. Les nombres ordinaux veulent en breton, comme en français, le nom complément au singulier, ainsi l'on dira, ar bembved ti (et non ar bempved tié), la cinquième maison, etc. Le nombre ordinal se met aussi avant son complément : Ar bembved ti, et non pas *ann ti pembved*, etc. L'emploi de ces nombres n'offre aucune difficulté, et il n'est pas difficile de les former. Voici comment on les forme.

TRIVED, TEIRVED OU TERVED, ETC.

66. Pour avoir les nombres ordinaux on n'a qu'à ajouter *ved* à chacun des nombres cardinanx (1).

Exemples: Tri (pour le masculin), trois; trived (pour le masculin), troisième; teir *ou* ter (pour le féminin), trois; teirved *ou* terved (pour le féminin), troisième; pevar (pour le masculin), quatre; pevarved (pour le masculin), quatrième; péder (pour le féminin), quatre; péderved (pour le féminin), quatrième; pemp *ou* pemb, cinq; pempved *ou* pembved, cinquième; c'hoec'h, six; c'hoec'hved, sixième; seiz, sept; seizved, septième; eiz, huit; eizved, huitième; nao, neuf; naoved, neuvième; dék, dix; dékved, dixième; unnék, onze; unnékved, onzième; ugent, vingt; ugentved, vingtième; tregont, trente; tregontved, trentième; daou-ugent, quarante; daou-ugentved, quarantième; hanter-kant, cinquante; hanter-kantved, cinquantième; tri-ugent, soixante; tri-ugentved, soixantième; pevar-ugent, quatre-vingts; pevar-ugentved, quatre-vingtième; kant, cent; kantved, centième, etc.

---

(1) Excepté pour *premier* et *première* qui se rendent par *keñta* (on dit aussi *cit* au lieu de *daouved* ou *diouved.*)

La finale *ved* s'ajoute ordinairement au premier nombre : Ar bembved var-n-ugent, le vingt-cinquième ; ar c'hoec'ved var-n-ugent, le ou la vingt-sixième ; ar zeizved ha tregont, le ou la trente-septième ; ann eizved hag hanter-kant, le ou la cinquante-huitième, etc.

Second et deuxième se rendent par *eil ;* et au lieu de *trived, teirved* ou *terved,* on se sert souvent de *trédé,* qui se dit indifféremment des objets masculins et des objets féminins : Mé eo ann eil, je suis le second ou le deuxième ; héñ eo ann drédé ; c'est lui le troisième ; hi eo ann drédé, c'est elle la troisième, etc.

DES PRONOMS.

67. Il y a six sortes de pronoms, les pronoms personnels, les pronoms possessifs, les pronoms démonstratifs, les pronoms relatifs, les pronoms interrogatifs, et les pronoms indéterminés. Je parlerai dans la syntaxe des pronoms personnels, dont l'emploi offre quelques difficultés, et je les passerai sous silence ici.

PRONOMS POSSESSIFS.

68. Les pronoms possessifs sont pour le singulier :
Ma hini *ou* va hini, le mien, la mienne ; da hini *ou* ta hini, le tien, la tienne ; hé hini, le sien, la sienne (en parlant d'un homme) ; héc'h hini, le sien, la sienne (en parlant d'une femme) ; hon hini, le nôtre, la nôtre ; hoc'h hini, le vôtre, la vôtre ; hô hini, le leur, la leur.

Les pronoms possessifs sont pour le pluriel :
Ma ré *ou* va ré, les miens ; da ré *ou* ta ré (*ta,* comme je l'ai déjà dit, n'est pas usité), les tiens ; hé ré, les siens, les siennes ; hor ré *ou* hon ré, les nôtres ; hô ré, les vôtres ; hô ré, les leurs.

L'emploi de ces pronoms n'offre aucune difficulté.

PRONOMS DÉMONSTRATIFS.

69. Les pronoms démonstratifs sont pour le singulier :

Ann hini, celui, celle; hémañ, celui-ci; homañ *ou* hommañ, celle-ci; ann dra-mañ, ceci; hénnez, celui-là; honnez, celle-là; ann dra-zé, cela; hénhont *ou* hén-hont, celui-là (qui est là-bas); honhont ou hon-hont, celle-là (qui est là-bas); ann dra-hont, cela (qui est là-bas).

Les pronoms démonstratifs sont pour le pluriel : Ar ré, ceux; ar ré-mañ, ceux-ci, celles-ci ; ar ré-zé, ceux-là, celles-là; ar ré-hont, ceux-là, celles-là (qui sont là-bas).

L'emploi de ces pronoms n'offre aucune difficulté.

PRONOMS RELATIFS.

70. Les pronoms relatifs sont pour le singulier : *Péhini*, qui, que, lequel, laquelle; et pour le pluriel : *Péré*, qui, que, lesquels, lesquelles. J'ai donné dans la syntaxe l'emploi de ces pronoms.

---

71. Les pronoms interrogatifs sont : *Piou?* qui? — *pétra?* que? quoi? — *pé?* quel? quelle? — *péhini?* lequel? laquelle? — *péré?* lesquels? lesquelles? Le *que* d'admiration : *Pébez!* quel! quelle! quels! quelles! voyez dans la syntaxe l'emploi de ces pronoms.

PRONOMS INDÉTERMINÉS OU INDÉFINIS.

72. Avant de donner le tableau des pronoms indéterminés, il est très-utile de faire une remarque sur le mot *chacun*.

REMARQUE. *Chacun un*, *chacun une* ou *chacune un*, *chacune une*, se rendent par *béb a hini :* Nous en aurons chacun un, béa hon déo béb a hini anhe; nous aurons chacun une de celles-là, béb a hini hon déo euz ar ré-zé; il nous en reviendra à chacune un, béb a hini a zigwéo d'emp; elles auront chacune une de celles-là, béb a hini ho déo euz ar ré-zé, etc. Si le mot *chacun* ou *chacune* est suivi d'un nom, au lieu de *un* ou de *une*, ce nom doit être précédé de *béb a* en breton : Nous avons chacun un sou pour vous, béb a wenneg hon euz évid-hoc'h ; nous avons fait chacune une lieue, gred hon euz béb a leo, etc.

On peut prendre une autre tournure et dire : Chacune de nous a fait une lieue, pép hini a c'hanomp é deuz gred eul leo, etc.

Tableau des pronoms indéterminés.

Ann holl	tous, toutes, tout le monde	Ar ré all	les autres, autrui
Pép hini ou Péb unan	chacun ou chacune	Ann eil Hag égilé	l'un et l'autre
Eunn all	un autre ou une autre	Ann eil Hag ébén	l'une et l'autre
Ré all ou Hinicnnou all	d'autres	Ann eil ré Hag ar ré all Ar ré-mañ hag Ar ré-hont	les uns et les autres, les unes et les autres ceux-ci et ceux-là, celles-ci et celles-là
Ann hini all, Égilé (masc.), Ébén (fém.)	l'autre	Nikun, Hini, Hini ébéd, Néb hini *ou* Nép hini	aucun, aucune
Unan bennak ou Eunn hini bennak	quelqu'un ou quelqu'une (1)		
Eur ré bennak, Eur ré (2), Hinienno	quelques-uns ou quelques-unes	Dén, Dén ébed, Nép dén	personne

(1) *Unan-bennak* est plus usité que *eunn hini-bennak*.

(2) *Eur ré*, soit seul, soit suivi de *bennak* ou de *all*, se prononce toujours *eûré*; *eu* est long dans *eur* et l'*r* dans *eur*, suivi d'un autre *r*, ne se prononce jamais dans ces pronoms : *Eûré* signifie aussi *quelqu'un* ou *quelqu'une*.

Piou bennak,	} quiconque	Meur a,	} plusieurs
Néb *ou* nép *ou*		Lies *ou* alies.	
Kémend hini.			

Dans certaines grammaires on a donné *holl* et *pép* comme pronoms indéterminés ; mais je ne puis voir que de purs adjectifs dans ces deux mots, puisque le mot *holl* sans l'article *ann*, et le mot *nép* sans un substantif ou l'article ne peuvent être employés ni comme sujet ni comme régime d'un verbe, ni même comme complément, soit d'un nom, soit d'un adjectif, soit d'une préposition; en un mot, ils n'ont aucun sens.

Tous ces pronoms indéterminés, que je viens d'indiquer dans le tableau du n° 72, peuvent être régimes ou sujets, comme les pronoms français qui leur répondent; et leur emploi n'offre aucune difficulté dans la construction : on se rappellera seulement que *ébén* ne se dit que du féminin : Ebén à zo azé, l'autre (fém.) est là ; mé am euz gwéled ann eil hag ébén, j'ai vu l'une et l'autre, etc.

DES VERBES.

73. Il y a en breton, comme en français, des verbes actifs, des verbes passifs, des verbes neutres, des verbes réguliers, des verbes irréguliers et des verbes défectueux ; quant aux verbes pronominaux, ils sont tous des verbes actifs ayant un pronom réfléchi pour régime direct, puisqu'en breton il n'y a pas un seul verbe essentiellement pronominal. Ce que nous avons à voir dans ce chapitre, ce sont les différentes conjugaisons, l'emploi des temps, et, avant de terminer, nous pourrons voir comment on peut former un grand nombre de verbes, quand on connaît le radical d'où doit dériver chaque verbe. Je commencerai d'abord par les verbes auxiliaires, quoiqu'ils soient irréguliers.

VERBES AUXILIAIRES.

74. Il y a trois verbes auxiliaires en breton, le verbe *kaout*, avoir; le verbe *béa*, être; et le verbe *ober*, faire.

Conjugaison de **kaout**, *au personnel.*

IMPÉRATIF.

75. Béz *ou* bè, aie.(1)
Bézo *ou* béo, qu'il *ou* qu'elle ait
Bézomp *ou* béomp, ayons
Béid *ou* béd, ayez
Bézont ⎫ qu'ils
ou   ⎬ *ou*
Béont ⎭ qu'elles aient

INDICATIF.

Am *ou* em euz, j'ai
Ac'h *ou* éc'h euz, tu as
En deuz, il a (2)
É deuz, elle a
Hon euz, nous avons
Hoc'h euz, vous avez
Ho deuz, ils *ou* elles ont.

IMPARFAIT.

Am *ou* em boa, j'avais
Az *ou* ez poa, tu avais
En doa, il avait; é doa, elle avait (3).
Hor boa, nous avions (4).

Ho poa, vous aviez
Ho doa, ils *ou* elles avaient.

PASSÉ DÉFINI.

Am *ou* em boé, j'eus
Az *ou* ez poé, tu eus
En doé, il eut; é doé, ell eut (1)
Hor boé, nous eûmes (2).
Ho poé, vous eûtes
Ho doé, ils *ou* elles eurent.

PASSÉ INDÉFINI.

Am euz *ou* em euz bét, j'ai eu
Ac'h euz *ou* éc'h euz bét, tu as eu
En deuz bét, il a eu; é deuz bét, elle a eu (3)
Hon euz bét, nous avons eu
Hoc'h euz bét, vous avez eu
Ho deuz bét, ils *ou* elles ont eu.

PASSÉ ANTÉRIEUR.

Am *ou* em boé bét, j'eus eu
Az *ou* ez poé bét, tu eus eu
En doé bét, il eut eu; é doé bét, elle eut eu (4).

---

(1) Trég. : Bé, aie.
(2) — En euz, il a.
(3) — En oa, il avait.
(4) — Hon doa, nous avions.

(1) Trég, : En oé, il eut.
(2) — Hon doé, nous eûmes.
(3) — En cuz bét, il a eu.
(4) — En oé bét, il eut eu.

Hor boé bét, nous eûmes eu (1)
Ho poé bét, vous eûtes eu
Ho doé bét, ils *ou* elles eurent eu.

PLUS-QUE-PARFAIT.

Am *ou* em boa bét, j'avais eu
Az *ou* ez poa bét, tu avais eu
En doa bét, il avait eu (2)
É doa bét, elle avait eu
Hor boa bét, nous avions eu (3)
Ho poa bét, vous aviez eu
Ho doa bét, ils *ou* elles avaient eu.

FUTUR.

Am *ou* em bézo, j'aurai (4)
Az *ou* ez pézo, tu auras (5)
En dévézo, il aura; é dévézo, elle aura (6)
Hor bézo, nous aurons (7)
Ho pézo, vous aurez (8)
Ho dévézo, ils *ou* elles auront (9).

FUTUR ANTÉRIEUR.

Am *ou* em bézo bét, j'aurai eu (1)
Az *ou* ez pézo bét, tu auras eu
En dévézo bét, il aura eu
É dévézo bét, elle aura eu
Hor bézo bét, nous aurons eu
Ho pézo bét, vous aurez eu
Ho dévézo bét, ils *ou* elles auront eu (2).

CONDITIONNEL PRÉSENT.

Am *ou* em béfé, j'aurais, j'eusse
Az *ou* ez péfé, tu aurais, tu eusses
En défé, il aurait, il eût (3)
É défé, elle aurait, elle eût
Hor béfé, nous aurions, nous eussions (4)
Ho péfé, vous auriez, vous eussiez
Ho défé, ils *ou* elles auraient, ils *ou* elles eussent.

---

(1) Tr. Hon doé bét, nous eûmes eu

(2) — En oa bét, il avait eu.

(3) — Hon doa bét, nous avions eu

(4) — Am *ou* em bo, j'aurai

(5) — Az *ou* ez po, tu auras

(6) — En eo *ou* en déo, il aura

(7) — Hon déo, nous aurons

(8) — Ho po, vous aurez

(9) — Ho déo, ils *ou* elles auront

(1) — Am *ou* em bo bét, j'aurai eu, az *ou* ez po bét, tu auras eu, etc

(2) Trég. : Ho déo bét, ils *ou* elles auront eu

(3) Trég. : En éfé *ou* en défé, il aurait, il eût

(4) Trég. : Hon défé, nous aurions

AUTRE CONDITIONNEL PRÉS.

Am *ou* em bizé, j'aurais, j'eusse (1)
Az *ou* ez pizé, tu aurais, tu eusses
En divizé, il aurait, il eût
É divizé, elle aurait, elle eût
Hor bizé, nous aurions, nous eussions
Ho pizé, vous auriez, vous eussiez

---

(1) — Am *ou* em bijé, j'aurais; az *ou* ez pijé, tu aurais; en dijé *ou* en ijé, il aurait; é dijé, elle aurait; hon dijé, nous aurions; ho dijé, ils *ou* elles auraient.

Ho divizé, ils *ou* elles auraient, ils *ou* elles eussent.

CONDITIONNEL PASSÉ.

Am *ou* em béfé bét, j'aurais, j'eusse eu
Az *ou* ez péfé bét, tu aurais eu, tu eusses eu
En défé bét, il aurait *ou* il eût eu (1)
Hor béfé bét, nous aurions *ou* nous eussions eu, etc. (2)

---

(1) Trég.: En éfé bét, il aurait eu.

(2) — Hon défé bét, nous aurions eu, etc.

Voilà les deux meilleures formes de conjugaison du verbe *kaout*. Comme on le voit, ce verbe est très-irrégulier. Pour distinguer le dialecte de Tréguier de celui de Léon, tant dans les substantifs que dans les verbes, il est bon de remarquer que les Trécorois retranchent presque toujours le *z* dans le corps des mots; ils ne conservent même pas toujours le *z* final.

SUBJONCTIF PRÉSENT.

R'am bézo *ou* r'em bézo, que j'aie
R'az pézo *ou* r'ez pézo, que tu aies
R'en dévézo, qu'il ait
R'é dévézo, qu'elle ait
R'hor bézo, que nous ayons
R'hô pézo, que vous ayez
R'hô dévézo, qu'ils *ou* qu'elles aient (1).

IMPARFAIT DU SUBJONCTIF.

R'am béfé *ou* r'em béfé, que j'eusse
R'az péfé *ou* r'ez péfé, que tu eusses

---

(1) Tréguier : R'am *ou* r'em bo, r'az *ou* r'ez po, r'en déo *ou* r'en éo, r'é déo, r'hon déo, r'ho po, r'ho déo.

R'en défé, qu'il eût (1)
R'é défé, qu'elle eût
R'hor béfé, que nous eussions
R'hô péfé, que vous eussiez
R'hô défé, qu'ils *ou* qu'elles eussent.

AUTRE IMPARF. DU SUBJ.

R'am bizé *ou* r'em bizé, que j'eusse
R'az pizé *ou* r'ez pizé, que tu eusses
R'en divizé, qu'il eût
R'é divizé, qu'elle eût
R'hor bizé, que nous eussions
R'hô pizé, que vous eussiez
R'hô divizé, qu'ils *ou* qu'elles eussent (2).

PARF. DU SUBJ.

R'am bézo *ou* r'em bézo bét, que j'aie eu
R'az pézo *ou* r'ez pézo bét, que tu aies eu
R'en dévézo bét, qu'il ait eu
R'é dévézo, qu'elle ait eu
R'hor bézo bét, que nous ayons eu
R'hô pézo bét, que vous ayez eu
R'hô dévézo bét, qu'ils *ou* qu'elles aient eu (3).

PLUS-QUE-PARF. DU SUBJ.

R'am béfé *ou* r'em béfé bét, que j'eusse eu
R'az péfé *ou* r'ez péfé bét, que tu eusses eu
R'en défé bét, qu'il eût eu
R'é défé bét, qu'elle eût eu
R'hor béfé bét, que nous eussions eu
R'hô péfé bét, que vous eussiez eu
R'hô défé bét, qu'ils *ou* qu'elles eussent eu.

CONDI.-FUTUR,

ET IMPARF. PRÉS. DU SUBJ. (4)

Am bé *ou* em bé, j'aurais, j'eusse
Az pé *ou* ez pé, tu aurais, tu eusses
En dévé *ou* en évé, il aurait, il eût
É dévé, elle aurait, elle eût

---

(1) Trég : R'en éfé, r'hon défé.

(2) Trég. : R'am *ou* r'em bijé, r'az *ou* r'ez pijé, r'en dijé *ou* r'en ijé, r'é dijé, r'hon dijé, r'ho pijé, r'ho dijé.

(3) Trég.: R'am *ou* r'em bo bét, r'az *ou* r'ez po bét, r'en éo (*ou* r'en déo) bét, etc.

(4) Ce temps a ordinairement le sens du conditionnel, de l'imparfait du subjonctif et, quelquefois même, du futur présent et du présent du subjonctif. Voy. le n° 107.

Hon bé *ou* hor bé, nous aurions, nous eussions

Hô pé, vous auriez, vous eussiez

Hô dévé, ils *ou* elles auraient, ils *ou* elles eussent.

INFINITIF.

Kaout, avoir

PARFAIT DE L'INFI.

Béza *ou* béa bét, avoir eu

PARTICIPE PRÉSENT.

O kaout, ayant

PARTICIPE PASSÉ.

Bét, eu

Conjugaison de **kaout**, *à l'impersonnel.*

76. Pour conjuguer ce verbe à l'impersonnel, on n'a qu'à mettre avant chaque temps personnel un des pronoms *mé* (moi ou je), *té* (toi ou tu), *héñ* (lui *ou* il), *hi* (elle), *ni* (nous), *c'houi* (vous), *hi* (ils ou elles, eux ou elles), *int* (ils ou elles, eux ou elles).

INDICATIF PRÉSENT.

Mé am euz *ou* mé em euz, j'ai

Té ac'h euz *ou* té ec'h euz, tu as

Héñ en deuz (1), il a

Hi é deuz, elle a

Ni hon euz, nous avons

C'houi hoc'h euz, vous avez

Hi *ou* int hô deuz, ils *ou* elles ont.

IMPARFAIT.

Mé am boa *ou* mé em boa, j'avais

Té az poa *ou* té ez poa, tu avais

Héñ en doa, il avait

Hi é doa, elle avait

Ni hor boa, nous avions

C'houi hô poa, vous aviez

Hi *ou* int hô doa, ils *ou* elles avaient.

PASSÉ DÉFINI

Mé am boé *ou* mé em boé, j'eus

Té az poé *ou* té ez poé, tu eus

Héñ en doé, il eut

Hi é doé, elle eut

Ni hor boé, nous eûmes

C'houi hô poé, vous eûtes

Hi *ou* int hô doé, ils *ou* elles eurent.

---

(1) **Tréguier,** héñ en euz, il **a.**

PASSÉ INDÉFINI.

Mé am euz *ou* mé em euz bét, j'ai eu
Té ac'h euz *ou* té ec'h euz bét, tu as eu
Hén en deuz bét, il a eu
Hi é deuz bét, elle a eu
Ni hon euz bét, nous avons eu
C'houi hoc'h euz bét, vous avez eu
Hi *ou* int hô deuz bét, ils *ou* elles ont eu (1).

Conjugaison de **béza**, être, *au personnel.*

IMPÉRATIF.

77. Béz, sois
Bézet, qu'il *ou* qu'elle soit
Bézomp, soyons
Bézid (2), soyez
Bézeñt, qu'ils ou qu'elles soient

INDICATIF PRÉSENT.

Ounn (3), je suis
Oud, tu es
Eo, il *ou* elle est
Omp, nous sommes
Oc'h, vous êtes
Iñt, ils *ou* elles sont.

IMPARFAIT.

Oann, j'étais
Oaz, tu étais
Oa, il *ou* elle était
Oamp, nous étions
Oac'h, vous étiez
Oañt, ils *ou* elles étaient.

PASSÉ DÉFINI.

Oénn, je fus
Oéz, tu fus

---

(1) Il est inutile de continuer plus longtemps cette conjugaison, puisqu'on n'a qu'à mettre *mé, té, héñ, hi, ni, c'houi, hi* ou *int*, avant les temps personnels de l'autre conjugaison pour avoir celle-ci tout entière; il n'y a que l'impératif et les temps du subjonctif qui ne soient pas précédés des pronoms *mé, té, héñ, hi, ni, c'houi, hi* ou *int*. L'infinitif, n'étant pas un temps personnel, ne peut pas non plus être précédé d'un pronom personnel.

Quand je parlerai des verbes réguliers, de la formation et de l'emploi des temps, je dirai ce que l'on entend par *conjugaison au personnel* et *conjugaison à l'impersonnel;* il est inutile d'en parler avant, les verbes irréguliers n'étant pas soumis à des règles.

(2) Trég.: Béed, soyez; béomp, soyons.

(3) — Oñ, je suis. On dit aussi: Em'oñ *ou* ém'ounn, je suis; ém'ond, tu es; émañ, il *ou* elle est; ém'omp; ém'och; émaint *ou* émañint; mais cette forme de conjugaison ne s'emploie pas comme auxiliaire.

Oé, il *ou* elle fut
Oémp, nous fûmes
Oéc'h *ou* oéjoc'h, vous fûtes
Oéñt, ils *ou* elles furent (1).

PASSÉ INDÉFINI.

Béd ounn, j'ai été
Béd oud, tu as été
Béd eo, il *ou* elle a été
Béd omp, nous avons été
Béd oc'h, vous avez été
Béd iñt, ils *ou* elles ont été (2).

PASSÉ ANTÉRIEUR.

Béd é oénn, j'eus été
Béd é oéz, tu eus été
Béd é oé, il *ou* elle eut été.
Béd é oémp, nous eûmes été
Béd é oéc'h, vous eûtes été
Béd é oéñt, ils *ou* elles eurent été.

PLUS-QUE-PARFAIT.

Béd é oann, j'avais été
Béd é oaz, tu avais été
Béd é oa, il *ou* elle avait été
Béd é oamp, nous avions été
Béd é oac'h, vous aviez été

Béd é oañt, ils *ou* elles avaient été.

FUTUR PRÉSENT.

Bézinn, je serai
Bézi, tu seras
Bézo, il *ou* elle sera
Bézimp, nous serons
Bézot *ou* biot, vous serez
Béziñt, ils *ou* elles seront (3).

FUTUR ANTÉRIEUR.

Béd é vézinn, j'aurai été
Béd é vézi, tu auras été
Béd é vézo, il *ou* elle aura été
Béd é vézimp, nous ourons été
Bét é vezot *ou* é viot, vous aurez été
Bét é vézint, ils *ou* elles auront été.

CONDITIONNEL PRÉS.

Béfenn, je serais, je fusse
Béfez, tu serais, tu fusses
Béfé, il *ou* elle serait, il *ou* elle fût
Béfemp, nous serions, nous fussions

---

(1) On dit aussi oéjont, ils *ou* elles furent : Pa oéjont béd eno, quand ils *ou* elles eurent été là, etc.

(2) Le participe passé breton peut souvent se mettre indifféremment avant ou après l'auxiliaire, suivant que la phrase est construite de telle ou telle manière : oñ béd *ou* béd oñ, lared em euz *ou* mé am euz laret, etc.

(3) Tréguier, viñ, je serai; vi, tu seras; vo, il *ou* elle sera; véfomp, nous serons; véfed, vous serez; véfont, ils *ou* elles seront. — Béd é viñ, j'aurai été; béd é vi, tu auras; béd é vo, il *ou* elle aura été; béd é véfomp, nous aurons été; béd é véfed, vous aurez été; béd é véfont, ils *ou* elles auront été.

Béfec'h *ou* béfac'h, vous seriez, vous fussiez

Béfent, ils *ou* elles seraient, ils *ou* elles fussent.

AUTRE CONDITI. PRÉS.

Bizenn, je serais, je fusse

Bizez, tu serais, tu fusses

Bizé, il *ou* elle serait, il *ou* elle fût

Bizemp, nous serions, nous fussions

Bizec'h *ou* bizac'h, vous seriez, vous fussiez

Bizent, ils *ou* elles seraient, ils *ou* elles fussent (1).

CONDITIONNEL PASSÉ.

Béd a véfenn, j'aurais été, j'eusse été

Béd é véfez, tu aurais été, tu eusses été

Béd é véfé, il *ou* elle aurait été, il *ou* elle eût été, etc.

Béd é vizenn, j'aurais été, j'eusse été

Béd é vizez, tu aurais été, tu eusses été

Béd é vizé, il *ou* elle aurait été, il *ou* elle eût été.

Béd é vizemp, nous aurions été, nous eussions été, etc. (2).

SUBJONCTIF PRÉSENT.

Ra vézinn, que je sois

Ra vézi, que tu sois

Ra vézo, qu'il *ou* qu'elle soit

Ra vézimp, que nous soyons

Ra vézot *ou* ra viot, que vous soyez

Ra vézint, qu'ils *ou* qu'elles soient (3).

IMPARFAIT DU SUBJ.

Ra véfenn, que je fusse

Ra véfez, que tu fusses

Ra véfé, qu'il *ou* qu'elle fût

Ra véfemp, que nous fussions

Ra véfec-h *ou* ra véfac'h, que vous fussiez

Ra véfent, qu'ils *ou* qu'elles fussent.

---

(1) Tréguier, bijenn, je serais; bijez, tu serais; bijé il *ou* elle serait; bijemp, nous serions; bijec'h ou bijac'h, vous seriez; bijent, ils *ou* elles seraient (*ou* ils fussent, elles fussent) — béd é vijenn, j'aurais été (j'eusse été); béd é vijez, tu aurais été; béd é vijé, il *ou* elle aurait été; béd é vijemp, nous aurions été; béd é vijec'h *ou* béd é vijac'h, vous auriez été; béd é vijent, ils *ou* elles auraient été (ils *ou* elles eussent été).

(2) Trég. : Béd é vijenn, j'aurais *ou* j'eusse été, etc.

(3) — Ra viñ, ra vi, ra vo, ra véfomp, ro véfed, ra véfont.

AUTRE IMPARF. DU SUBJ.

Ra vizenn, que je fusse (1)
Ra vizez, que tu fusses
Ra vizé, qu'il *ou* qu'elle fût
Ra vizemp, que nous fussions
Ra vizec'h *ou* ra vizac'h, que vous fussiez
Ra vizent, qu'ils *ou* qu'elles fussent.

PARFAIT DU SUBJ.

Ra vézion bét, que j'aie été
Ra vézi bét, que tu aies été
Ra vézo bét, qu'il *ou* qu'elle ait été
Ra vézimp bét, que nous ayons été
Ra vézot *ou* ra viot bét, que vous ayez été
Ra vézint bét, qu'ils *ou* qu'elles aient été.

PLUS-QUE-PARF. DU SUBJ.

Ra véfenn bét, que j'eusse été
Ra véfez bét, que tu eusses été
Ra véfé bét, qu'il, qu'elle eût été
Ra véfemp bét, que nous eussions été
Ra véfec'h *ou* ra véfac'h bét, que vous eussiez été
Ra véfent bét, qu'ils *ou* qu'elles eussent été. (2)

CONDITI.-FUTUR, ET IMPAR-P. PRÉS. DU SUBJONCTIF (3).

Bénn, je serais, je fusse
Béz, tu serais, tu fusses
Bé, il *ou* elle serait, il *ou* elle fût
Bémp, nous serions, nous fussions
Béc'h, vous seriez, vous fussiez
Bént, ils *ou* elles seraient, ils *ou* elles fussent.

INFINITIF,

Béza (Tréguier, béa).

PARF. DE L'INFINITIF.

Béza bét (Trég. béa bét).

PARTICIPE PRÉS.

O véza (Trég. ô véa).

---

(1) Tréguier, ra vijenn, que je fusse ; ra vijez, ra vijé, ra vijemp, ra vijec'h *ou* ra vijac'h, ra vijent — ra vijenn bét, que j'eusse été; ra vijez bét, que tu eusses été, etc. — ra vin bét, que j'aie été, etc.

(2) Tréguier, ra véfenn bét, que j'eusse été; ra véfez bét, que tu eusses été, etc.

(3) Ce temps a ordinairement le sens du conditionnel ou de l'imparfait du subjonctif; mais nous verrons dans l'emploi des temps qu'il a le sens du futur, du présent du subjonctif, et quelquefois même du présent de l'indicatif, suivant que l'on tourne la phrase de telle ou telle manière Voy. le n° 107.

PARTICIPE PASSÉ.

Bét.

L'impersonnel de ce verbe est très-régulier ; on n'a qu'à prendre la troisième personne du singulier de chaque temps et la faire précéder des pronoms mé, té, héñ, hi, ni, c'houi, hi *ou* int, pour former cet impersonnel, comme nous le verrons immédiatement.

Conjugaison de **béza**, *à l'impersonnel.*

INDICATIF.

78. Mé a zô (1) je suis
Té a zô, tu es
Héñ a zô, il est
Hi a zô, elle est
Ni a zô, nous sommes
C'houi a zô, vous êtes
Hi a zô *ou* int a zô (2), ils *ou* elles sont.

IMPARFAIT.

Mé a oa, j'étais
Té a oa, tu étais
Héñ a oa, il était
Hi a oa, elle était
Ni a oa, nous étions
C'houi a oa, vous étiez
Hi *ou* int a oa, ils *ou* elles étaient.

PASSÉ DÉFINI

Mé a oé, je fus
Té a oé, tu fus
Héñ a oé, il fut
Hi a oé, elle fut
Ni a oé, nous fûmes
C'houi a oé, vous fûtes
Hi a oé *ou* int a oé, ils *ou* elles furent.

PASSÉ INDÉFINI

Mé a zô bét, j'ai été
Té a zô bét, tu as été
Héñ a zô bét, il a été
Hi a zô bét, elle a été
Ni a zô bét, nous avons été
C'houi a zô bét, vous avez été
Hi a zô bét *ou* int a zô bét, ils *ou* elles ont été.

---

(1) Nous verrons dans l'emploi des temps qu'au lieu de *a* on met quelquefois *é* entre le pronom et le verbe ; mais alors le pronom n'est pas sujet : D'iñ-mé é zô laret (et non pas *d'iñ-mé a zo laret*), on m'a dit, etc.

(2) Les Trégorois aiment mieux *int* que *hi* pour pronom sujet de la troisième personne du pluriel.

PASSÉ ANTÉRIEUR

Mé a oé bét, j'eus été
Té a oé bét, tu eus été
Héñ a oé bét, il eut été
Hi a oé bét, elle eut été
Ni a oé bét, nous eûmes été
C'houi a oé bét, vous eûtes été
Hi *ou* int a oé bét, ils *ou* elles eurent été.

PLUS-QUE-PARFAIT.

Mé a oa bét, j'avais été
Té a oa bét, tu avais été
Héñ a oa bét, il avait été
Hi a oa bét, elle avait été
Ni a oa bét, nous avions été
C'houi a oa bét, vous aviez été
Hi *ou* int a oa bét, ils *ou* elles avaient été

FUTUR

Mé a vézo, je serai (1)
Té a vézo, tu seras
Héñ a vézo, il sera
Hi a vézo, elle sera
Ni a vézo, nous serons
C'houi a vézo, vous serez
Hi *ou* int a vézo, ils *ou* elles seront.

FUTUR ANTÉRIEUR

Mé a vézo bét, j'aurai été (2)
Té a vézo bét, tu auras été
Héñ a vézo bét, il aura été
Hi a vézo bét, elle aura été
Ni a vézo bét, nous aurons été
C'houi a vézo bét, vous aurez été
Hi a vézo bét *ou* ind a vézo bét, ils *ou* elles auront été.

CONDITI. PRÉS.

Mé a véfé, je serais, je fusse
Té a véfé, tu serais, tu fusses
Héñ a véfé, il serait, il fût
Hi a véfé, elle serait, elle fût
Ni a véfé, nous serions, nous fussions
C'houi a véfé, vous seriez, vous fussiez
Hi ou ind a véfé, ils *ou* elles seraient, ils *ou* elles fussent.

AUTRE CONDITI. PRÉS.

Mé a vizé, je serais, je fusse (3)
Té a vizé, tu serais, tu fusses
Héñ a vizé, il serait, il fût
Hi a vizé, elle serait, elle fût
Ni a vizé, nous serions, nous fussions

---

(1) Tréguier, mé a vo, je serai ; té a vo, héñ a vo, hi a vo, ni a vo, c'houi a vo, int a vô, et mieux ind a vo, le *t* étant suivi d'une voyelle.

(2) Tréguier, mé a vo bét, j'aurai été ; té a vo bét, héñ a vo bét, hi a vo bét, ni a vo bét, c'houi a vo bét, hi *ou* ind a vo bét.

(3) Tréguier, mé a vijé, je serais ; té a vijé, héñ a vijé, hi a vijé, ni a vijé, etc.

C'houi a vizé, vous seriez, vous fussiez

Hi *ou* ind a vizé, ils *ou* elles seraient, ils *ou* elles fussent.

CONDITIONNEL PASSÉ.

Mé a véfé bét, j'aurais été, j'eusse été

Té a véfé bét, tu aurais été, tu eusses été.

Héñ a véfé bét, il aurait été, il eût été,

Hi a véfé bét, elle aurait été, elle eût été.

Ni a véfé bét, nous aurions été, nous eussions été.

C'houi a véfé bét, vous auriez été, vous eussiez été.

Hi *ou* ind a véfé bét, ils *ou* elles auraient été, ils *ou* elles eussent été.

AUTRE CONDITI. PASSÉ.

Mé a vizé bét, j'aurais été, j'eusse été

Té a vizé bét, tu aurais été, tu eusses été

Héñ a vizé bét, il aurait été, il eût été, etc. — Trég. mé a vijé bét, j'aurais été, j'eusse été

Té a vijé bét, tu aurais été, tu eusses été

Héñ a vijé bét, il aurait été, il eût été

Hi a vijé bét, elle aurait été, elle eût été, etc. (1).

Conjugaison de **ober,** faire, *au personnel.*

IMPÉRATIF.	INDICATIF.
79. Gra, fais	Rann, je fais (4)
Great *ou* gréet, qu'il, qu'elle fasse (2)	Réz, tu fais
Gréomp, faisons	Ra, il *ou* elle fait
Grid (Trég. gréd), faites	Réomp, nous faisons
Graent *ou* gréent, qu'ils *ou* qu'elles fassent (3)	Rid (Trég. réd), vous faites
	Rédnt, ils *ou* elles font.

---

(1) Dans les conjugaisons à l'impersonnel il n'y a ni subjonctif ni infinitif.

(2) Au lieu de *graet* ou *gréet*, on dit souvent *graio*, surtout en Trég.

(3) Au lieu de *graent* ou *gréent*, on dit souvent *graiont* surtout en Trég.

(4) Trég. : Rañ, je fais.

IMPARFAIT.

Renn *ou* reann, je faisais
Rez *ou* réez, tu faisais
Re *ou* réa, il *ou* elle faisait
Remp *ou* réamp, nous faisions
Rec'h *ou* réac'h, vous faisiez
Rent *ou* réant, ils *ou* elles faisaient.

PASSÉ DÉFINI.

Riz, je fis
Rézoud, tu fis (1)
Réaz, il *ou* elle fit
Rézomp, nous fîmes
Rézod, vous fîtes
Rézont, ils *ou* elles firent.

PASSÉ INDÉFINI

Mé am euz *ou* mé em euz gret, ou bien gred am euz *ou* gred em euz, j'ai fait
Té ec'h euz *ou* té ac'h euz gret, ou bien gred ec'h euz *ou* gred ac'h euz, tu as fait
Héñ en deuz gret *ou* gred en deuz, il a fait
Hi é deuz gret *ou* gred é deuz, elle a fait
Ni hon euz gret *ou* gred hon euz, nous avons fait
C'houi hoc'h euz gret *ou* gred hoc'h euz, vous avez fait
Hi *ou* ind hô deuz gret *ou* gred hô deuz, ils *ou* elles ont fait.

Les temps composés bretons se forment comme les temps composés français; on prend pour les former le participe passé du verbe que l'on conjugue et les temps simples du verbe *kaout* ou du verbe *béa*, selon qu'on a en français l'auxiliaire *avoir* ou l'auxiliaire *être*. On peut, comme nous venons de le voir dans ce dernier temps, prendre les temps simples de *kaout* (et de *béa* également) conjugué à l'impersonnel ou au personnel; mais quand on prend la conjugaison à l'impersonnel, il faut que l'auxiliaire précède le participe, et quand on prend la conjugaison au personnel, il faut que le participe précède l'auxiliaire; de plus, on ne peut faire à volonté le choix de ces conjugaisons que dans certaines propositions principales, comme nous le verrons dans l'emploi des temps. Je

---

(1) Trég.: Réjoud, tu fis; réjomp, nous fîmes : réjod *ou* réjoc'h vous fîtes ; réjont, ils *ou* elles firent.

vais continuer jusqu'à la fin les temps composés de ce verbe, afin qu'on ait des exemples de ce que je viens de dire.

PASSÉ ANTÉRIEUR.

Mé am boé *ou* mé em boé gret, ou bien gred am boé *ou* gred em boé, j'eus fait

Té az poé *ou* té ez poé gret, ou bien gred az poé *ou* gred ez poé, tu eus fait

Héñ en doé grét *ou* gred en doé, il eut fait

Hi é doé gret *ou* gred é doé, elle eut fait

Ni hor boé gret *ou* gred hor boé, nous eûmes fait (1)

C'houi hô poé gret *ou* gred hô poé, vous eûtes fait

Hi *ou* ind hô doé gred *ou* gred hô doé, ils *ou* elles eurent fait.

PLUS-QUE-PARFAIT.

Mé am boa *ou* mé em boa gret, ou bien gred am boa *ou* gred em boa, j'avais fait

Té az poa *ou* té ez poa gret, ou bien gred az poa *ou* gred ez poa, tu avais fait

Héñ en doa gret *ou* gred en doa, il avait fait

Hi é doa gret *ou* gred é doa, elle avait fait

Ni hor boa gret *ou* gred hor boa, nous avions fait

C'houi hô poa gret *ou* gred hô poa, vous aviez fait

Hi *ou* ind hô doa gret *ou* gred hô doa, ils *ou* elles avaient fait.

FUTUR.

Riñ *ou* rinn, je ferai
Ri, tu feras
Raio *ou* rai, il *ou* elle fera
Raimp (2), nous ferons
Réot, vous ferez
Raint, ils *ou* elles feront.

FUTUR ANTÉRIEUR.

Mé am bézo *ou* mé em bézo gret, ou bien gred am bézo *ou* gred em bézo, j'aurai fait (3)

---

(1) Trég. : Ni hon doé gret, *ou* gred hon doé; héñ en doé *ou* en oé gret. etc.

(2) Tréguier, rafomp, nous ferons; rafed, vous ferez; rafont, ils *ou* elles feront.

(3) La forme de conjugaison, que j'ai donnée pour Tréguier dans la conjugaison du verbe *kaout* et dans la conjugaison du verbe *béza*, s'emploie aussi pour Tréguier, non seulement comme simple conjugaison du verbe *kaout* et du verbe *béza* quand ils sont verbes principaux, mais encore quand ils sont verbes auxiliaires: ainsi l'on dira pour Tréguier, mé am bo gret, ou bien gred am bo; té az po gret, ou bien gred az po, etc.

Té az pézo *ou* té ez pézo gret, ou bien, gred az pézo *ou* gred ez pézo, tu auras fait
Hén en dévézo gret *ou* gred en dévézo, il aura fait
Hi é dévézo gret *ou* gred é dévézo, elle aura fait
Ni hor bézo gret *ou* gred hor bézo, nous aurons fait
C'houi hô pézo gret *ou* gred hô pézo, vous aurez fait
Hi *ou* ind hô dévézo gret *ou* gred hô dévézo, ils *ou* elles auront fait.

CONDITI. PRÉS.

Raenn *ou* rafenn, je ferais
Raez *ou* rafez, tu ferais
Raé *ou* rafé, il *ou* elle ferait
Raemp *ou* rafemp, nous ferions
Raec'h *ou* rafec'h, ou bien raac'h *ou* rafac'h, vous feriez
Raent *ou* rafent, ils *ou* elles feraient (1).

AUTRE CONDITI. PRÉS.

Razenn *ou* rajenn, je ferais, je fisse
Razez *ou* rajez, tu ferais, tu fisses
Razé *ou* rajé, il *ou* elle ferait, il *ou* elle fît
Razemp *ou* rajemp, nous ferions, nous fissions
Razec'h *ou* rajec'h, ou bien razac'h *ou* rajac'h, vous feriez, vous fissiez
Razent *ou* rajent, ils *ou* elles feraient, ils *ou* elles fissent (2)

CONDITIONNEL PASSÉ.

Mé am béfé *ou* mé em béfé gret, ou bien, gred am béfé *ou* gred em béfé, j'aurais fait, j'eusse fait
Té az péfé *ou* té ez péfé gret, ou bien, gred az péfé *ou* gred ez péfé, tu aurais fait, tu eusses fait
Hén en défé gret *ou* gret en défé, il aurait, il eût fait
Hi é défé gret *ou* gred é défé, elle aurait fait, elle eût fait
Ni hor béfé gret *ou* gred hor béfé, nous aurions fait, nous eussions fait
C'houi hô péfé gret *ou* gred hô péfé, vous auriez fait, vous eussiez fait

---

(1) Ces deux manières de conjuguer au conditionnel présent sont usitées en Tréguier.

(2) En Tréguier on ne dit pas, razenn, razez, razé, etc. ; mais on dit, rajenn, rajez, rajé, rajemp, etc.

Hi *ou* iñd hô défé gret *ou* gred hô défé, ils *ou* elles auraient fait, ils *ou* elles eussent fait

Il y a encore d'autres formes de conditionnel passé; il y en a autant qu'il y a de formes de conditionnel présent dans la conjugaison du verbe *kaout* et dans la conjugaison du verbe *béza*, puisque, pour avoir les temps conposés d'un verbe, on n'a qu'à prendre le participe passé de ce verbe et les temps simples de *kaout* ou de *béza*; ainsi l'on peut dire, mé am bizé gret *ou bien* gred am bizé, j'aurais fait, j'eusse fait, etc. — mé am bijé gret *ou bien* gred am bijé, j'aurais fait, etc. Je donne cet avertissement une fois pour toutes, et je ne donnerai désormais qu'une seule forme pour chaque temps composé : si quelqu'un se trouve embarrassé dans la formation des temps composés, qu'il ait recours à la conjugaison des verbes auxiliaires *kaout* et *béza*, et qu'il voie les observations que j'ai faites dans la conjugaison de ces verbes.

SUBJONCTIF PRÉS.

Ra rinn *ou* ra riñ, que je fasse
Ra ri, que tu fasses
Ra raio *ou* ra rai, qu'il, qu'elle fasse
Ra raimp, que nous fassions
Ra réod, que vous fassiez
Ra raint, qu'ils, qu'elles fassent
Tréguier, ra rafomp, que nous fassions ; ra rafed, que vous fassiez ; ra rafont, qu'ils, qu'elles fassent.

IMPARF. DU SUBJ.

Ra raenn *ou* ra rafenn, que je fisse
Ra raez *ou* ra rafez, que tu fisses
Ra raé *ou* ra rafé, qu'il *ou* qu'elle fît
Ra raemp *ou* ra rafemp, que nous fissions
Ra raec'h *ou* ra raac'h, *ou bien* ra rafec'h *ou* ra rafac'h, que vous fissiez
Ra raent *ou* ra rafent, qu'ils *ou* qu'elles fissent — ra razenn *ou* ra rajenn, que je fisse ; ra razez *ou* ra rajez, que tu fisses ; ra razé *ou* ra rajé, qu'il, qu'elle fît; ra razemp *ou* ra rajemp, que nous fissions ; ra rafec'h *ou* ra rafac'h, ra razec'h *ou* ra razac'h, que vous fissiez, etc.

INFINITIF	PARTICIPE PRÉS.
Ober, faire	Oc'h ober, faisant
PARFAIT DE L'INF.	**PARTICIPE PASSÉ**
Béza gret, avoir fait	Gret *ou* great, fait

Conjugaison de **ober** *à l'impersonnel.*

INDICATIF.

80. Mé a ra, je fais
Té a ra, tu fais
Héñ a ra, il fait
Hi a ra, elle fait
Ni a ra, nous faisons
C'houi a ra, vous faites
Hi *ou* ind a ra, ils *ou* elles font.

IMPARFAIT.

Mé a re *ou* réa, je faisais
Té a re *ou* réa, tu faisais
Héñ a re *ou* héñ a réa, il faisait
Ni a re *ou* réa, nous faisions
C'houi a re *ou* réa, vous faisiez
Hi *ou* ind a re *ou* réa, ils *ou* elles faisaient.

PASSÉ DÉFINI.

Mé a réaz, je fis
Té a réaz, tu fis
Héñ a réaz, il fit
Hi a réaz, elle fit
Ni a réaz, nous fîmes
C'houi a réaz, vous fîtes
Hi *ou* ind a réaz, ils *ou* elles firent.

(*Les temps composés de cette conjugaison sont donnés dans la conjugaison au personnel :* Mé am euz gret, *etc.*)

FUTUR.

Mé a raio *ou* mé a rai, je ferai
Té a raio *ou* té a rai, tu feras
Héñ a raio *ou* héñ a rai, il fera
Hi a raio *ou* hi a rai, elle fera
Ni a raio *ou* ni a rai, nous ferons
C'houi a raio *ou* c'houi a rai, vous ferez
Hi *ou* ind a raio, hi *ou* ind a rai, ils *ou* elles feront.

CONDITI. PRÉS.

Mé a raé, je ferais, je fisse
Té a raé, tu ferais, tu fisses
Héñ a raé, il ferait, il fît
Hi a raé, elle ferait, elle fît
Ni a raé, nous ferions, nous fissions

C'houi a raé, vous feriez, vous fissiez

Hi *ou* ind a raé, ils *ou* elles feraient, ils *ou* elles fissent.

Mé a rafé, je ferais, je fisse, etc — Mé a razé *ou* mé a rajé, je ferais, je fisse, etc.

(Il n'y a ni subjonctif ni infinitif).

Ces trois verbes auxiliaires, que je viens de conjuguer au personnel et à l'impersonnel, se conjuguent encore d'une autre manière.

AUTRE MANIÈRE DE CONJUGUER *kaout*, *béza* et *ober*.

Cette manière de conjuguer les trois verbes *kaout*, *béa* et *ober*, consiste à mettre l'infinitif *béa* avant chaque temps personnel de *kaout* et de *béa*, et à mettre l'infinitif *ober* avant chaque temps personnel de *ober*. Je vais donner quelques personnes de chaque temps, et cela suffira pour comprendre cette formation.

Conjugaison de **kaout,** *avoir.*

INDICATIF.

84. Béz'am euz *ou* béz'em euz, j'ai

Béz'ac'h euz *ou* béz'éc'h euz, tu as

Béz'en deuz, il a

Béz'é deuz, elle a

Béz'hon euz, nous avons

Béz'hoc'h euz, vous avez

Béz'ho deuz, ils *ou* elles ont

Trég. Bé'am euz *ou* bé'em euz,

Bé'ac'h euz *ou* b'éc'h euz

Bé'en euz, bé'en deuz *ou* béa'n euz, il a ; bé'é deuz *ou* béa é deuz, elle a

Béa hon euz *ou* bé'hon euz

Béa hoc'h euz *ou* bé'hoc'h euz

Béa ho deuz *ou* bé'ho deuz

IMPARFAIT.

Béz'am boa *ou* béz'em boa, j'avais

Béz'az poa *ou* béz'ez poa, tu avais

Béz'en doa, il avait

Béz'é doa, elle avait

Béz'hor boa, nous avions

Béz'ho poa, vous aviez

Béz'ho doa, ils *ou* elles avaient

Trég. Bé'am boa *ou* bé'em boa

Bé'az poa *ou* bé'ez poa

Bé'en oa, bé'en doa *ou* béa'n oa, il avait; bé'é doa *ou* béa é doa, elle avait

Béa hon doa *ou* bé'hon doa
Béa ho poa *ou* bé'ho poa
Béa ho doa *ou* bé'ho doa

PASSÉ DÉFINI.

Béz'am boé *ou* béz'em boé, j'eus
Béz'az poé *ou* béz'ez poé, tu eus
Béz'en doé, il eut
Béz'é doé, elle eut
Béz'hor boé, nous eûmes
Béz'ho poé, vous eûtes
Béz'ho doé, ils *ou* elles eurent.
Trég. Bé'am boé *ou* bé'em boé, j'eus
Bé'az poé *ou* bé'ez poé, tu eus
Bé'en doé, bé'en oé *ou* béa'n oé, il eut
Bé'é doé *ou* béa é doé, elle eut
Bé'hon doé *ou* béa hon doé
Bé'ho poé *ou* béa ho poé
Bé'ho doé *ou* béa ho doé

FUTUR.

Béz'am *ou* béz'em bézo, j'aurai
Béz'az *ou* béz'ez pézo, tu auras
Béz'en dévézo, il aura
Béz'é dévézo, elle aura
Béz'hor bézo, nous aurons
Béz'ho pézo, vous aurez
Béz'ho dévézo, ils *ou* elles auront
Trég. Bé'am *ou* bé'em bo
Bé'az *ou* bé'ez po

Bé'en *ou* béa en déo, il aura
Bé'é *ou* béa é déo, elle aura
Bé'hon *ou* béa hon déo
Bé'ho *ou* béa ho po
Bé'ho *ou* béa ho déo

CONDITI. PRÉS.

Béz'am *ou* béz'em béfé
Trég. Bé'am *ou* bé' em béfé } j'aurais

Béz'az *ou* béz'ez péfé
Trég. bé'az *ou* bé' ez péfé } tu aurais, etc.

Béz'am *ou* béz'em bizé
Trég. Bé'am *ou* bé' em bijé } j'aurais

Béz'az *ou* béz'ez pizé
Trég. bé'az *ou* bé' ez pijé } tu aurais, etc.

Pour avoir les temps composés, on n'a qu'à ajouter le participe passé *bét* aux temps simples. Passé indéfini : Béz'am euz bét *ou* bé'am euz bét, j'ai eu, etc. Passé antérieur : Béz'am boé *ou* bé'am boé bét, j'eus eu, etc. Plus-que-parfait : Béz'am boa *ou* bé'am boa bét, j'avais eu, etc. Futur antérieur : Béz'am bézo *ou* bé'am bo bét, jaurais eu, etc. Conditi. passé : Béz'am béfé *ou* bé'am béfé bét, jaurais eu, etc.

Conjugaison de **béa,** *être.*

INDICATIF.

Béz'ez ounn, je suis
Béz'ez oud, tu es
Béz'emañ, il *ou* elle est
Béz'ez omp, nous sommes
Béz'ez oc'h, vous êtes
Béz'émaint, ils *ou* elles sont
  Trég. Béa oñ, béa oud, béa'mañ, béa omp, béa oc'h, béa'maint.

IMPARFAIT.

Béz'é oann, j'étais
Béz'é oaz, tu étais
Béz'é oa, il *ou* elle était
Béz'é oamp, nous étions
Béz'é oac'h, vous étiez
Béz'é oant, ils *ou* elles étaient
  Trég. Béa oann, béa oaz, béa oa, béa oamp, béa oac'h, béa oant *ou* béa oaint

PASSÉ DÉFINI.

Béz'é oénn, je fus
Béz'é oéz, tu fus
Béz'é oé, il *ou* elle fut
Béz'é oémp, nous fûmes
Béz'é oéc'h, vous fûtes
Béz'é oént *ou* béz, é oéjont, ils *ou* elles furent

  Trég. Béa oénn, béa oéz, béa oé, béa oémp, béa oéc'h *ou* béa oéjoc'h, béa oént *ou* béa oéjont.

FUTUR PRÉS.

Béz'é vézinn, je serai
Béz'é vézi, tu seras
Béz'é vézo, il *ou* elle sera
Béz'é vézimp, nous serons
Béz'é vézot *ou* béz'é viot } vous serez
Béz, é vézint, ils *ou* elles se- seront
  Trég. Béa viñ, béa vi, béa vo, béa véfomp, béa véfed, béa véfont.

CONDITI. PRÉS.

Béz'é véfenn, je serais
Béz'é véfez, tu serais
Béz'é véfé, il *ou* elle serait
Béz'é véfemp, nous serions
Béz'é véfac'h, vous seriez
Béz'é véfec'h, vous seriez
Béz'é véfent, ils *ou* elles seraient.
  Trég. Béa véfenn, béa véfez, béa véfé, béa véfemp, béa

véféc'h *ou* béa véfac'h, béa véfent, etc., etc.

Pour avoir les temps composés on n'a qu'à ajouter le participe passé *bét* aux temps simples.

PASSÉ INDÉFINI.

Béz'ez ounn bét, } j'ai été, etc.
béa oñ bét

PASSÉ ANTÉRIEUR.

Béz'é oénn bét, } j'eus été, etc.
béa oénn bét

PLUS-QUE-PARFAIT.

Béz'é oann bét, } j'avais été, etc.
béa oann bét

FUTUR ANTÉRIEUR.

Béz'é vézinn bét, } j'aurai été,
béa viñ bét } etc.

CONDITI. PASSÉ.

Béz'é véfenn bét, } j'aurais été,
béa véfenn bét } etc.

Béz'é vizenn bét, } j'aurais été,
béa vijenn bét } etc.

Il n'y a ni subjonctif ni infinitif.

Conjugaison de **ober,** *faire.*

INDICATIF.

Ober a rañ *ou* a rann, je fais
Ober a réz, tu fais
Ober a ra, il *ou* elle fait
Ober a réomp, nous faisons
Ober a réd *ou* a rid, vous faites
Ober a réont, ils *ou* elles font.

IMPARFAIT.

Ober a renn, je faisais
Ober a rez, tu faisais
Ober a re, il *ou* elle faisait
Ober a remp, nous faisions
Ober a rec'h, vous faisiez
Ober a rent, ils *ou* elles faisaient.

PASSÉ DÉFINI.

Ober a riz, je fis
Ober a rézoud *ou* a réjoud, tu fis
Ober a réaz *ou* a euré, il *ou* elle fit
Ober a réjomp, nous fîmes
Ober a rézod *ou* a réjoc'h, vous fîtes
Ober a réjont, ils *ou* elles firent.

FUTUR.

Ober a rinn
Trég. Ober a riñ } je ferai
Ober a ri, tu feras
Ober a rai *ou* a raio, il *ou* elle fera
Ober a raimp
Trég. Ober a rafomp } nous ferons

Ober a réod
Trég. Ober a réfed } vous ferez

Ober a raint
Trég. Ober a rafont } ils *ou* elles feront

CONDITI. PRÉS.

Ober a rafenn, je ferais, etc.
Ober a razenn
Trég. Ober a rajenn } je ferais, etc.
Ober a raenn, je ferais
Ober a raez, tu ferais
Ober a raé, il *ou* elle ferait
Ober a raemp, nous ferions
Ober a raec'h, vous feriez
Ober a raent, ils *ou* elles feraient.

Il n'y a ni subjonctif ni infinitif ni temps composé.

On ne peut se servir de cette manière de conjuguer que dans une principale affirmative qui commence une phrase : Ober a rañ ar péz a c'hallañ, je fais ce que je peux ; bé'am euz gwiniz da werza, j'ai du froment à vendre ; béa oñ glac'hared ô wéled ar péz a zo arruet, je suis désolé de voir ce qui est arrivé (je suis désolé voyant ce qui est arrivé), etc.

KANA A RAÑ.

84. Le verbe *ober*, employé comme verbe auxiliaire, est toujours précédé immédiatement de l'infinitif du verbe que l'on veut conjuguer. Cette espèce de conjugaison sera comprise par les exemples suivants.

Exemples : Je chante ; tournez, chanter je fais, kana a rañ ; il chante ; tournez, chanter il fait, kana a ra ; nous parlons ; tournez, parler nous faisons, komz a réomp ; vous marcherez ; tournez, marcher vous ferez, balé a réfed, etc.

FORMATION DES TEMPS.

Pour former les temps d'un verbe que l'on conjugue au personnel, on cherche d'abord à connaître la troisième personne du singulier du présent de l'indicatif ; et, quand on connaît cette personne, on y ajoute *añ* ou *ann* pour avoir la première personne du singulier du présent de l'indicatif, *enn* pour avoir la première personne du singulier de l'imparfait de l'ind. *iz* pour avoir la première personne du sing. du passé défini, *iñ* ou *inn* pour avoir la prem. pers. du sing. du futur simple et du présent du subjonctif, et *fenn, jenn* ou *zenn* pour avoir la prem. pers. du conditionnel prés. et de l'imparfait du subjonctif (1).

La troisième personne du singulier est irrégulière au futur des verbes terminés en *aat*. Pour avoir cette personne on n'a qu'à changer *aat* en *ai* en *ao* ou en *aio* : Joausaat, devenir plus gai; hénnez a joausai *ou* a joausaio, celui-là deviendra plus gai; gwellaat s'améliorer; ann dra-zé a wellai *ou* a wellaio, cela s'améliorera, etc.

Les autres personnes sont régulières : Tu vois que je deviens plus gai, gwéled a réz é joausaañ; il ne devient pas beaucoup plus gai, né joausa kéd némeur, etc. Quelquefois cependant on change en *é* le dernier *a* du radical : joauséañ, au lieu de *joausaañ*; joauséez, au lieu de *joausaez*, etc.

Les lignes du tableau de la formation des temps, sont disposées comme dans les conjugaisons : la première ligne de chaque colonne du tableau est pour la première personne du singulier, et ainsi de suite.

Tableau de la formation des temps.

PRÉS. IND.	IMP. IND.	PASSÉ DÉFINI.	FUT. P. ET SUB.	COND. ET IMP. SUBJ.
añ *ou* ann	enn	iz	iñ *ou* inn	fenn, jenn *ou* zenn
ez	ez	joud *ou* zoud	i	fez, jez *ou* zez
	é	az	o	fé, jé *ou* zé
omp	emp	jomp *ou* zomp	imp *ou* fomp	femp, jemp *ou* zemp
ed *ou* id	ec'h *ou* ac'h	zod *ou* joc'h	od *ou* fed	fec'h, jec'h *ou* zec'h
ont	ent	jont *ou* zont	font *ou* int	fent, jent *ou* zent

---

(1) Quand la troisième personne du singulier du présent de l'indicatif est terminée par deux consonnes semblables, il faut garder ces deux consonnes comme radical du verbe toutes les fois qu'elles sont suivies d'une voyelle : Lenn, il *ou* elle lit; lennomp et non pas lenomp, nous lisons; lennañ et non pas lenañ, je lis; toull, il *ou* elle perce; toullañ et non pas toulañ, je perce, etc. Mais on peut

La formation du participe présent se trouve à la première remarque du n° 52.

Dans tous les verbes réguliers, et dans la plupart des verbes irréguliers, les personnes de chaque temps ont absolument les terminaisons que je viens d'indiquer dans ce petit tableau, et n'en ont pas d'autres, excepté la deuxième personne du pluriel qui peut être terminée en *fac'h, jac'h* ou *zac'h*, au lieu de *fec'h, jec'h* ou *zec'h* au conditionnel présent et à l'imparfait du subjonctif. Baléfec'h *ou* baléfac'h ; baléjec'h *ou* baléjac'h, etc. Il faut remarquer que les terminaisons *joc'h, jomp, jod* et *jont* du passé défini, *fomp, fed* et *font* du futur présent et du subjonctif présent, *jenn, jez, jé, jemp, jec'h* ou *jac'h* et *jent* du conditionnel présent et de l'imparfait du subjonctif, sont les plus communes dans le dialecte de Tréguier. Sont encore communes dans ce dialecte les terminaisons *fenn, fez, fé, femp, fec'h* ou *fac'h* et *fent* au conditionnel et à l'imparfait du subjonctif. Celui qui aura bien compris la formation des temps exposée dans le tableau précédent, et pourra trouver la troisième personne du présent de l'indicatif, celui-là sera à même de conjuguer tous les verbes réguliers, et certains temps de plusieurs verbes irréguliers; il est donc important de bien comprendre cette formation des temps, et d'apprendre à trouver la troisième personne du présent de l'indicatif; voyez les n°s 88 et 102.

Voici un verbe conjugué qui servira de modèle pour conjuguer au personnel tous les verbes réguliers, et plusieurs temps d'un certain nombre de verbes irréguliers. Les verbes, qui sont irrégu-

---

retrancher une de ces deux consonnes toutes les fois qu'elles doivent être suivies d'une autre consonne : Lenfomp *ou* lennfomp; toulfenn *ou* toullfenn, etc.

Dans tous les verbes, où l'infinitif est terminé par deux consonnes semblables, la troisième personne du singulier doit en principe être aussi terminée par deux consonnes semblables, parce que ces consonnes font partie du radical: cependant on peut quelquefois en retrancher une au présent de l'indicatif seulement : Kélenn *ou* kelen, il *ou* elle enseigne, etc.

Il est bon de changer le *v* en *f*, quand il est suivi d'un *f* : Mé a gaffé, au lieu de *mé a gavfé*, je trouverais, etc. Mais on peut dire indifféremment : Mé a c'hoéźfé *ou* mé a c'hoéśfé, je soufflerais, etc.

liers dans presque tous leurs temps, demandent à être conjugués tout au long.

Conjugaison qui sert de modèle pour conjuguer au personnel les verbes réguliers et quelques temps de certains verbes irréguliers.

Mirout, garder.

INDICATIF PRÉS.

86. Mir añ *ou* mir ann, je garde
Mir ez, tu gardes
Mir , il *ou* elle garde
Mir omp, nous gardons
Mir ed, vous gardez
Mir ont, ils *ou* elles gardent.

IMPARFAIT.

Mir enn, je gardais
Mir ez, tu gardais
Mir é, il *ou* elle gardait
Mir emp, nous gardions
Mir ec'h *ou* mir ac'h } vous gardiez
Mir ent, ils *ou* elles gardaient.

PASSÉ DÉFINI.

Mir iz, je gardai
Mir zoud *ou* mir joud } tu gardas
Mir az, il *ou* elle garda
Mir zomp *ou* mir jomp } nous gardâmes
Mir zod, mir joc'h *ou* mir jod } vous gardâtes
Mir zont *ou* mir jont } ils *ou* elles gardèrent

PASSÉ INDÉFINI

Mé am euz *ou* mé em euz miret, Mired am euz *ou* mired em euz } j'ai gardé

Té ec'h euz miret *ou* té ac'h euz miret Mired ec'h euz *ou* miret ac'h euz } tu as gardé

Héñ en deuz miret *ou* miret en deuz } il a gardé

Hi é deuz miret *ou* mired é deuz } elle a gardé

Ni hon euz miret *ou* miret hon euz } nous avons gardé

C'houi hoc'h euz miret *ou* mired hoc'h euz } vous avez gardé

Hi *ou* ind hô deuz miret *ou* mired hô deuz } ils *ou* elles ont gardé

PASSÉ ANTÉRIEUR.

Mé am boé *ou* mé em boé miret, ou bien mired am boé *ou* mired em boé	j'eus gardé
Té az poé *ou* té ez poé miret, ou bien mired az poé *ou* mired ez poé	tu eus gardé
Héñ en doé miret *ou* miréd en doé	il eut gardé
Hi é doé miret *ou* mired é doé	elle eut gardé
Ni hor boé miret *ou* mired hor boé	nous eûmes gardé
C'houi hô poé miret *ou* miret hô poé	vous eûtes gardé
Hi *ou* iñd hô doé miret *ou* miret hô doé	ils *ou* elles eurent gardé

PLUS-QUE-PARFAIT.

Mé am boa *ou* mé em boa miret, Mired am boa *ou* mired em boa	j'avais gardé
Té az poa *ou* té ez poa miret, Miret az poa *ou* miret ez poa	tu avais gardé
Héñ en doa miret *ou* mired en doa	il avait gardé
Hi é doa miret *ou* mired é doa	elle avait gardé
Ni hor boa miret *ou* mired hor boa	nous avions gardé
C'houi hô poa miret *ou* mired hô poa	vous aviez gardé
Hi *ou* iñd hô doa miret *ou* mired hô doa	ils *ou* elles avaient gardé

FUTUR PRÉSENT.

Mir iñ, je garderai
Mir i, tu garderas
Mir o, il *ou* elle gardera
Mir imp *ou* mir fomp, nous garderons
Mir od *ou* mir fed, vous garderez
Mir iñt *ou* mir foñt, ils *ou* elle garderont

FUTUR ANTÉRIEUR.

Mé am *ou* em bo miret *ou* mired am *ou* em bo	j'aurai gardé
Té az *ou* ez po miret, Mired az *ou* ez po	tu auras gardé
Héñ en déo miret *ou* mired en déo	il aura gardé
Hi é déo miret *ou* mired é déo	elle aura gardé
Ni hon déo miret *ou* mired hon déo	nous aurons gardé
C'houi hô po miret *ou* mired hô po	vous aurez gardé

Hi *ou* ind hô déo \
miret, ou bien mi- } ils *ou* elles auront gardé \
ret hô déo

CONDIT. PRÉSENT.

Mir fenn \
Mir zenn } je garderais \
Mir jenn

Mir fez \
Mir zez } tu garderais \
Mir jez

Mir fé \
Mir zé } il *ou* elle garderait \
Mir jé

Mir femp \
Mir zemp } nous garderions \
Mir jemp

Mir fec'h *ou* mir fac'h \
Mir zec'h *ou* mir zac'h } vous garderiez \
Mir jec'h *ou* mir jac'h

Mir feñt \
Mir zéñt } ils *ou* elles garderaint \
Mir jeñt

CONDITI. PASSÉ

Mé am *ou* em béfé miret, \
Mired am *ou* em béfé } j'aurais gardé

Té az *ou* ez péfé miret, \
Mired az *ou* ez péfé } tu aurais gardé

Héñ en défé miret *ou* miret en défé } il aurait gardé

Hi é défé miret *ou* mired é défé } elle aurait gardé

Ni hon défé miret *ou* mired hon défé } nous aurions gardé

C'houi hô péfé miret *ou* mired hô péfé } vous auriez gardé

Hi *ou* iñd hô défé \
Miret *ou* mired hô défé } ils *ou* elles auraient gardé

AUTRE CONDIT. PASSÉ

Mé am *ou* em bijé miret, \
Mired am *ou* em ijé miret } j'aurais gardé

Té az *ou* ez pijé miret, \
Mired az *ou* ez pijé } tu aurais gardé

Héñ en ijé miret *ou* mired en ijé } il aurait gardé

Hi é dijé miret *ou* mired é dijé } elle aurait gardé

Ni hon dijé miret *ou* mired hon dijé } nous aurions gardé

C'houi hô pijé miret *ou* mired hô pijé	vous auriez gardé
Hi *ou* ind hô dijé miret *ou* mired hô dijé	ils *ou* elles auraient gardé

IMPÉRATIF.

Mir, garde (1)	
Mir et *ou* mir o	qu'il *ou* qu'elle garde
Mir omp, gardons	
Mir id *ou* mir ed	gardez
Mir int *ou* mir font	qu'ils *ou* qu'elles gardent

SUBJONCTIF PRÉSENT.

Ra vir iñ	que je garde
Ra vir inn	
Ra vir i, que tu gardes	
Ra vir o, qu'il *ou* qu'elle garde	
Ra vir imp *ou* ra vir fomp	que nous gardions
Ra vir od *ou* ra vir fed	que vous gadiez
Ra vir int *ou* ra vir font	qu'ils *ou* qu'elles gardent

IMPARF. DU SUBJ.

Ra vir fenn	
Ra vir zenn	que je gardasse
Ra vir jenn	
Ra vir fez	
Ra vir zez	que tu gardasses
Ra vir jez	
Ra vir fé	
Ra vir zé	qu'il *ou* qu'elle gardât
Ra vir jé	
Ra vir femp	
Ra vir zemp	que nous gardassions
Ra vir jemp	
Ra vir fec'h *ou* ra vir fac'h	
Ra vir zec'h *ou* ra vir zac'h	que vous gardassiez
Ra vir jec'h *ou* ra vir jac'h	
Ra vir fent	
Ra vir zent	qu'ils *ou* qu'elles gardassent
Ra vir jent	

PARFAIT DU SUBJ.

R'am *ou* r'em bézo miret, que j'aie gardé

R'az *ou* r'ez pézo miret, que tu aies gardé

R'en dévézo miret, qu'il *ou* qu'elle ait gardé

R'hor bézo miret, que nous ayons gardé

R'hô pézo miret, que vous ayez gardé

---

(1) La troisième personne du singulier du présent de l'indicatif et la seconde personne du singulier de l'impératif sont semblables dans les verbes réguliers; mais il y a certains verbes un peu irréguliers où ces personnes ne sont pas semblables

R'hô dévézo miret, qu'ils *ou* qu'elles aient gardé (1)

PLUS-QUE-PARF. DU SUBJ.

R'am *ou* r'em béfé miret
R'am *ou* r'em bizé miret
R'am *ou* rem ijé miret
} que j'eusse gardé

R'az *ou* r'ez péfé miret
R'az *ou* r'ez pizé miret
R'az *ou* r'ez pijé miret
} que tu eusses gardé

R'en défé miret
R'en divizé miret
R'en ijé miret
} qu'il eût gardé

R'é défé miret
R'é divizé miret
R'é dijé miret
} qu'elle eût gardé

R'hor béfé miret
R'hor bizé mirer
R'hon dijé miret
} que nous eussions gardé

R'hô péfé miret
R'hô pizé miret
R'hô pijé miret
} que vous eussiez gardé

R'hô défé miret
R'hô divizé miret
R'hô dijé miret
} qu'ils *ou* qu'elles eussent gardé

INFINITIF.

Mirout (Trég. miret), garder

PART. DE L'INF

Béa mirét *ou* béza miret, avoir gardé

PARTICIPE PRÉS.

O virout (Trég. ó viret), gardant

PARTICIPE PASSÉ

Miret, gardé

87. Tous les verbes bretons ont un participe passé terminé en *et*; il y en a quelques-uns (en très-petit nombre) qui ont deux participes passés, comme *mervel*, qui a *maro* et *marvet*, et *arruout* ou *erruout* qui a *arru* ou *erru* et *arruet* ou *erruet* pour participes passés.

Mais que l'on se défie de ces participes passés, qui comme *maro, arru* ou *erru*, etc., ne sont pas terminés en *et*; on peut aller contre l'usage en employant l'un à la place de l'autre. Toutes

---

(1) Trég. R'am *ou* r'em bo miret, r'az *ou* r'ez po miret, r'en éo miret (qu'il ait gardé), r'é déo miret (qu'elle ait gardé), r'hon déo miret, r'hô po miret, r'hô déo miret (qu'ils *ou* qu'elles aient gardé.)

les fois que l'on peut changer le temps composé en temps simple, on peut employer le participe passé terminé en *et*, mais on ne peut pas employer l'autre, ainsi dans cet exemple : il était arrivé pendant que j'étais là ; on peut dire : il arriva pendant que j'étais là, errued é oa émpad ma oann eno, et non pas, erru é oa émpad ma oann eno, etc.

MANIÈRES DE TROUVER LA 3ᵐᵉ PERS. DU SINGULIER DU PRÉSENT DE L'IND.

88. 1° Pour trouver la troisième personne du singulier du présent de l'indicatif dans les verbes réguliers terminés en *out*, on n'a qu'à retrancher *out*. Sellout, regarder ; sell, il *ou* elle regarde ; mirout, garder ; mir, il *ou* elle garde ; lavarout, dire ; lavar, il *ou* elle dit, etc.

2° Pour trouver cette troisième personne dans les verbes terminés en *aat*, on n'a qu'à retrancher *at* : Joausaat, devenir gai *ou* plus gai ; joausa, il devient gai *ou* plus gai, elle devient gaie *ou* plus gaie ; blàsaat, goûter ; blàsa, il *ou* elle goûte ; bianaat, devenir plus petit ou moindre ; biana, il devient plus petit, elle devient plus petite ; ann dra-zé a viana, cela devient moindre, etc.

3° Les infinitifs par abus terminés en *s* ou en *z* sont semblables à la troisième personne du singulier du présent de l'indicatif : Kas, envoyer ; kas, il *ou* elle envoie ; digas, apporter ; digas, il *ou* elle apporte ; komz, parler ; komz, il *ou* elle parle ; paouez, cesser ; paouez, il *ou* elle cesse, etc.

4° Les infinitifs réguliers, qui n'ont qu'une syllabe, sont semblables à la troisième personne du singulier du présent de l'indicatif : Rén, conduire ; rén il *ou* elle conduit ; klask, chercher ; klask, il *ou* elle cherche ; lenn, lire ; lenn, il *ou* elle lit ; barn, juger ; barn, il *ou* elle juge, etc.

5° Pour trouver la troisième personne du singulier du présent de l'indicatif dans les verbes terminés en *a*, on n'a qu'à retrancher l'*a* (de l'infinitif) : Hàda, semer ; hàd, il *ou* elle sème ; gwéla, pleurer ; gwél, il *ou* elle pleure ; c'houéza, souffler ; c'houez, il *ou* elle souffle, etc.

6° Pour trouver la troisième personne du singulier du présent de l'indicatif dans les verbes réguliers, on n'a qu'à retrancher *et* du participé passé, excepté dans les verbes terminés en *aat* : C'houariet, joué; c'houari, il *ou* elle joue ; baléet, marché; balé, il *ou* elle marche; marvet, mort; marv, il *ou* elle se meurt; troc'het, coupé; troc'h, il *ou* elle coupe; toret, cassé : tor, il *ou* elle casse; mañket, manqué; mañk, il *ou* elle manque; galvet, appelé; galv, il *ou* elle appelle, etc. Cette dernière manière est la plus facile ; mais on pourrait se servir des autres, si l'on ne trouvait pas le participe passé de quelque verbe exprimé dans le dictionnaire.

Conjugaison qui sert de modèle pour conjuguer à l'impersonnel les verbes réguliers et quelques temps de certains verbes irréguliers

Mirout.

89. Pour conjuguer à l'impersonnel, on n'a qu'à prendre la troisième personne du singulier de chaque temps (il n'y a dans la conjugaison à l'impersonnel ni mode subjonctif ni mode infinitif) et la faire précéder de *a* et des pronoms, *mé*, *té*, *héñ*, etc.

INDICATIF PRÉS.

Mé a vir, je garde
Té a vir, tu gardes
Héñ a vir, il garde
Hi a vir, elle garde
Ni a vir, nous gardons
C'houi a vir, vous gardez
Hi *ou* ind a vir, ils *ou* elles gardent.

IMPARFAIT.

Mé a viré, je gardais

Té a viré, tu gardais
Héñ a viré, il gardait
Hi a viré, elle gardait
Ni a viré, nous gardions
C'houi a viré, vour gardiez
Hi *ou* ind a viré, ils *ou* elles gardaient.

PASSÉ DÉFINI

Mé a viraz, je gardai
Té a viraz, tu gardas
Héñ a viraz, il garda

Hi a viraz, elle garda
Ni a viraz, nous gardâmes
C'houi a viraz, vous gardâtes
Hi *ou* ind a viraz, ils *ou* elles gardèrent.

PASSÉ INDÉFINI.

Mé am *ou* em euz miret } j'ai gardé

Té ac'h *ou* ec'h euz miret } tu as gardé

Héñ en deuz miret, il a gardé
Hi é deuz miret, elle a gardé
Ni hon euz miret, nous avons gardé
C'houi hoc'h euz miret } vous avez gardé
Hi *ou* ind hô deuz miret } ils *ou* elles ont gardé

PASSÉ ANTÉRIEUR.

Mé am *ou* mé em boé miret } j'eus gardé

Té az *ou* té ez poé miret } tu eus gardé

Héñ en doé miret, il eut gardé
Hi é doé miret, elle eut gardé
Ni hor boé miret, nous eûmes gardé
C'houi hô poé miret, vous eûtes gardé
Hi *ou* ind hô doé miret } ils *ou* elles urent gardé

PLUS-QUE-PARFAIT.

Mé am *ou* mé em boa miret } j'avais gardé

Té az *ou* té ez poa miret } tu avais gardé

Héñ en doa miret, il avait gardé
Hi é doa miret, elle avait gardé
Ni hor boa miret, nous avions gardé
C'houi hô poa miret, vous aviez gardé
Hi *ou* ind hô doa miret } ils *ou* elles avaient gardé

FUTUR.

Mé a viro, je garderai
Té a viro, tu garderas
Héñ a viro, il gardera
Hi a viro, elle gardera
Ni a viro, nous garderons
C'houi a viro, vous garderez
Hi *ou* ind a viro, ils *ou* elles garderont.

FUTUR ANTÉRIEUR

Mé am bézo *ou* mé em bézo miret } j'aurai gardé

Té az pézo *ou* té ez pézo miret } tu auras gardé

Héñ en dévézo miret, il aura gardé

Hi è dévézo miret, elle aura gardé
Ni hor bézo miret, nous aurons gardé
C'houi hô pézo miret, vous aurez gardé
Hi *ou* ind hô dévézo miret } ils *ou* elles auront gardé

(Tréguier, mé am *ou* em bo miret, j'aurai gardé ; té az *ou* ez po miret, tu auras gardé ; héñ en déo *ou* héñ en éo miret, il aura gardé ; hi é déo miret, elle aura gardé ; ni hor bo *ou* ni hon déo *ou bien même* ni hon éo miret, nous aurons gardé ; c'houi hô po miret, vous aurez gardé ; hi *ou* ind hô déo miret, ils *ou* elles auront gardé).

CONDITI. PRÉS.

Mé a virfé)
Mé a virzè } je garderais
Mé a virjé)

Té a virfé)
Té a virzé } tu garderais
Té a virjé)

Héñ a virfé)
Héñ a virzé } il garderait
Héñ a virjé)

Hi a virfé)
Hi a virzé } elle garderait
Hi a virjé)

Ni a virfé)
Ni a virzé } nous garderions
Ni a virjé)

C'houi a virfé)
C'houi a virzé } vous garderiez
C'houi a virjé)

Hi *ou* ind a virfé)
Hi *ou* ind a virzé } ils *ou* elles garderaient
Hi *ou* ind virjé)

CONDITI. PASSÉ.

Mé am *ou* em béfé miret)
Mé am *ou* em bizé miret } j'aurais gardé
Mé am *ou* am ijé miret)

Té az *ou* ez péfé miret)
Té az *ou* ez pizé miret } tu aurais gardé
Té az *ou* ez pijé miret)

Héñ en défé miret)
Héñ en divizé miret } il aurait gardé
Héñ en ijé miret)

Hi é défé miret)
Hi é divizé miret } elle aurait gardé
Hi é dijé miret)

Ni hor béfé miret)
Ni hor bizé miret } nous aurions gardé
Ni hor bijé *ou* ni hon dijé miret)

C'houi hò péfé miret
C'houi hò pizé miret } vous auriez gardé
C'houi hò pijé miret

Hi *ou* ind hò défé miret
Hi *ou* ind hò divizé miret } ils *ou* elles auraient gardé
Hi *ou* ind hò dijé miret

CONJUGAISON DES VERBES IRRÉGULIERS.

90. Il y a des verbes tellement irréguliers que leur troisième personne du singulier du présent de l'indicatif ne peut pas servir de temps primitif, et ce qu'il y a de mieux à faire c'est d'en conjuguer tout au long les temps irréguliers et de donner la première personne des temps réguliers.

Conjugaison de **mond**, aller, *au personnel.*

INDICATIF. (1)

91. Ann *ou* añ, je vais
Éz, tu vas
A, il *ou* elle va
Éomp, nous allons
Id *ou* éd, vous allez
Éont, ils *ou* elles vont.

IMPARFAIT.

Éenn *ou* enn, j'allais
Éez *ou* ez, tu allais
Ée *ou* e, il *ou* elle allait
Éemp *ou* emp, nous allions
Éec'h *ou* ec'h, vous alliez
Éent *ou* ent, ils *ou* elles allaient.

PASSÉ DÉFINI.

Iz, j'allai
Ézoud *ou* éjoud, tu allais
Eaz, il *ou* elle alla
Ézomp *ou* éjomp, nous allâmes
Ézod, éjod *ou* éjoc'h, vous allâtes
Ézont *ou* éjont, ils *ou* elles allèrent.

PASSÉ INDÉFINI

Mé a zo et *ou* ed oñ } je suis allé
Té a zo et *ou* ed oud } tu es allé

---

(1) Voy. à la fin de cette conjugaison l'impératif de ce verbe.

éñ a zo et *ou* ed eo	il est allé
i a zo et *ou* ed eo	elle est allée
i a zo et *ou* ed omp	nous sommes allés
'houi a zo et *ou* ed oc'h	vous êtes allés
i *ou* ind a zo et *ou* ed int	ils sont allés *ou* elles sont allées

PASSÉ ANTÉRIEUR.

é a oé et *ou* ed é oénn	je fus allé
é a oé et *ou* ed é oéz	tu fus allé
éñ a oé et *ou* ed é oé	il fut allé
i a oé et *ou* ed é oé	elle fut allée
i a oé et *ou* ed é oémp	nous fûmes allés
houi a oé et *ou* ed é oéc'h	vous fûtes allés
ou ind a oé et *ou* ed é oént	ils étaient allés *ou* elles étaient allées

PLUS-QUE-PARFAIT.

é a oa et *ou* ed é oann	j'étais allé
a oa et *ou* ed é oaz	tu étais allé
Héñ a oa et *ou* ed é oa	il était allé
Hi a oa et *ou* ed é oa	elle était allée
Ni a oa et *ou* ed é oamp	nous étions allés
C'houi a oa et *ou* ed é oac'h	vous étiez allés
Hi *ou* ind a oa et *ou* éd é oant	ils étaient allés *ou* elles étaient allées

FUTUR.

Inn *ou* iñ, j'irai
I, tu iras
Aio *ou* ai, il *ou* elle ira
Aimp *ou* afomp, nous irons
Éod *ou* afed, vous irez
Aint *ou* afont, ils *ou* elles iront.

FUTUR ANTÉRIEUR.

Mé a vo et *ou* ed é viñ	je serai allé
Té a vo et *ou* ed é vi	tu seras allé
Héñ a vo et *ou* ed é vo	il sera allé
Hi a vo et *ou* ed é vo	elle sera allée
Ni a vo et *ou* ed é véfomp	nous serons allés
C'houi a vo et *ou* ed é véfed	vous serez allés
Hi *ou* ind a vo et *ou* ed é véfont	ils seront allés *ou* elles seront allées

CONDITI. PRÉSENT.

Afenn
Azenn j'irais
Ajenn

(Ce temps est régulier)

CONDITI. PASSÉ.

Mé a véfé et *ou* ed é véfenn
Mé a vizé et *ou* ed é vizenn } je serais allé
Mé a vijé et *ou* ed é vijenn

Té a véfé et *ou* ed é véfez
Té a vizé et *ou* ed é vizez } tu serais allé
Té a vijé et *ou* ed é vijez

Héñ a véfé et *ou* ed é véfé
Héñ a vizé et *ou* ed é vizé } il serait allé
Héñ a vijé et *ou* ed é vijé

Hi a véfé et *ou* ed é véfé
Hi a vizé et *ou* ed é vizé } elle serait allée
Hi a vijé et *ou* ed é vijé

Ni a véfé et *ou* ed é véfemp
Ni a vizé et *ou* ed é vizemp } nous serions allés
Ni a vijé et *ou* ed é vijemp

C'houi a véfé et *ou* ed é véfec'h *ou* véfac'h
C'houi a vizé et *ou* ed é vizec'h *ou* vizac'h } vous seriez allés
C'houi a vijé et *ou* ed é vijec'h *ou* vijac'h

Hi *ou* ind a véfé et *ou* ed é véfent
Hi *ou* ind a vizé et *ou* ed é vizent } ils seraient allés *ou* elles seraient allées
Hi *ou* ind a vijé et *ou* ed é vijent

SUBJ. PRÉSENT.

Ra-z inn *ou* ra-z iñ, que j'aille
Ra-z i, que tu ailles
Ra-z aio *ou* ra-z ai, qu'il *ou* qu'elle aille
Ra-z aimp *ou* ra-z afomp } que nous allions
Ra-z éod *ou* ra-z afed } que vous alliez
Ra-z aint *ou* ra-z afont } qu'ils *ou* qu'elles aillent

IMPARF. DU SUBJ.

Ra-z afenn \
Ra-z azenn } que j'allasse \
R'az ajenn /

Ra-z afez \
Ra-z azez } que tu allasses \
Ra-z ajez /

Ra-z afé \
Ra-z azé } qu'il *ou* qu'elle allât \
Ra-z ajé /

Ra-z afemp \
Ra-z azemp } que nous allassions \
Ra-z ajemp /

Ra-z afec'h *ou* \
ra-z afac'h \
Ra-z azec'h *ou* } que vous allassiez \
ra-z azac'h \
Ra-z ajec'h *ou* \
ra-z ajac'h /

Ra-z afeut \
Ra-z azent } qu'ils *ou* qu'elles allassent \
Ra-z ajent /

PARFAIT. DU SUBJ.

Ra vézinn et, que je sois allé

Ra vézi et, que tu sois allé, etc. (1)

PLUS-QUE-PARF. DU SUBJ.

Ra véfenn et \
Ra vizenn et } que je fusse allé \
Ra vijenn et /

Ba véfez et \
Ra vizez et } que tu fusses allé, etc. \
Ra vijez et /

INFIFITIF.

Mond, aller

PARF. DE L'INF.

Béza et, être allé

PARTICIPE PRÉS.

O vond, allant

PARTICIPE PASSÉ.

Et, éet *ou* aet, allé

(J'ai donné ici les temps composés tout au long avec l'auxiliaire *béa* et le participe passé d'un verbe neutre, et je crois que désormais je n'aurai pas besoin de parler des temps composés; il suffira d'indiquer le participe passé).

IMPÉRATIF.

Ke *ou* kea, va; eat *ou* éet (et mieux aio *ou* gaio), qu'il *ou* qu'elle aille; deomp *ou* demp ou bien éomp, allons; id *ou* ed, allez; aent *ou* éent (et mieux aint *ou* aient), qu'ils *ou* qu'elles aillent.

---

(1) Trég.: Ra viñ et, ra vi et, ra vo et, ra véfomp et, ra véfed et, ra véfont et.

Conjugaison de **mond** à *l'impersonnel.*

INDICATIF.

92 Mé a ia, etc., je vais

IMPARFAIT.

Mé a ié *ou* mé a iéa } j'allais, etc.

PASSÉ DÉFINI.

Mé a iéaz *ou* mé a iez } j'allai, etc.

FUTUR.

Mé a iélò, j'irai
Té a iélò, tu iras
Héñ a iélò, il ira
Hi a iélò, elle ira, etc.

CONDITI. PRÉSENT.

Mé a iafé
Mé a iazé } j'irais
Mé a iajé

Té a iafé
Té a iazé } tu irais, etc.
Té a iajé

(Quand on connaît la troisième personne du singulier de chaque temps, l'on n'a qu'à la faire précéder des pronoms *mé, té, héñ, hi, ni, c'houi, hi* ou *int*, pour avoir toutes les personnes de chaque temps).

Conjugaison de **gouzout,** savoir, *au personnel.*

IMPÉRATIF.

93 Gwez, sache
Gwezet *ou* gweo, qu'il, qu'elle sache
Gwezomp *ou* gweomp, sachons
Gwezid *ou* gweed, sachez
gwezent, gweint *ou* gwefont } qu'ils, qu'elles sachent

INDICATIF.

Gouzonn *ou* gonn, je sais
Gouzoud, tu sais
Goar, il *ou* elle sait
Gouzomp, nous savons
Gouzoc'h, vous savez
Gouzont, ils *ou* elles savent.

IMPARFAIT.

Gwienn, je savais
Gwiez, tu savais, etc.

PASSÉ DÉFINI.

Gweziz, je sus

Gwezoud *ou* Gwejoud (1) } tu sus
Gweaz *ou* gwezaz, il *ou* elle sut.
Gwezomp *ou* gwejomp } nous sûmes
Gwezod, gwejod *ou* gwejoc'h } vous sûtes
Gwezont *ou* gwejont } ils *ou* elles surent

FUTUR.

Gwezinn, je saurai
Gwezi, tu sauras
Gwezo, il *ou* elle saura
Gwefomp *ou* gwezimp, nous saurons
Gwiod *ou* gwefed, vous saurez

CONDITIONNEL.

Goufenn
Gwefenn } je saurais
Gwejenn
Goufez
Gwefez } tu saurais
Gwejez
Goufé
Gwefé } il *ou* elle saurait
Gwejé

Goufemp
Gwefemp } nous saurions
Gwejemp
Goufec'h *ou* goufac'h
Gwefec'h *ou* gwefac'h } vous sauriez
Gwejec'h *ou* gwejac'h
Goufent
Gwefent } ils *ou* elles sauraient
Gwejent

SUBJONCTIF.

Ra wezinn
Ra weiñ } que je sache
Ra wezi
Ra wei } que tu saches
Ra wezo
Ra weo } qu'il *ou* qu'elle
Ra wezimp
Ra wefomp } que nous sachions
Ra wiod
Ra wefed } que vous sachiez
Ra weint
Ra wefont } qu'ils *ou* qu'elles sachent (2)

---

(1) Les Trécorois retranchent le *z* du radical ou le changent en *j*, comme dans *gwéjoud, gwejomp*, gwéjont.
Exemples : Gwéiñ, je saurai ; gwéi, tu sauras, etc. Ils le laissent cependant au présent de l'indicatif, excepté à la première personne : Gonn, je sais.

(2) Pour avoir l'imparfait du subjonctif on n'a qu'à retrancher le *g* de chaque personne du conditionnel et la faire précéder de *ra*.
Exemples : Ra oufenn, ra wéfenn *ou* ra wéjenn, que je susse, etc.

INFINITIF.

Gouzout (Trég. gout), savoir

PARFAIT DE L'INF.

Béza gwezet *ou* béa gweet, avoir su

PARTICIPE PRÉSENT.

O c'houzout *ou* ô c'hout, sachant

PARTICIPE PASSÉ.

Gweet, gwiet *ou* gouvézet, su.

Conjugaison de **gouzout** *à l'impersonnel.*

INDICATIF.

94. Mé a oar, je sais
Té a oar, tu sais
Héñ a oar, il sait
Hi a oar, elle sait
Ni a oar, nous savons, etc.

IMPARFAIT.

Mé a wié, je savais
Té a wié, tu savais, etc.

PASSÉ DÉFINI.

Mé a wéaz, je sus
Té a wéaz, tu sus
Héñ a wéaz, il sut
Hi a wéaz, elle sut
Ni a wéaz, nous sûmes, etc.

FUTUR.

Mé a wézo *ou* mé a wéo, etc. } je saurai, etc.

CONDIT. PRÉSENT.

Mé a oufé
Mé a wéfé } je saurais, etc.
Mé a wéjé

(Il n'y a ni mode subjonctif ni mode infinitif à l'impersonnel).

Conjugaison de **gallout,** *pouvoir, au personnel.*

IMPÉRATIF.

95. Gall *ou* gell, puisses-tu
Gallet *ou* gallo
Gellet *ou* gello } qu'il, qu'elle puisse
Gallomp *ou* gellomp, puissions-nous
Gallid *ou* galled, puissiez-vous
Gallent *ou* gellent
Gallint *ou* gellint } qu'ils, qu'elles puissent

INDICATIF.

Gallann *ou* gellann, je peux
Gallez *ou* gellez, tu peux, etc.

IMPARFAIT.	IMP. DU SUBJONCTIF.	
Gallenn *ou* gellenn, je pouvais, etc.	Ra hallfenn	
	Ra hallzenn	
SUBJONCTIF PRÉSENT.	Ra halljenn	que je pusse, etc.
Ra helliñ *ou* ra halliñ } que je puisse, etc.	Ra hellfenn	
	Ra helljenn, etc.	

Ce verbe a tous ses temps et toutes ses personnes; mais il n'est pas irrégulier, quoiqu'il y ait deux manières de le conjuguer, puisqu'à l'infinitif on peut dire *gallout* ou *gellout*, et à la troisième personne du singulier du présent de l'indicatif on dit *gall* ou *gell*. Il faut cependant remarquer que l'on peut dire *gillid*, au lieu de *gallid* ou *gellid* (vous pouvez); *gilliz*, au lieu de *galliz* ou *gelliz* (je pus); *gilliñ*, au lieu *galliñ* ou *gelliñ* (je pourrai); *gilli*, au lieu de *galli* ou *gelli* (tu pourras), et *gillint*, au lieu de *gallint* ou *gellint* (ils *ou* elles pourront). Les Trécorrois changent en *c'h* le *g* du radical après les particules qui font varier les consonnes muables (c'est la seule manière de conjuguer régulièrement ce verbe), et les autres le changent souvent en *h*. (Trég.) Mé a c'hallo *ou* mé a c'hello, je pourrai; mé a c'hall *ou* mé a c'hell, je puis; ra c'halliñ *ou* ra c'helliñ, que je puisse, etc. (1).

Conjugaison de **kavout**, *trouver, au personnel.*

IMPÉRATIF.	INDICATIF.
96. Kav, kaf *ou* kéf, trouve	Kavañ, je trouve
Kavet *ou* kavo, qu'il, qu'elle trouve	Kavez, tu trouves
Kavomp, trouvons	Kav *ou* kéf, il *ou* elle trouve, etc.
Kavid *ou* kéved, trouvez	IMPARFAIT.
Kévent *ou* kavint } qu'ils qu'elles trouvent	Kavenn, je trouvais
	Kavez, tu trouvais

---

(1) Quand *gallout* est précédé d'une négation, il faut changer le *g* en *h* ou le retrancher : Né hallann két (et jamais né gallann két), je ne puis pas, etc.

Kavé *ou* kévé, il *ou* elle trouvait
Kavemp *ou* kévemp, nous trouvions
Kavec'h *ou* kavac'h, vous trouviez
Kavent *ou* kévent, ils *ou* elles trouvaient

PASSÉ DÉFINI.

Kiviz *ou* kaviz, je trouvais
Kafsoud *ou* kafchout, tu trouvas
Kavaz, il *ou* elle trouva
Kafsomp *ou* kafchomp, nous trouvâmes
Kafsot *ou* kafchot, vous trouvâtes
Kafsont *ou* kafchont, ils *ou* elles trouvèrent

FUTUR.

Kivinn *ou* kavinn, je trouverai
Kivi *ou* kavi, tu trouveras
Kavo, il *ou* elle trouvera, etc.

CONDITIONNEL.

Kaffenn *ou* kafchenn, je trouverais
Kaffez *ou* kafchez, tu trouverais
Kaffé *ou* kafché, il *ou* elle trouverait, etc.

Quand on prend *kav* pour radical (c'est aussi *kav* le radical de ce verbe), on peut conjuguer régulièrement ce verbe, excepté au passé défini et au conditionnel.

Conjugaison de **dléout**, devoir, *au personnel.*

97. Ce verbe est régulier, seulement il y a quelques personnes qui ont deux formes dont l'une est régulière et l'autre irrégulière ; voici cette forme irrégulière. On peut dire *dliiz*, au lieu de *dléiz* (je dus) ; *dliiñ*, au lieu de *dléiñ* (je devrai) ; *dlii*, au lieu de *dléi* (tu devras) ; *dliint*, au lieu de *dléint* (ils *ou* elles devront) ; ra *zliiñ*, au lieu de ra *zléiñ* (que je doive) ; ra *zlii*, au lieu de ra *zléi* (que tu doives).

Quand on conjugue ce verbe à l'impersonnel, on ne change guère le *d* en *z* après la particule *a* : Mé a dlé, et non pas mé a zlé, je dois ; mé a dléé, et non pas mé a zléé, je devais, etc.

Conjugaison de **lavarout,** dire, *au personnel.*

98. Dans ce verbe il y a quelques personnes qui ont une forme régulière et une forme irrégulière : voici la forme irrégulière de ces personnes. On dit souvent *livirid*, au lieu de *lavarid* (dites, ou vous dites) ; *liviriz*, au lieu de *lavariz* (je dis, passé défini) ; *livirinn*, au lieu de *lavarinn* (je dirai) ; *liviri*, au lieu de *lavari* (tu diras) ; *livirimp*, au lieu de *lavarimp* (nous dirons); *livirint* au lieu de *lavarint* (ils *ou* elles diront) ; ra *livirinn*, au lieu ra *lavarinn* (que je dise), etc. (Les Trégorois retranchent la syllabe *va* dans toutes les personnes et disent *laran*, au lieu de *lavaran* (je dis), etc.

Conjugaison de **karout,** aimer, *au personnel.*

99. En conjuguant ce verbe on peut dire *kirid*, au lieu de *karid* (aimez, *ou* vous aimez) ; *kiriz*, au lieu de *kariz* (j'aimai) ; *kirinn*, au lieu de *karinn* (j'aimerai); *kiri*, au lieu de *kari* (tu aimeras) ; *kirint*, au lieu de *karint* (ils *ou* elles aimeront) ; *kirimp*, au lieu de *karimp* (nous aimerons) ; ra *girinn*, ra *giri*, ra *girimp*, ra *girint*, au lieu de ra *garinn*, ra *gari*, ra *garimp*, ra *garint*.

Conjugaison de **lakaat,** mettre, *au personnel.*

IMPÉRATIF.	INDICATIF.
Laka *ou* lak, mets	Lakaann *ou* lakañ, je mets
Lakaet *ou* lako, qu'il, qu'elle mette	Lékéez *ou* lakez, tu mets
Lékéomp *ou* lakomp, mettons	Laka *ou* lak, il *ou* elle met
Lakid *ou* likid } mettez	Lékéomp *ou* lakomp } nous mettons
Laked *ou* lakéed }	Lakid *ou* likid } vous mettez
Lakaent *ou* lakaint } qu'ils, qu'elles mettent	Laked *ou* lakéed }
	Lékéont *ou* lakont { ils *ou* elles mettent

IMPARFAIT.

Lékéenn *ou* lakenn, je mettais
Lékéez *ou* lakez, tu mettais
Lékéé *ou* laké, il *ou* elle mettait
Lékéemp *ou* la-kemp } nous mettions
Lékéec'h *ou* la-kec'h } vous mettiez
Lékéent *ou* la-kent } ils *ou* elles mettaient

PASSÉ DÉFINI.

Likiiz *ou* lakiz, je mis
Lékézoud *ou* léké-joud } tu mis
Lékéaz *ou* lakaz } il *ou* elle mit
Lékézomp *ou* lékéjomp } nous mîmes
Lékézod *ou* léké-jod } vous mîtes
Lékézont *ou* léké-jont } ils *ou* elles mirent

FUTUR.

Likiinn *ou* lakiñ, je mettrai
Likii *ou* laki, tu mettras
Lakai *ou* lakaio } il *ou* elle mettra
Lakaimp *ou* lakfomp } nous mettrons
Lékéod *ou* lakafed } vous mettrez
Lakaint *ou* lakafont } ils *ou* elles mettront

CONDITIONNEL.

Lakafenn }
Lakajenn } je mettrais, etc.

SUBJONCTIF.

Ra likiinn }
Ra lakiñ } que je mette
Ra likii }
Ra laki } que tu mettes, etc.

IMPARF. DU SUBJ.

Ra lakafenn } que je misse,
Ra lakajenn } etc.

INFINITIF.

Lakaat *ou* lakout, mettre

PARF. DE L'INF.

Béa lakéet, avoir mis

PARTICIPE PRÉS.

O lakaat *ou* ô lakout, mettant

PARTICIPE PASSÉ.

Lakéet, laket, mis.

Remarque sur **anavéout**.

101. Les infinitifs *anavéout, anavézout, anavout* et *anaout* ont absolument la même signification, et répondent tous les quatre au verbe français *connaître;* ces quatre infinitifs (qui ne

sont en réalité que le verbe *anavézout* modifié par l'usage) ont chacun une conjugaison régulière; et les personnes ne peuvent avoir plusieurs formes de conjugaison que parce que l'infinitif a lui-même plusieurs formes.

Tableau des verbes dont l'infinitif seul est irrégulier.

RADICAL.	INFINITIF.
102. Berv il *ou* elle bout	Birvi, bouillir
Kendalc'h, il *ou* elle maintient	Kendere'hel, maintenir
Kréd, il *ou* elle croit	Kridi (*ou* krédi), croire
Kresk, il *ou* elle croît	Kriski *ou* kreski, croître
Krog, il *ou* elle mord	Kregi, mordre
Dalc'h, il *ou* elle tient	Derc'hel, tenir
Darempred, il *ou* elle fréquente	Darempredi, fréquenter
Debr, il *ou* elle mange	Dibri, manger
Desk *ou* disk, il *ou* elle apprend	Diski, apprendre
Digor, il *ou* elle ouvre	Digéri, ouvrir
Dimez / Démez } il *ou* elle se marie	Dimizi / Démézi } se marier
Doug, il *ou* elle porte	Dougen, porter
Galv, il *ou* elle appelle	Gérvel *ou* gervel, appeler
Gàn { il *ou* elle naît / elle enfante	Génel, naître, enfanter
Gôlô, il *ou* elle couvre	Golei *ou* gôlô, couvrir
Gor, elle couve	Gwiri *ou* gwéri, couver
Gwask, il *ou* elle presse	Gweskel *ou* gwaska, presser
Hanv, il *ou* elle nomme	Henvel, nommer
Harz, il *ou* elle résiste	Herzel, résister
Choum *ou* chom, il *ou* elle demeure	Chemel *ou* choum, demeurer
Lam, il *ou* elle ôte	Lémel, ôter

RADICAL.	INFINITIF.
Losk *ou* laosk, il *ou* elle lâche	Leùskel, lâcher
Losk, il *ou* elle brûle	Leski, brûler
Marv, il *ou* elle meurt	Mérvel, mourir
Méd, il *ou* elle moissonne	Médi, moissonner
Péd, il *ou* elle prie	Pédi, prier
Réd, il *ou* elle court	Rédek, courir
Rô, il *ou* elle donne	Rei, donner
Rog, il *ou* elle déchire	Regi, déchirer
Sav *ou* saô, il *ou* elle lève	Sével, lever
Skô, il *ou* elle frappe	Skei, frapper
Stok, il *ou* elle touche	Steki, toucher, heurter
Tav *ou* taô, il *ou* elle se tait	Tével, se taire
Tol, il *ou* elle jette	Teûrel, jetter
Tô, il *ou* elle couvre	Tei, couvrir (une maison, etc.)
Tor, il *ou* elle rompt	Terri, rompre, casser
Trô, il *ou* elle tourne	Trei, tourner

Tous ces verbes sont réguliers, excepté à l'infinitif, et pour les conjuguer on n'a besoin que d'en connaître la 3ième personne du singulier du présent de l'indicatif seulement, et de savoir la formation des temps, que j'ai donnée au n° 85.

DES VERBES DÉFECTUEUX.

103. Il y a en breton des verbes défectueux qui ne manquent que du présent de l'indicatif de la troisième personne du singulier, et ceux-ci, comme les autres (à l'exception de celui que je vais conjuguer ici) ne sont pas des verbes absolument défectueux, car les personnes et les temps, que l'on croit y marquer, ne sont pas inusités dans les quatre dialectes à la fois : en voici un seul qui est défectueux partout ; il n'a qu'un seul temps qui s'emploie pour tous les temps passés : il a la même signification et le même emploi que le verbe latin *inquam*, dis-je.

INDICATIF, IMPARFAIT, PASSÉ DÉFINI, ETC.

104. Em'ounn-mé, ém'oñ-mé
    ou ém'éz-ounn-mé } disais-je, dis-je, etc. (1).

Ém'out-té
Ém'é-out-té } dis-tu, disais-tu, dis-tu, etc.
Ém'éz-out-té

Ém'é-hañ
Ém'éz-hañ } dit-il, disait-il, dit-il, etc.

Ém'é-hi
Ém'éz-hi } dit-elle, disait-elle, dit-elle, etc

Ém'omp-ni
Ém'é-omp-ni } disions-nous, dîmes-nous, etc.
Ém'éz-omp-ni

Ém'hoc'h-hu
Ém'é-hoc'h-hu } dites-vous, disiez-vous, etc.
Ém'éz-hoc'h-hu

Ém'é-int
Ém'éz-int } disent-ils, disent-elles, disaient-ils, disaient-elles, etc.

Exemples : N'est-ce pas ici, disais-je *ou* dis-je, qu'il nous a vus? ha né d-eo kéd amañ, ém'onn-mé, en deuz hor gwélet? — c'est aujourd'hui, dites-vous, qu'il viendra, hiriô, ém'é-hoc'h-hu, é teûio ; je ne l'ai pas vu, dit-il, n'em euz kéd hé wélet, ém'éz-hañ, etc. (2).

VERBES PASSIFS.

105. Les verbes passifs se conjuguent en breton avec l'auxiliaire *béza* qui répond à l'auxiliaire être en français, et comme

---

(1) La première personne, soit du singulier, soit du pluriel, n'est pas usité au présent de l'indicatif : Venez ici, vous dis-je, deûd amañ a lavarann d'é-hoc'h (et non pas, deûd amañ, é m'onn-mé); c'est ici, disons-nous, qu'il a été, amañ é laromp éc'h eo bét (et non pas, amañ éc'h eo bét, ém'omp-ni), etc.

(2) Quand le sujet est un nom on dit *émé* : Je l'ai vu, dit Pierre. mé am euz gwéled anézhañ, émé Ber: en vérité je le ferai, dit mon frère, é gwiriouez, mé a raio anézhañ, émé va breur, etc.

ils n'offrent aucune difficulté dans leur conjugaison à celui qui sait conjuguer le verbe *béa* et connaît le participe passé du verbe, qu'il veut conjuguer, je me contenterai de donner quelques exemples seulement.

Exemples : Je suis aimé, mé a zo karet *ou* kared oñ ; j'étais vu, mé a oa gwélet *ou* gwéled é oann ; il était haï, héñ a oa kaséet *ou* kaséed é oa; nous fûmes envoyés, ni a oé kaset *ou* kased é oémp, etc. (Quand on met le participe passé avant l'auxiliaire, il faut mettre la particule *é* entre l'auxiliaire et le participe, excepté au présent de l'indicatif où l'on peut la mettre ou ne pas la mettre ; mais, si on la met, elle se change en *éz* ou en *éc'h* : kared éz ounn *ou* kared éc'h oñ, etc.)

EMPLOI DES TEMPS.

106. Le présent de l'indicatif, le conditionnel présent et les temps du subjonctif, peuvent offrir quelques difficultés dans leur emploi en breton ; les autres temps s'emploient comme en français, aussi je n'en dirai que quelques mots, si j'en parle.

PRÉSENT DE L'INDICATIF.

107. Le présent de l'indicatif français précédé de *si* conditionnel dans les verbes *être* et *avoir*, se rend par les temps *bénn*, *béz*, *bé*, *bémp*, *béc'h*, *bént* de *béa* (n° 77), et *am* ou *em bé*, *az* ou *ez pé*, *en dévé*, *é dévé*, etc., de *kaout* n° 75, si ce présent peut se tourner par le futur en français.

Exemples : J'irai te voir, si je suis arrivé à la maison pour dix heures : tournez, si je serai arrivé, etc., mond a riñ d'az kwélet, ma vénn arru er ger abenn dég heûr ; tu seras assez tôt, si tu es là avant lui, abréd avoalc'h é vi, ma véz éno (*ou* mar béz éno) arok d'éhañ ; j'irai, si le temps est beau, mond a riñ, ma vé brao ann amzer, etc. — Il viendra dimanche, si j'ai fait son chapeau pour ce jour là, dond a raio disùl, m'am bé (*ou* m'em bé) gred hé dog abenn ann dé-zé ; tu pourras aller à la foire, si tu as fait cela avant midi, mond a halli d'ar foar, m'az pé gred ann dra-zé arok krésté ; il aura gagné vingt francs pour samedi soir, s'il a bien travaillé, gonéed en déo ugent liour abenn désadorn da nôz, m'en dévé labouret mâd ; elle l'apportera, si elle l'a fait, hé zigas a rai, m'é dévé gred anéhañ, etc.

Mais on dira : Mac'h oñ évit distoka ann dra-zé, té a zo ivé, pa eo gwir éc'h oud kén kréïiv ha mé (si je suis capable de soulever cela, tu l'es aussi, puisque tu es aussi fort que moi), et non pas *ma vénn évit*, etc., car ici on ne peut pas dire *si je serai capable*, etc. — On ne dira pas non plus : M'am bé roet tri skoéd d'éhañ, em euz roed avoalc'h, pa eo gwir né dléañ némed ar gont-sé d'éhañ (si je lui ai donné trois écus, je lui en ai donné assez, puisque je ne lui dois que cette somme), il faut dire, m'am euz roet tri skoed, etc., car on ne peut pas dire en français, si je lui aurai donné trois écus, je lui en ai donné assez, etc.

Le présent de l'indicatif du verbe *être* et du verbe *avoir* se rend encore par *bénn, béz, bé, bémp, béc'h, bént* de *béza*, et *am* ou *em bé, az* ou *ez pé, en dévé, é dévé, hor bé, hô pé, hô dévé* de *kaout*, quand il est précédé de *quand* ou de *lorsque*, si *quand* et *lorsque* ne déterminent le temps que d'une manière générale.

Exemples : Quand je suis là *ou* lorsque je suis là, il n'ose rien dire, pa vénn éno, né gréd larét nétra (c'est-à-dire, quelque soit le temps où je me trouve là, etc.) ; quand tu as été *ou* lorsque tu as été à la maison, tu es toujours content, pa véz béd er ger, té a vé (1) atao stâd enn-oud ; quand *ou* lorsqu'il a perdu au jeu, il est toujours triste, pa en dévé kolled ò c'hoari, é vé atao trist ; quand *ou* lorsqu'elle a manqué, elle s'en va, pa é dévé faziet, éc'h a-kuit, etc. Mais on dira, pa oñ bét duzé, em euz hô kwélet (quand j'ai été chez vous, je vous ai vu), car ici on ne peut pas tourner *quand* ou *lorsque* par *quel que soit le temps où*, etc. ; on

---

(1) Quand il y a deux propositions où l'on emploie en breton les verbes *béz a* et *kaout* après *pa*, comme dans cette exemple, il faut se servir de *bénn, béz, bé* ou *bémp*. etc. dans les deux propositions : Quand il a réussi en quelque chose, c'est un plaisir de l'aborder ; pa vé deud a benn a eunn dra bennag é vé eur blijadur tostaat d'éhañ ; pa en dévé arc'hant en dévé c'hoant balé (quand il a de l'argent, il a envie de se promener), etc.

dira également pour cette même raison : Je vous ai parlé, quand *ou* lorsque je vous ai vu la dernière fois, komzed am euz ouzhoc'h, pa em euz ho kwélet da zivéza (ici on ne peut pas dire : je vous ai parlé, quel que soit le temps où je vous ai vu : le temps est bien déterminé), etc.

CONDITIONNEL PRÉSENT.

108. Le conditionnel présent français, après un temps passé, se rend ordinairement par le conditionnel présent breton terminé en *jenn, jez, jé, jemp, jec'h* ou *jac'h, jent (1)*.

Exemples : Il croyait que je serais là avant lui, krédi a ré é vijenn éno arok d'éhañ; il a dit, il avait dit qu'il me donnerait neuf francs pour faire cela, lared en deuz, lared en doa é rojé tri skoéd d'iñ évid ober zé, etc. (2).

L'auxiliaire du conditionnel passé, n'étant autre chose que le conditionnel présent avec le participe passé, est soumis à la même règle que le conditionnel présent : Il croyait que nous aurions été le voir, krédi a ré é vijemp béd ô wéled anéhañ; je pensais que vous l'auriez fait pour aujourd'hui, mé a zonjé hô pijé gred anéhañ abenn hirié; ils ont dit, ils avaient dit qu'ils seraient venus le trouver, lared ho deuz, lared ho doa é vijent deut d'hén kaout, etc.

SUBJONCTIF PRÉSENT.

109. Le présent du subjonctif, après une proposition négative se rend par le conditionnel présent breton terminé en *fenn, fez, fé, femp, fec'h* ou *fac'h, fent*, ou en *zenn, zéz, zé, zemp*, etc.

Exemples : Il ne croit pas que je puisse venir jusqu'ici, né gréd kéd é c'hallfenn dond béteg amañ; je ne pense pas que tu

---

(1) Si le conditionnel français n'est pas précédé d'un temps passé, on emploie le conditionnel terminé en *fenn, fez, fé, femp*, etc. : Je crois qu'il ferait cela, s'il le pouvait, krédi a rañ é rafé zé, ma c'hallfé, etc.

(2) L'imparfait français, précédé du *si* conditionnel, se rend par le conditionnel présent en breton : S'il y avait encore une heure, ma vijé cunn heûr c'hoaz (mot à mot, si serait encore une heure); si vous le faisiez pour demain, ma rafac'h anéhañ abenn var-c'hoaz, etc.

fasses cela bien, né zoñjañ kéd é rafez ann dra-zé mâd ; je ne dis pas que vous ne puissiez pas lui parler, né larañ két né hallfac'h két komz out-hañ, etc.

IMPARFAIT DU SUBJONCTIF.

110. L'imparfait du subjonctif français, après un temps passé, se rend par le conditionnel breton terminé en *jenn, jez, jé, jemp, jec'h* ou *jac'h, jent.*

Exemples : Je ne croyais pas qu'il fît cela, né grédenn kéd é rajé zé; pensiez-vous que je fusse venu jusqu'ici? ha zoñjal a rec'h-hu é vijenn deût béteg amañ? je ne croyais pas qu'ils pussent le trouver, né grédenn kéd é c'halljent hé gavout, etc.

Le plus-que-parfait du subjonctif est soumis à la même règle que l'imparfait : Avait-il pensé que j'eusse fait cela en si peu de temps ? ha zoñjed en doa em bijé gred ann dra-zé éñ kén neubeut-sé a amzer, etc.

Les temps dont je n'ai pas parlé n'offrent aucune difficulté, la traduction étant mot à mot ; et les difficultés qui s'offrent dans la construction des phrases, c'est dans la syntaxe qu'il faut les résoudre.

MANIÈRES DE FORMER CERTAINS VERBES QUI NE SE TROUVENT PAS DANS LE DICTIONNAIRE.

Il y a un assez grand nombre de verbes usités, dont l'usage est le seul dictionnaire (comme il y a aussi bien des substantifs qui ne se trouvent que dans l'usage).

HENT, CHEMIN; HEÑCHA.

111. Les noms terminés en *ent*, en *ont* ou en *ant*, deviennent verbes, si on change *t* en *cha.*

Exemples : Hent, chemin, heñcha, mettre en chemin, mettre sur la voie ; ant, fosse entre deux sillons ; añcha, faire une *ou* plusieurs fosses ; kant, cercle de crible *ou* de tamis ; kañcha kréio *ou* taouézio, mettre des cercles à des cribles *ou* à des tamis ; pont, pont ; poñcha, faire un *ou* plusieurs ponts, etc. Ces substantifs ont leur pluriel en *chou* (voy. le n° 13), et on peut presque toujours en faire des verbes en changeant en *a* la terminaison *ou* du pluriel, à moins qu'il n'en dérive déjà quelque verbe : alors il faut prendre garde, et voir si l'usage défend d'en faire dériver un autre verbe, comme dans l'exemple suivant : Kont, compte; on dit konta et non pas koñcha, compter, etc.

TUD, TUTA.

112. La plupart des substantifs, terminés en *d* au pluriel, peuvent devenir verbes, si on change *d* en *ta*.

Exemples : Tud, des personnes; tuta, chercher du monde (pour travailler); loéned, des bêtes; loenéta, chercher des bêtes; pésked, des poissons; peskéta, pêcher; goed, des taupes; goeta, chercher des taupes; aered, des couleuvres; aereta, chercher des couleuvres, etc.

Il est bon de remarquer que presque tous les noms singuliers en *er*, qui désignent des personnes (ou même des choses, si ces choses agissent, comme lorsqu'elles sont sujet d'un verbe actif), dérivent du présent de l'indicatif de la troisième personne du singulier de quelque verbe; et pour avoir cette troisième personne, on n'a qu'à retrancher *er* du nom terminé en *er* : les verbes, que l'on peut trouver en retranchant ainsi la dernière syllabe des noms en *er*, se trouvent généralement dans le dictionnaire, et n'ont pas tous la même terminaison à l'infinitif; mais ils sont réguliers, et, quand on a trouvé la troisième personne du singulier du présent de l'indicatif, on peut les conjuguer facilement : Baléer, marcheur; balé, il *ou* elle marche; komzer, parleur; komz, il *ou* elle parle; liper, écornifleur; hénnez a lip, celui-là fait l'écornifleur, mot à mot, celui-là lèche, etc.

KERC'HA AR MARC'H.

113. Kerc'ha, donner de l'avoine; plousa, donner de la paille aux bestiaux; meina eurré, jeter des pierres à quelqu'un; meinenna, empierrer; douara, mettre de la terre autour de, contre quelque chose; dotua, frapper d'une crosse, maltraiter; gwé-

nanenni, faire du bruit comme des abeilles ; bôdenni, réceler ; sadorni, n'avoir pas beaucoup, *ou* n'avoir rien de ce dont on fait le dimanche la provision pour la semaine (sadorni a ra ma butun, je n'ai plus de tabac, *ou* je n'ai pas beaucoup de tabac : on peut dire dans le même sens, ar zadorn a zo gand ma butun, mot à mot, le samedi est avec mon tabac) ; soc'hia, mettre un soc à une charrue ; soc'ha, s'arrêter, être à court, à quia (soc'hed eo, il ne sait que dire) : môra a ra ann amzer, le temps est couvert, c'est-à-dire le temps est comme si la mer s'était répandue dans l'air), etc. Ces verbes viennent des substantifs *kerc'h, plouz, mein* (pluriel de mén), *douar, dotu, etc.*

Comme c'est par l'usage seul que l'on peut apprendre à former ces verbes, je n'en parlerai pas davantage ; mais que l'on fasse peu d'attention à la critique de quelques-uns, qui soutiennent que tel mot n'est pas breton, parce qu'on ne le trouve pas dans le dictionnaire. Celui qui ne veut admettre que ce qui se trouve dans le dictionnaire, peut se disposer à rejeter plus de la moitié des mots bretons usités : les mots qui désignent des choses que l'on peut faire ensemble ou en concours ont une terminaison en *ek* qui se trouve rarement dans le dictionnaire, etc.

DE L'ADVERBE.

114. Il y a des adverbes de temps, de lieu, d'ordre, de quantité, de comparaison, et de qualité.

ADVERBES DE TEMPS.

115. Voici un tableau des adverbes de temps les plus usités, et dont l'emploi peut offrir quelques difficultés.

Eunn dro-all *ou* eur wéch-all } une autre fois

Gwéch-all *ou* gwéz-all } autrefois

Hirio, hirié *ou* hizio } aujourd'hui

Déc'h *ou* déac'h, hier

War-c'hoaz *ou* var-c'hoaz, demain

Bréma *ou* bremañ, maintenant

Héb-dalé *ou* bréma-zonn } bientôt

É-berr, éñ-berr *ou* em berr, tantôt (pour l'avenir)

Hiviziken *ou* enn amzer da zond } désormais

Alies *ou* lies-gwéch, souvent

Awéchou *ou* awijo } quelquefois

Rak-tâl, de suite

Kerkent, aussitôt

Bép-pred *ou* bépréd
Ato *ou* atao } toujours

Nép préd *ou* népréd, jamais (pour le présent).

Biskoaz, jamais (pour le passé)

Biken, jamais (pour l'avenir)

Neûzé, alors

Pégeit, combien, quelle durée

Kévléné *ou* er bloa-mañ } cette année

War-léné *ou* varléné ou bien er bloa-trémen } l'année passée, l'année dernière

Da vloa, er bloa a zo erru *ou* er bloa a zeu etc. } l'année prochaine, etc.

BISKOAZ N'AM EUZ GRET SÉ.

116. *Biskoaz* (jamais), se dit toujours du passé ; *nép préd* ou *népréd* se dit du présent, et *biken* se dit du futur.

Exemples : Biskoaz n'am euz grét sé, je n'ai jamais fait cela ; n'am euz gwéled anéhañ biskoaz, je ne l'ai jamais vu, etc. — Né glevañ népréd nétra euz ar péz a drémen, je n'entends jamais rien de ce qui se passe ; né gomz népréd ouz-iñ *ou* népréd né gomz ouz-iñ, il ne me parle jamais, etc. — Biken né viñ gwéled énô, jamais on ne me verra là ; na riñ biken ann dra-zé, je ne ferai jamais cela ; biken ne zeufé d'am gwélet goudé m'am béfé hé zigéméred er stumm-zé, il ne viendrait jamais me voir après que je l'aurais reçu de cette manière-là, etc.

BRÉMA PA OUD PINVIDIK, TÉ..

117. La conjonction *que*, après un adverbe de temps, se rend par *pa* (quand).

Exemples : Maintenant que tu es riche, tu es bien fier, bréma pa oud pinvidik, té a zo gwall c'hloriuz *ou* bréma pa oud pinvidik, éc'h oud gwall c'hloruz ; aujourd'hui que tu as été à Paris, tu ne te reconnais plus, brémañ pa oud béd éñ Pariz, n'en em anavéez kén, etc.

ENN DÉ N'AM BO NÉTRA DA OBER...

118. *Que* et *où*, après un nom de temps, se retranchent, si la proposition qui les suit est négative, et s'expriment par *ma*, si cette proposition est affirmative.

Exemples : Le jour que, *ou* le jour où je n'aurai rien à faire, je m'ennuierai, enn dé n'am bo nétra da ober, é viñ énaouet ; le temps où je ne faisais rien, j'étais malheureux, enn amzer na renn nétra, é oann reûzeûdik ; le jour où je vous ai vu à Morlaix, enn dé m'am euz hô kwéled éñ Mountroulez ; l'année où le blé était très-cher, er bla ma oa kér brûz ann éd, etc.

REMARQUE. Si le nom de temps est sujet d'une proposition, *que* se rend par *ha* (1).

Exemples : Un jour viendra que vous n'aurez pas tout à votre disposition, eunn dé a erruo ha né vo két kément-so enn hô kers ;

---

(1) Et *hag* avant une voyelle, excepté avant l'*i* suivi d'une voyelle.

il y a des temps que (ou bien il y a des temps où) les richesses sont un danger pour la vie de ceux qui les possèdent, béz' a zo amzerio hag éz eo riskluz (ou bien béa zo amzério hag é vé....) kaout pinvidigezio, etc.

AUTRE REMARQUE. Si *que* peut se tourner par *depuis que* après un nom de temps, il faut le retrancher ou l'exprimer par *abaoué ma* (ou né dans une proposition négative) : Il y a deux ans qu'il n'a rien fait, daou vloa zo n'en deuz gréd nétra; il y a trois ans que Pierre est mort, tri bloaz so eo maro Per, ou bien tri bloa a zo abaoé ma eo maro Per; il y a deux jours que je l'ai vu, daou dé a zo abaoué m'am euz hé wélet; il y a trois mois que je ne lui en ai pas parlé, tri miz a zo abaoué n'am euz két komzed out-hañ diwar-benn zé, etc.

ADVERBES DE LIEU.

119. Amañ, ici
Azé, là-prés
Ahont, là-loin
Énô, là, y (ibi)
Di, là, y (eò)
Tost *ou* néz, près
Pell, loin
Araok, devant, avant
Adré *ou* adréñ } derrière
Ébarz, dedans

É-meaz *ou* er-meaz, dehors
War-c'horré *ou* war-c'houré } dessus
Dindan *ou* indan, dessous
Oc'h-kréc'h *ou* d'ann-néc'h } en-haut
Ouz-traoñ *ou* d'ann-traoñ } en-bas
Dré-holl, partout
Néblec'h *ou* néb-lec'h, etc. } nulle part, etc.

AZÉ É KAVI ANÉHAÑ.

120 *Azé* se dit d'un endroit où se trouve celui à qui l'on parle, ou peu éloigné de celui qui parle; *ahont* se dit d'un endroit plus éloigné de celui qui parle que l'endroit où est celui à qui il parle; *énô* (là, y) se met avec un verbe qui n'exprime pas mouvement, et *di* se met avec un verbe qui exprime mouvement.

Exemples : Azé é kavi anéhañ, tu le trouveras là (où tu es, ou là dans l'endroit que je t'indique); ahond é vo gwélet, il sera vu là, là-bas ; mé a gomzo out-hañ énô, je lui parlerai là ; énô héu gwélinn, je l'y verrai ; mond a rinn di d'hô kerc'hat, j'irai là vous prendre ; rédeg am euz gret di ar muia m'am euz gallet, j'y ai courru le plus que j'ai pu, etc.

ADVERBES D'ORDRE.

121. Da genta, d'abord

Da-ziveza *ou* da-zivea } à la fin

Béb-eil-tro *ou* a béb-eil-tro } alternativement

Trô-ha-trô *ou* trô-é-tro } tour-à-tour

Trô-war-drô *ou* enn-drô-zrô } tout-autour

Mésk-é-mésk *ou* mésk-oc'h-mésk } pêle-mêle

Kévret, ensemble, etc.

(L'emploi de ces adverbes n'offre aucune difficulté).

ADVERBES DE QUANTITÉ.

122. Péd *ou* pégément } combien

Kalz *ou* meûr } beaucoup

É-leiz *ou* aleiz } à pleine mesure

Neûbeût, peu

Némeûr, guère

Awalc'h *ou* awalac'h } assez

Ré, trop

Mui *ou* muioc'h } plus

Neûbeûtoc'h, moins

Kément, autant

Lies-hini, plusieurs, etc.

PÉD A OU PÉGÉMEND A VUGALÉ.

123. Les adverbes de quantité veulent leur complément au pluriel, si ce complément est un nom de choses qui se comptent.

Exemples : Ré a gomzerien, trop de parleurs ; awalac'h a

gézek, assez de chevaux; péd (*péd* ne se dit jamais de la valeur; ainsi on ne dira pas *péd a dâl* ann dra-zé? combien vaut cela?) a vugalé *ou* pégémend a vugalé? combien d'enfants? kalz a dud, beaucoup de personnes; neûbeûd a dié, peu de maisons; né neuz két némeûr a dud énô, il n'y a pas beaucoup de personnes là, etc.

Exemples : Pégémend a zour, que *ou* combien d'eau, ou bien quelle quantité d'eau? (*péd* ne peut pas se mettre avant un nom de choses qui ne se comptent pas); kalz a zouar, beaucoup de terre (on peut dire aussi *kalz a zouarou* pour signifier plusieurs pièces de terre); ré a c'hloar, trop de gloire, etc.

ADVERBES DE COMPARAISON.

124. Evel, comme

Évèl-henn, comme ceci

Évèl-sé, comme cela

Évèl-hont, comme ce qui est là-bas

Er c'hiz-mañ *ou*
 er stum-mañ } de cette manière-ci

Er c'hiz-sé *ou*
 er-stum-zé } de cette manière-là

Ivéz, ivé *ou* ié, aussi (quoque, etiam)

Kér (avant les consonnes)
Kén (avant les voyelles) } si, tant, aussi, autant (tanto)

Mui *ou* muioc'h, plus (magis)

Kén, plus (avec une négation : Je ne marcherai plus, né valeiñ kén)

Ouc'h-penn *ou*
 ouz-penn } de plus

Gwaz *ou* gwasoc'h, pis

Gwell *ou* gwelloc'h, mieux

Gwell-ouc'h-gwell, de mieux en mieux

Fall-ouc'h-fall, de mal en pis

Neûbeûtoc'h, moins (minus)

Peuz, hogoz \
ou bien agoz } presque

War-drô, à peu près, etc.

Ces adverbes n'offrent pas beaucoup de difficultés dans leur emploi : il suffit de remarquer que les adverbes *neúbeútoc'h*, *mui* ou *muioc'h* n'entrent guère dans la formation du comparatif; ainsi on dira *furoc'h* et non pas *muioc'h fur* (plus sage) : Paol a zo gwiekoc'h évid Per, et non pas Paol a zo muioc'h gwieg evid Per, etc. Les deux formées sont bonnes ; mais je cite ce que l'usage préfère.

ADVERBES DE QUALITÉ.

125. Ces adverbes sont des adjectifs pris adverbialement ou des locutions adverbiales, composées de la préposition *gant* et d'un nom abstrait.

Exemples : Balé gorrek, marcher lentement ; ober pép tra gant furnez, agir sagement, etc.

Les adverbes, qui dénotent une bonne ou mauvaise qualité dans celui qui agit, comme *sagement, savamment, prudemment, sottement*, etc., se rendent en breton par *gant* et un nom abstrait : gant furnez, gant gwiziégez, etc.

DES PRÉPOSITIONS.

126. Il y a deux sortes de prépositions, les prépositions simples et les prépositions composées.

PRÉPOSITIONS SIMPLES.

127. A, euz *ou* \
euz a } de

Bété *ou* \
béteg } jusques

Kent, avant

Da, à

Dré, par

Dreist, par-dessus

É *ou* éñ \
Eñn, avant } dans, en
une voyelle

Énep, contre

Estr, de plus
Évit, pour
Gant, avec
Goudé, après
Hép, sans
Német, hormis, excepté
Néz, proche

Oc'h
Ouc'h } de, à, auprès,
Out } contre
Ouz
Rak, devant
War *ou* } sur, etc.
var

PRÉPOSITIONS COMPOSÉES.

128. Aboé *ou* abaoué, depuis (en parlant du temps).

Abenn, pour (en parlant du temps).

Aba, depuis (préposition peu connue).

Adal ma *ou* } dès que
  adalek ma

Adré da,
Adréñ da *ou* } derrière
  adrég da

Adreûz *ou* } au travers de, à travers le
  adreuz da

Adreuz, à travers

A du *ou* a } de côté, du côté de
  du da

Abiou *ou* } près de (en passant outre).
  abiou da

A éneb *ou* } contre, contrairement à
  a éneb da

A gichen, depuis, d'auprès de

A héd, le long de

A-iz da, a-uz da *ou* } au-dessus de
  a-iz, a-uz

Arog, arok da, avant, devant

A ziabarz, par-dedans

A ziaveaz, par-dehors

A ziouc'h da *ou* \
  a zioc'h da   } au-dessus de,

Daré da *ou* prést da, prêt à, près de

Diagent, auparavant

Didan, indan, dindan, sous, au-dessous

Digant, de, d'avec

Diouc'h *ou* dioc'h, d'après, selon

Dirak, en présence de

Diwar *ou* divar, de dessus

Diwar-benn *ou* divar-benn, touchant

Dré ann abek da, enn abek da, à cause de

Ébarz, dedans

Épad, émpad *ou* eñpad, pendant, durant

É kichen *ou* éñ kichen, auprès, à côté de

É kéver, *ou* éñ kéver, envers, à l'égard de

É kreiz *ou* éñ kreiz, au milieu de, etc., etc.

EMPLOI DES PRÉPOSITIONS SIMPLES.

129. Je parlerai, dans la syntaxe, des prépositions qui offrent le plus de difficultés dans la construction, et je ferai ici quelques remarques seulement sur celles dont l'emploi n'est pas difficile.

BÉTEG ENN-OÑ.

130. Bété (*ou* béteg, jusque) doit être suivi de *enn* avant un pronom personnel : Jusqu'à moi, bété enn-oñ *ou* béteg enn-oñ; béteg enn-oud, béteg enn-hañ, beteg enn-hi, béteg enn-omp, béteg enn-hoc'h, beteg enn-he. Mais on dira, bété ann ti *ou* béteg ann ti, le mot *ti* n'étant pas un pronom personnel, etc. (1).

Keñt, avant, doit toujours être suivi de *évit* avant un pronom

---

(1) Il y a certains mots qui ne sont difficiles à comprendre, que parce qu'ils ne peuvent pas être employés dans tous les cas où peuvent être employés les mots qui leur répondent en français, ou vice versâ : dans ces cas la difficulté est dans le choix, et non dans l'emploi : Depuis hier, aboé déc'h; depuis Paris jusqu'ici, a gichen Pariz béteg amañ (on ne peut pas dire, aboé Pariz, car le mot *aboé* ne se dit que du temps), etc.

personnel : Kend évid-oud, avant toi (et non pas kent-oud); kent evid-omp, avant nous, etc.

Le *que* après *d'autres, estr,* se rend par *évit* ou *éget :* D'autres que nous l'ont fait, estr évid-omp hô deuz gret-sé, etc.

EMPLOI DES PRÉPOSITIONS COMPOSÉES.

131. Les prépositions composées adré *ou* adrég, a dreuz, a du, a éneb, a glei, a héd, a iz *ou* a uz, arok, a zialben, a zioc'h, ébiou *ou* abiou, doivent toujours être suivies de *da* avant un pronom personnel.

Exemples : Avant moi, arok d'iñ (et non pas, arok-oñ); a glei d'éhañ, à sa gauche (et non pas, a glei hañ); a zialben d'é-omp, en nous prévenant, en allant au-devant de nous pour nous arrêter; tréméned eo abiou d'hec'h, il a passé près de vous, etc.

ABENN D'ANN TI-MAÑ.

132. *Abenn,* signifiant directement, et *var-éeun,* doivent toujours être suivis de *da :* Abenn d'ann ti-mañ, directement à cette maison; abenn d'he, directement à eux *ou* à elles ; var-éeun d'ar park, tout droit au champ; var-éeun d'éhañ, tout droit à lui, etc.

Remarque.

133. Toutes les fois qu'on a à traduire la conjonction *que* soit après une préposition, soit après un adverbe ou une conjonction, on a une locution conjonctive, ce qu'on appelle conjonction composée chez tous les auteurs bretons ; je ne pourrai donc pas donner ici la manière de rendre le *que* après ces mots, sans les confondre un peu avec les conjonctions composées. Cela est vrai; mais il est plus utile de faire quelques répétitions que de passer sous silence ce qui est difficile.

Le *que* après *depuis* se rend par *ma* dans une proposition affirmative, et se retranche, si la proposition est négative : Depuis que je l'ai vu, aboé m'am euz hé wélet, etc.

Le *que* après *dès* est soumis à la même règle : Dès qu'on est malade on ne peut pas travailler sérieusement, a gichen ma vér *ou* adalek ma vér klañv, né heller két labourat stard ; dès que l'on ne voit pas bien ce qu'on doit faire, on perd beaucoup de temps, a gichen na wéler két mâd pétra a zo dléet da ober, é koller kalz a amzer, etc.

Tant, si, tellement après un adjectif, un participe ou un adverbe, se rendent par *kén* (ou si l'on veut par *kér*, excepté devant une voyelle, un *d* ou un *t*) et le *que* se rend par *kén a* (1).

Il est tant fatigué, si fatigué, tellement fatigué, qu'il est mort d'épuisement, kén skuiz *ou* kér skuiz eo en em gavet, *ou bien* kén skuized eo, kén éo marvet gand ann dizéc'hidigez (*eo* n'est jamais précédé de *a*) ; il est si méchant qu'il faudra le mettre en prison, kén droug eo, kén a reñkfer hé lakaad é lec'h ma vo klenk war-n-hañ, etc.

Au point... que se rend par *kémcnt... kén a* après un verbe et par *kén... kén a* après un adjectif ou un adverbe : Il avait marché au point qu'il tomba de fatigue, kémend en doa baléet kén a gwéaz gand ar skuizder ; il est fort au point qu'il soulève un poids de six cents livres, kén kréñv eo kén a zistog eur poéz a c'hoec'h kant liour, etc.

DES CONJONCTIONS.

134. Les conjonctions sont simples ou composées, comme les prépositions. Les conjonctions simples sont celles qui s'expriment en un seul mot, comme *ha*, *et* (avant une consonne ou un *i* suivi d'une voyelle dans le même mot), et *hag, et* avant une voyelle ou un *h* : Iann ha Per, Jean et Pierre ; Per ha Iann, Pierre et Jean ; ann nôz hag ann dé, la nuit et le jour ; douar hag hâd, terre et semence, etc. Les conjonctions composées sont celles qui s'ex-

---

(1) Si la proposition est négative, on met *kén* seulement : ker skuiz eo kén né hall ober nétra, il est tellement fatigué, qu'il ne peut rien faire, etc.

priment en plusieurs mots, comme *ker kent ha ma* (ce ne sont autre chose que des locutions conjonctives), *dès que* ou *aussitôt que*, etc. Ces conjonctions sont souvent composées d'une préposition ou d'une conjonction simple et d'une autre particule.

Table des conjonctions simples.

135. Arré, encore
Bézet, béet, soit
Kément, tant, autant
Ként *ou* kentoc'h } plus tôt, plutôt
Kén, kér, si, tant, aussi
Koulz, aussi bien
É, ez *ou* ec'h, que
Égét *ou* évit, que
Éta, donc
Eo, si
Hogen, or (atqui)
Mes, mais (*mes* est un mot français bretonisé; mais tellement usité qu'il faut l'adopter)
C'hoaz, encore
Ivez, ivé *ou* ié, aussi (quoque, etiam)
Ma, que, soit
Mar, ma, mac'h, si (*si* conditionnel) (1)
Na *ou* nag, ni
Pa *ou* pac'h, quand
Pé, ou
Pélec'h, où, etc., etc.

Ces conjonctions occupent le même rang dans la phrase bretonne que les conjonctions qui leur répondent dans la phrase française; et, à l'exception de la conjonction *é* elles n'offrent aucune grande difficulté à celui qui sait construire une phrase française (il faut remarquer qu'il y a des mots qui sont conjonctions ou prépositions, selon que l'on construit la phrase de telle ou telle manière; ainsi le mot *évit* est conjonction, si on le met après un comparatif, et préposition, si on lui donne un complément. (Mé a zo biannoc'h evid-hoc'h, je suis plus petit que vous; mé a raio zé évid-hoc'h, je ferai cela pour vous, etc.)

AMAÑ EO É TEUAÑ.

136. La conjonction *que* après un adverbe suivi d'un verbe, ou

---

(1) En Trég., mac'h avant une voyelle : Mac'h a, s'il *ou* si elle va; mac'h anavéañ, si je connais, etc.

après le régime indirect d'un verbe suivi de ce même verbe, se rend par *é* avant une consonne ou un *i* suivi d'une voyelle, et par *éz* ou *éc'h* avant une voyelle (1).

Exemples : C'est ici que je viens, amañ eo é teuann *ou* amañ é teuann; c'est demain que je le ferai, var-c'hoaz eo é riñ ann dra-zé *ou* var-c'hoaz é rinn ann dra-zé (2); c'est à Morlaix que j'ai l'intention d'aller samedi, da Vontroulez eo é soñjann *ou* da Vontroulez é soñjann mond désadorn; c'est à celui qui a été ici ce midi que je le dirai d'abord, d'ann hini a zo bét amañ da gresté divéa eo a larinn zé da genta; il a dit à son père qu'il ira chez vous tantôt, laret enn deuz d'hé dâd éc'h aio (*ou* éz aio) duzé ém berr, etc.

Na se met avant les consonnes et avant *l'i* suivi d'une voyelle, et *nag* se met avant les voyelles : Na c'houi na mé, ni vous ni moi; nag hénnéz na Iann, ni celui-là ni Jean; na ién na tomm, ni froid ni chaud, etc.

Ma (*si* conditionnel) ne se met jamais avant *b, p, g;* il faut mettre *mar* avant ces initiales ou les permuter de fortes en faibles.

Exemples : Mar bévann *ou* ma vevann (et non pas ma bévann), si je vis; mar pédann (ici on ne peut pas changer le *p* en *b* pour le faire précéder de *ma*, puisque *ma* ne se met pas avant *b;* il faut donc dire, mar pédann), si je prie; gallout, pouvoir; ma c'hallann *ou* mar gallann, si je peux; garmat, pleurer; mar garmann *ou* ma c'harmann, etc.

---

(1) L'imparfait et le prétérit défini du verbe *béza* ne sont jamais précédés ni de *éz* ni de *éc'h*, car la particule *é* ne subit aucune permutation avant ces deux temps : Enô eo é oann (et non pas énô eo éz oann *ou* éc'h oann), c'est là que j'étais; amañ eo é oénn gwélet déc'h, c'est ici qu'on me vit hier, etc.

(2) Quand même il n'y aurait pas de *que* en français après l'adverbe ou le régime indirect du verbe, la conjonction *é, éz* ou *éc'h*, s'exprime en breton dès que l'adverbe ou le régime indirect précède le verbe : Je viens ici, amañ é teuañ je le lui dirai, d'éhañ é lariñ zé ; j'irai chez vous, duzé éc'h iñ *ou* duzé ézinn, etc.

Table des conjonctions composées.

137. A hend-all, d'ailleurs
A véc'h, }
A boan } à peine
Adarré *ou* adâré, encore
Bété ma *ou* béteg ma, pourvu que
Bété na } pourvu
Bétég né } que ne
Bézet pé né vézet (1), quoi qu'il en soit
Kément ha ma, autant que
Kén-neûbeûd, non plus, pas plus
Kén neûbeûd ha ma, aussi peu que
Kérként ha ma, aussitôt que
Kér koulz ha ma, aussi bien que
Kouskoudé *ou* }
Koulskoudé } néanmoins
Da-laret-eo, c'est-à-dire
Da-ouzoud eo, c'est à savoir
Daoust, savoir
Da-viana *ou* da- } du moins,
neûbeûta } au moins
Dal ma *ou* a dal ma, dès que
Daoust ha, savoir si

Daoust pégén *ou* }
neuz fors pégén, } quelque
Daoust péger *ou* } que
neuz fors péger }
Dré ma, parce que, à mesure que
Dré-zé, par conséquent
É kément ha ma *ou* éñ kément ha ma, en tant que
É keit ha ma *ou* éñ keit ha ma, pendant que
É lec'h ma, au lieu que
Épâd ma, éñ pâd ma *ou* em-pâd ma, pendant que
Enn abek ma, abalamour ma, parce que
Enn-divez, enfin, à la fin
Er fin, à la fin
Enn eur gér *ou* }
enn eur gir } en un mot
Avâd *ou* afâd, mais (autem)
Ével ma, ainsi que
Ével-sé *ou* }
gant-sé } par conséquent
Évit gwir, à la vérité
É gwirionez *ou* éñ } en vérité,
gwirioné } en effet

---

(1) Au lieu de *bézet pé né vézet* ou *béet pé né véet* on dit souvent *neuz fors pétra a c'hoarvéo* ou *neuz fors pénoz é vô ar béd* : Quoiqu'il en soit, j'irai à la foire, *neuz fors pétra a c'hoarvéo ou neuz fors pénoz é vo ar béd, éc'h iñ d'ar foar*, etc.

Er-c'hiz ma, de la manière que
Évit ma, afin que, pour que
Évit na *ou* évit né, afin que ne
Gant ma, pourvu que
Gant na *ou* gant né, pourvu que ne
Goudé holl, après tout, au surplus
Goudé ma, après que
Goudé na *ou* goudé né, après que ne
Héb arvar, héb doétañs, sans doute
Héb-mar, absolument, sans condition
Német ma, sinon que, excepté que
Neuz fors pé é.... pé é { soit que.. *ou* que soit que.. soit que
Neuz fors pégén neûbeût é, pour peu que
Neuz fors pégen (*ou* péger), quelque.... que

O véa ma, ô véza ma, enn avani ma, de ce que
O véza na *ou* ô véza né,
O véa na *ou* ô véa né } de ce que... ne
Oc'h-penn ma *ou* ouz-penn ma, outre que
Oc'h-penn na (*ou* né) *ou* ouz-penn na (*ou* né) } outre que ne
Pélec'h-bennak ma, en quelque lieu que
Pétra-bennak ma, quoique, bien que
Rak-sé *ou* ha gant-sé } c'est pourquoi, etc.

Il y a d'autres conjonctions composées que l'on peut trouver dans le dictionnaire.

L'emploi des conjonctions composées, qui offrent des difficultés, sera donné dans les numéros suivants.

GAND NA GOUÉZIÑ KÉT.

138. La particule *ma* d'une conjonction composée se retranche toujours dans une proposition négative (1).

---

(1) La particule, *ma*, qui sert à rendre le *que* dans plusieurs locutions conjonctives, ne peut se trouver qu'avant un verbe : Allez aussi loin que vous voudrez, éd keit ha ma kerfed ; pourvu que vous le fassiez, bété m'her gréfed (on ne dit pas, mé a iélo keit ha ma c'houi, il faut dire en retranchant *ma*, mé a iélo keit ha c'houi, j'irai aussi loin que vous, la locution conjonctive n'étant pas suivie d'un verbe), etc.

Exemples : Pourvu que je ne tombe pas, gand na gwézinn két *ou* gant né gouézinn két (et non pas gand ma na gouézinn két); je l'avais caché afin que Pierre ne le vit pas, kuzed em boa anéhañ évit na vijé kéd (*ou* évid né vijé kéd) gwélet gant Per, ou bien kuzed em boa anéhañ abalamour na vijé két gwélet gant Per, etc.

Remarque. *Avéc'h* et *aboan* veulent toujours être suivis du verbe *béa* qui doit avoir un pronom personnel précédé de *da* pour régime indirect : J'étais à peine arrivé là que je fus obligé de m'en retourner ; tournez, à peine était à moi être arrivé là..., avéc'h *ou* aboan é oa d'iñ *béa* erru éno, é reñkiz dond kuit; à peine eut-il dit un mot qu'on l'accusa d'avoir menti ; tournez, à peine fut à lui avoir dit un mot, il fut accusé d'avoir menti, aboan *ou* avéc'h é oé d'éhañ béa lared eur gomz, é oé tammallet d'éhañ béa laret gevier, etc.

Quelque, quel ou *quelle* avant un nom suivi de *que*.

139. *Quelque, quel* et *quelle*, avant un nom suivi de *que*, se rendent par *neuz fors péhini* (*ou* daoust péhini; mais *neuz fors péhini* est plus usité) : au lieu de *péhini* on peut mettre quelquefois *pé* ou p*etra*, neuz fors pé...., neuz fors pétra...

Exemples : Quelque parti que vous preniez, vous ne ferez tort à personne, neuz fors péhini a vo hò ràtoz, né réfed gaou ouz dén ; quel que soit le cheval que vous achetiez à la place de celui que vous avez, il ne sera pa meilleur que celui-ci, neuz fors péhini marc'h, *ou* neuz fors pé varc'h a brénfed é lec'h ann hini hoc'h euz, né vo kéd well évid hémañ ; quelle que soit la bête qui entre ici, personne ne peut la réclamer, neuz fors péhini loen *ou* neuz fors pé loen a zeu amañ, dén né hall lared eo d'éhañ, etc.

Remarques. *Quelque chose que* ou *quel que soit la chose que*, *neuz fors pétra a* : Quelque chose qu'il arrive (*ou* quoi qu'il arrive), on sera prêt, si on s'est préparé d'avance, neuz fors pétra a erruo, é véfer prést, ma vér en em brésted a ziarok ; quelle que soit la chose que vous fassiez, faites la bien *ou* quelque chose que vous fassiez, faites-le bien, neuz fors pétra a réfed, gred anéhañ er-fàd, etc.

Quelque part que, en quelque lieu que... en quelque endroit que, neuz fors pélec'h é ou *neuz fors é pé lec'h é* (ubicumque), *quelque part que*, etc. (avec mouvement pour aller), *neuz fors da bélec'h é* (quòcumque) ; *de quelque endroit que*, etc., *neuz fors a bélec'h é* (undecumque) : Quelque part que vous soyez, soyez toujours sage, neuz fors pélec'h é véfed *ou* neuz fors éñ pélec'h é véfed, béd fur atao ; quelque part qu'il aille, je le suivrai, neuz fors da bélec'h éc'h aio, mé a *heûillo* 'anéhañ ; de quelque part que vous veniez, il sait toujours où vous avez été, neuz fors a bélec'h é teûd, goud a ra atao pélec'h é véc'h bét, etc.

QUELQUE GRANDE QUANTITÉ QUE.

140. *Quelque grande quantité que* se rend par *neuz fors pégémend a ;* et *quelque quantité que,* signifiant une quantité quelconque, grande ou petite, se rend par *neuz fors pé galz pé neûbeûd a,* ou par *neuz fors pégément pé bégén neûbeûd a.*

Exemples : Quelque grande quantité de blé que vous lui vendiez, vous ne remplirez pas son magasin, neuz fors pégémend a éd a werzfed d'éhañ, né leungfed kéd hé vagajin ; quelque quantité de vîn qu'il ait dans son magasin, il n'en a ni trop ni trop peu, puisqu'il peut toujours en vendre autant et aussi peu qu'il veut, neuz fors pé galz pé neûbeûd a win a zo enn hé vagajin, né neuz na ré na ré neûbeûd, pa eo gwir é c'hall atao gwerza kémend ha kén neûbeûd ha ma kar, etc.

QUELQUES... QUE, QUELS OU QUELLES QUE SOIENT... QUE.

141. *Quelques,* avant un nom pluriel suivi de *que,* se rend par *neus fors pégémend a,* et *quels* ou *quelles que* soient..., avant un nom pluriel suivi de *que,* se rendent par *neuz fors péré a.*

Exemples : Quelques services que vous rendiez à un ingrat, vous ne lui en rendrez jamais assez, neuz fors pégémend a blijadur (*plijadur* est dans ce sens plus usité au singulier qu'au pluriel) a réfed da eunn dén dianaoudek, né réfed biken avoalc'h d'éhañ; quelques biens que vous possédiez, vous n'avez pas un bonheur parfait, *neuz fors pégémend a vado a zo enn bô kers, n'eo két peur-c'hred hoc'h evuruzted*; quels que soient les chevaux que vous avez l'intention d'acheter, ils ne seront pas plus beaux que ceux que vous avez, *neuz fors péré kézeg hoc'h euz soñj da bréna, né véfont két kaerroc'h évid ar ré hoc'h euz*; quelles que soient vos juments, elles ne valent pas celles de votre frère, *neuz fors péré kézégenned eo bô ré, né dalvont két ré hô preùr*, etc.

Quelque AVANT UN ADJECTIF, UN PARTICIPE OU UN ADVERBE SUIVI DE QUE

142. *Quelque* avant un adjectif, un participe *ou* un adverbe suivi de *que*, se rend par *neuz fors péyén* ou par *neuz fors péger* (*neuz fors péger* ne peut se mettre ni avant une voyelle ni avant un *d* ni avant un *t*).

Exemples : Quelque charitable que vous soyez, vous pourrez avoir plus d'un ennemi, *neuz fors pégén karantezuz oc'h ou neuz fors péger karantezuz oc'h, é c'helled kaoud ouz-penn eunn énébour*; quelque instruit qu'il soit, il peut s'instruire encore, *neuz fors pégén disked eo, é c'hall diski c'hoaz*; quelque bien fait qu'il soit, on peut le perfectionner encore, *neuz fors pégén màd eo gret, é c'helleur kaoud enn-hañ c'hoaz eunn dra-bennak da beur-ober*, etc. (on peut dire aussi, *pégén karantezuz-bennag oc'h..., pégén disket-bennag éo,... pégén mád-bennag eo gret..*, etc.).

Quiconque, qui que ce soit qui, neuz fors piou ou *piou-bennak*: *qui que je sois* ou *qui que je puisse être, neuz fors piou oñ* ou *piou-bennag ec'h oufenn béa*; *qui que tu sois, neuz fors piou oud* ou *piou-bennag éc'h oufez bea*; *qui que nous soyons, neuz fors piou omp* ou *piou-bennag éc'h oufemp béa*; *qui que vous soyez, neuz fors piou oc'h* ou *piou-bennag éc'h oufec'h béa*: Quiconque vous a dit cela s'est trompé, *neuz fors piou en deuz laret sé d'é-hoc'h a zo en em dromplet ou piou-bennag en deuz laret sé...*; tu peux m'ouvrir, qui que je sois, *galloud a réz digeri* d'iñ, neuz fors piou oñ *ou* piou-bennag éc'h oufenn béa ; entrez, qui que vous soyez, deûd-ébarz neuz fors piou oc'h *ou* piou-bennag éc'h oufec'h béa, etc.

GORTOED KÉN A VIÑ ERRU.

143. *Jusqu'à ce que* se rend par *kén a :* Attendez que je sois arrivé, gortoed kén a viñ erru ; il le continuera jusqu'à ce qu'il l'ait terminé, derc'hel a raio var-n-hañ kén a vo peur-c'hret ; cela restera jusqu'à ce que vous le fassiez, ann dra-zé a chommo da ober kén a réfed anéhañ, etc.

NEUZ FORS PÉGÉN HIRR É RI ANÉHAÑ... ETC.

144. *Neuz fors pégen...* ou *neuz fors péger...* et *neuz fors pé...* doivent être suivis de *é* avant un verbe (c'est-à-dire que le *que* d'une locution conjonctive française se rend par *é* en breton, quand on traduit la locution française par *neuz fors pégen... neuz fors péger...* ou *neuz fors pé...*).

Exemples : Quelque long que tu le fasses, il sera plutôt trop court que trop long, neuz fors pégén hirr (*ou* pégeit) é ri anéhañ, é vo kentoc'h ré verr évit ré hirr ; quelque beau qu'il soit, on trouvera assez d'argent pour le payer, neuz fors pégén kaer é vo, é vo kaved arc'hand avoalc'h d'hén paca ; que j'aille chez vous ou que vous veniez chez nous, il ne coûtera ni plus ni moins, neuz fors pé éc'h iñ duzé pé é teûfed dumañ, né gousto na muioc'h na neûbeûtoc'h ; son cheval n'est pas une bonne bête, quelque fier qu'il en soit, hé varc'h n'eo kéd eul loen màd, neuz fors péger gloruz eo gant-hañ (*ou* neuz fors péger gloruz éc'h oufé béa gant-hañ), etc.

NEUZ FORS PÉGÉMENT *ou* PÉGÉMENT-BENNAK.

145. *Neuz fors pégément* et *pégément-bennak* doivent être suivis de *a,* s'ils ont un complément *ou* s'ils sont sujet d'un verbe.

Exemples : Quelques richesses que vous ayez, neuz fors pégémend a binvidigez *ou* pégément-bennag a binvidigez hoc'h euz ;

peu importe quel en est le nombre, neuz fors pégémend a zo anhe *ou* neuz fors pé galz pé neûbeûd a zo anhe, etc.

NEUZ FORS D'IÑ PÉGÉMENT BALÉ… ETC.

146. Après *neuz fors pégémend, neuz fors pégén…* ou *neuz fors péger…*, on peut toujours prendre cette tournure qui est très-usitée : Donner le sujet du verbe pour complément à *neuz fors pégément,* à *neuz fors pégén* ou à *neuz fors péger*, et mettre le verbe à l'infinitif sans préposition (le sujet du verbe doit être alors précédé de *da*).

Exemples : Neuz fors d'iñ pégément balé (au lieu de, neuz fors pégémend é valéañ), na skuizañ két, peu importe combien je marche…); neuz fors da eunn dén koz pégén grén béa né hall két béa éñ-sell da vond pell kén (au lieu de, neuz fors péger grén é vé eunn dén koz, né hall két…), quelque dispos que soit un vieillard, il ne peut pas s'attendre à vivre longtemps désormais (mot à mot, n'importe à un vieillard combien être dispos…), etc.

REMARQUE. Quand le mot *pégément* a un complément exprimé ou sous-entendu, l'infinitif doit être précédé de *da* : Neuz fors d'éhañ pégémend (pé bégén neûbeûd) a lalour da gaout, peurc'hred é vé hé zévez pa erru ann nôz, quelque besogne qu'il ait, sa journée est finie quand la nuit arrive (mot à mot, n'importe à lui combien (ou combien peu) de besogne à avoir…) ; neuz fors d'iñ pégément da ober, né vo két ré anhe, quelque grande quantité que j'en fasse, il n'y en aura pas trop (dans ce dernier exemple il y a un complément sous-entendu, et c'est pour cela que *ober* est précédé de *da)*, etc.

REMARQUE SUR LES PARTICULES *a* ET *é*.

147. Il n'est pas rare de rencontrer, dans la plupart des ouvrages bretons, les deux particules *a* et *é* employées l'une pour l'autre de manière à faire des extra-sens et, quelquefois, des contre-sens. Pour éviter ces fautes, que l'on ne trouve que chez des traducteurs, il suffit d'appliquer les règles et les remarques

que j'ai faites sur la conjonction *é* au numéro qui suit immédiatement la table des conjonctions simples, aux numéros où je donne la manière de rendre le *que* français après les locutions conjonctives, et au chapitre du *que retranché*, où je dis quand il faut exprimer ou retrancher le *que* entre deux propositions ; quand on saura l'emploi de l'une de ces deux particules, on ne mettra pas l'une à la place de l'autre ; on aimera mieux ne pas traduire que faire des contre-sens, si on ne sait pas exprimer correctement ses pensées.

Quant à la particule *a*, elle rend presque toujours le *que* et le *qui* relatifs français (tandis que *é* ne peut jamais rendre ces relatifs), elle précède les verbes conjugués à l'impersonnel, excepté dans les quelques cas que j'ai mis hors de la règle ; elle précède également le complément d'un adverbe de quantité, et de bien d'autres mots, qui n'offrent, dans leur emploi, aucune difficulté dont je n'aie donné la solution.

Gand ar muzul é rofed d'ar ré-all é vo roet d'hec'h, on vous donnera avec la mesure dont vous vous serez servi pour donner aux autres ; gand ar muzul a rofed d'ar ré-all, é vo roet d'hec'h ; on vous donnera avec la mesure que vous donnerez aux autres ; d'ann hini é vo goulennet é roiñ, je donnerai à celui pour qui on demandera ; d'ann hini a vo gonlenned é roiñ, je donnerai à celui qui sera demandé, etc.

DES INTERJECTIONS.

148. Les interjections n'ont en breton aucune difficulté pour celui qui sait les employer en français, c'est pourquoi je me contenterai d'en donner ici le tableau seulement.

Tableau des interjections.

149. Aa ! ha !
Ai, aiou, aioou, ai Doué ! aï, ah mon Dieu !

Aou! ouf!
Ai-ta, dao d'ehi, béc'h d'ehi! allons donc, courage!
Ac'ha, ô c'hò! eh bien!
Ac'hañ-ta! eh bien donc!
Ac'h, fec'h, faé, foei! fi, fi donc!
Allaz, siouaz! hélas!
Màd! bon! bien!
Téc'h, diwall! gare!
Hô! ho!
Gwaé, ia-da, ie-da! ouais, oui da!
Péoc'h! paix!
Grik, mik! silence, mot!
Holla-ta! attention!
Harao! haro!
Asa, arsa! çà!
Braó, braó! bravo, vivat!
Gwâ, gwaz da! malheur à! etc.

FIN DE LA PREMIÈRE PARTIE.

GRAMMAIRE BRETONNE

DEUXIÈME PARTIE

SYNTAXE BRETONNE

La syntaxe est la manière de joindre ensemble les mots d'une phrase et les phrases entre elles.

Il y a deux sortes de syntaxes : la syntaxe *d'accord*, par laquelle on fait accorder deux ou plusieurs mots en genre et en nombre; et la syntaxe de *régime*, par laquelle un mot régit un autre mot à tel mode, etc.

Avant de commencer la syntaxe des noms, il est très-utile de parler de l'article déterminatif, employé avant un nom sans complément, pour faciliter l'emploi de ce même article avant un nom complément ou un nom qui a un complément, et pour faciliter en même temps la syntaxe des noms, qui consiste presque entièrement dans l'emploi de l'article déterminatif avant les noms compléments et les noms sans complément.

NOMS COMMUNS.

ART. TI.

1*. Les noms communs sans complément peuvent toujours être précédés de l'article en breton (1).

---

(1) Quand le nom français n'est pas précédé de l'article, le nom breton ne doit pas l'être non plus (cette remarque ne s'étend qu'aux noms qui sont soumis à la règle de ce premier numéro).

Exemples : La maison, ann ti ; le champ, ar park ; les murs, ar mogerio ; l'auge, al laouer, etc.

Les noms qui ont un complément, et dont le complément est précédé d'un adjectif possessif, ou se mettrait au génitif en latin, si on le traduisait, ne peuvent jamais être précédés de l'article en breton : Le chapeau de Jean, tog Iann, et non pas, ann tog Iann ; l'extrémité de mon doigt, penn ma biz, et non pas ar penn ma biz ; le livre de Paul, léor Paol, et non pas, al léor Paol ; le mur du jardin, moger al liorz, et non pas, ar voger al liorz, etc.

Mais on dira avec l'article : Le chapeau de paille que vous m'avez fait, ann tog plouz hoc'h euz gret d'iñ, et non pas, tog plouz hoc'h euz gret d'iñ, parce qu'ici le mot *paille,* qui est le complément de *chapeau,* n'est pas précédé d'un adjectif possessif, et il ne se mettrait pas non plus au génitif en latin, etc. Voy. les numéros 5*, 6* et 9*.

ANN TI-MAÑ.

2*. Les noms communs, précédés d'un adjectif démonstratif en français, sont toujours précédés de l'article en breton.

Exemples : Cette maison, ann ti-mañ ; ce champ-là, ar park-sé ; cette auge est grande, al laouer-zé a zo brâz ; cet homme est savant, ann dén-zé a zo gwiziek, etc. (voy. les nos 13* et 14*).

REMARQUE. Les mots *otro,* monsieur ou seigneur ; *itroñ,* madame ; *dimézel,* mademoiselle, sont précédés de l'article, quand ils ne sont pas en apaspostrophe.

Exemples : Monsieur le recteur me l'a dit, ann aotrou person en deuz hé lavaret d'iñ ; Monseigneur l'évêque l'a approuvé, ann otro 'n eskop en deuz hén aotréet ; madame est allée à Paris, ann itron a zo et da Bariz, etc.

Mais on dira sans article, pétra a léret-hu a gément-sé, otro person? qu'en dites-vous, monsieur le recteur? (dans ce dernier exemple le mot otro est en apostrophe).

NOMS PROPRES.

AR IANN.

3*. L'article qui précède un nom propre de famille, doit toujours être traduit, quand bien même ce nom propre ne serait pas originairement breton. Quant aux noms bretons francisés, qui étaient auparavant précédés de l'article en breton, il faut mettre de nouveau l'article avant eux, si on les rebretonise.

Exemples : Le Jean, ar Iann ; le Grand, ar Brâz ; le Guilïou, ar Gwilou ; le Jeune, ar Iaouank, etc.

AR RUSI.

4*. Les noms propres de pays que l'on bretonise, doivent être précédés de l'article en breton, s'ils le sont en français.

Exemples : La Russie, ar Rusi ; l'Italie, ann Itali ; l'Espagne, ar Spagn ; l'Europe, ann Urop, etc.

Si le nom de pays n'est pas bretonisé, c'est-à-dire, s'il est originairement breton, il ne doit pas être précédé de l'article.

Exemples : L'Angleterre, Brô-Zauz (et non par, ar Vrô-Zauz) ; la Basse-Bretagne, Breiz-Izel (et non pas ar Vreiz-Izel) etc.

ENN ITALI.

5*. L'article français, étant précédé d'une des prépositions *en*, *dans*, cet article et cette préposition se rendent par l'article composé *enn*, *er* ou *el*, si le nom breton peut être précédé de l'article, ou s'il commence par une voyelle ou un *h*.

Exemples : Dans l'Italie, enn Itali ; dans le champ, er park ; dans l'auge, el louer ; en l'air, enn ear, etc. Si le nom breton ne peut pas être précédé de l'article, on retranche l'article français et on rend *en*, *dans* par *éñ* en Trég., et par *é* ailleurs.

Exemples : Dans le champ de mon père, éñ park ma zàd, *ou* é park va zàd (ici le mot *park* ne peut pas être précédé de l'article, car il a un complément), etc.

ROED D'IÑ BARA.

6*. *Du, de la, des,* avant un nom partitif, ne s'expriment point en breton.

Exemples : Donnez-moi du pain; tournez, donnez-moi pain, roed d'iñ bara ; j'ai de la viande, mé am euz kik ; j'ai vu des chevaux là, gwéled em euz kézeg azé, etc.

DE L'ARTICLE AVANT L'INFINITIF.
AR BALÉ A ZO DIEZ D'IÑ.

7*. En breton on peut mettre l'article avant l'infinitif, comme on le fait en grec, et l'infinitif devient alors substantif.

Exemples: Je marche difficilement, ar balé a zo diez d'iñ (mot à mot, le marcher est difficile à moi); je ne puis plus courir, ar c'herzad a zo et digan-éñ (mot à mot, le courir est allé d'avec moi); il est plus difficile de monter que de descendre, diesoc'h eo ar zével évid ann diskenn ; il faut prier Dieu, ar pédi Doué a zo réd, *ou* ar pédi Doué a zo eunn dra kag a zo réd (le prier Dieu est nécessaire, ou le prier Dieu est une chose qui est nécessaire), etc.

SYNTAXE DES NOMS.
ACCORD DE DEUX NOMS.
LOIZ ROUÉ.

8*. Quand deux ou plusieurs noms désignent une seule et même personne, une seule et même chose, ces noms s'accordent en genre et en nombre.

Exemples : Louis roi, Loiz roué; Louis et Pierre marchands, Loiz ha Per marc'hadourien ; Marie reine, Marie rouanez; Marie et Anne reines, Marie hag Anna rouanézed ; Quemper et Morlaix villes de France, Kemper ha Montroulez kerio a Vro-C'hall, etc.

KER PARIZ *ou* AR GER A BARIZ.

9*. *De,* entre le mot *ville* et le nom propre d'une ville, se retranche ou s'exprime par *a;* mais on ne peut l'exprimer par *a* que lorsque le mot *ker* est précédé de l'article en breton.

Exemples : La ville de Paris, ker Pariz *ou* ar ger a Bariz; la ville de Rome, ker Romm *ou* ar ger a Romm; la ville de Lyon est grande, ker Lion a zo bràz *ou* ar ger a Lion a zo bràz, etc.

RÉGIME DES NOMS.

10*. Lorsque *de, du, de la, des,* sont entre deux noms dont le premier a le dernier pour complément, on les retranche, si le nom complément ne peut pas être précédé de l'article en breton (Voy. le n° 1*).

Exemples : Le livre de Pierre, léor Per; les habitants de la Basse-Bretagne, tud Breiz-Izel; le reine d'Angleterre, rouanez Brô-Zauz, etc. (1).

TUD AR PIÉMOÑD.

11*. Lorsque *de, du, de la, des,* sont entre deux noms dont le premier a le dernier pour complément, on les exprime par l'article, si le nom complément peut être précédé de l'article en breton.

Exemples : Les habitants du Piémont, tud ar Piémoñd; le roi d'Espagne, roué ar Spagn; la grammaire de Le Gonidec, grammer ar Gonidek; le climat de la Turquie, brô ann Turki; la mer des Antilles, mòr ann Antilio; les murs du jardin, mogerio al liorz, etc.

TUD TURKI ANN AZI.

12*. Lorsque *de, du, de la, des,* sont entre deux noms dont le premier a le dernier pour complément, on les retranche, si le nom complément a un complément lui-même.

---

(1) Si les mots *Per, Breiz-Izel, Brô-Zauz,* etc. pouvaient être précédés de l'article en breton, *de, du, de la, des,* se rendraient en breton par l'article, comme ils se rendent au numéro 11; mais ces noms bretons *Per, Breiz-Izel,* etc. ne peuvent pas être précédés de l'article, et on est obligé de retrancher *de, du, de la, des,* et de dire, léor Per, et non pas, léor ar Per; tud Breiz-Izel, et non pas, tud ar Vreiz-Izel, etc.

Exemples : Les habitants de la Turquie d'Asie, tud Turki ann Azi ; la porte de la maison de mon père, dor ti ma zàd ; les armées du roi d'Espagne, arméo roué ar Spagn ; la hauteur des murs du jardin, huelder mogerio al liorz ; la hauteur des murs du jardin de mon père, huelder mogerio liorz ma zâd (dans ce dernier exemple le mot *liorz* n'est pas précédé de l'article parce qu'il a *ma zâd* pour complément) ; la beauté de la ville de Rome, kaerder ker Romm, *ou* kaerder ar ger a Romm, etc. Voy. le n° 9*.

DOR ANN TI-MAÑ.

13*. Quand le nom complément français est précédé de l'adjectif démonstratif, le nom complément breton est précédé de l'article.

Exemples : La porte de cette maison, dor ann ti-mañ ; les murs de ce jardin-là, mogerio al liorz-sé, etc. Voy. le n° 2*.

DOR-MAÑ HON ILIZ A ZO BRAZ DA VAD.

14*. Quand le nom, qui est précédé d'un adjectif démonstratif en français, a un complément, il n'est pas nécessaire d'exprimer l'article avant ce nom en breton.

Exemples : Cette porte de notre église est bien grande, dor-mañ hon iliz a zo bràz da vàd ; ce mur-là du jardin n'est pas assez haut, moger-zé al liorz n'eo kéd huel avoalc'h ; ces ouvriers de Morlaix travaillent bien, michérourien-zé Montroulez a labour mâd, etc. (1)

ANN TAD MORELL.

15*. Quand il y a deux noms de suite dont le premier exprime la qualité ou la dignité d'une personne, et dont le second est le nom propre ou le titre de cette même personne, on met l'article avant le premier nom ou breton, s'il est exprimé en français.

Exemples : Le père Morel, ann tàd Morell ; la mère Marie Thérèse, ar vamm Mari Téraz ; le roi Charles dix, ar roué Charlez dék ; la reine Marie Stuart, ar rouanez Mari Stuard, etc.

---

(1) Cette tournure n'est très-usitée ni en français ni en breton.

EUNN OR ILIZ.

16*. Quand le nom qui suit *de* est pris dans un sens général, on retranche le *de*.

Exemples : Une porte d'église (c'est-à-dire une porte d'église en général, et non pas la porte de telle ou telle église), eunn or iliz ; un chapeau de prêtre, eunn tog bélek ; des coups d'épée, tolio kléñvé ; une pomme de terre, eunn aval douar, etc.

EUR C'HALIR AOUR.

17*. Quand le nom, qui suit *de*, exprime la matiére dont une chose est faite, on retranche le *de* (il s'agit ici du nom qui exprime la matière, quand il y a deux noms de suite).

Exemples : Un calice d'or, eur c'halir aour ; un chapeau de paille, eunn tog plouz ; du pain de froment, bara gwiniz, etc.

EUR BUGEL A VUÉZÉGEZ VAD.

18*. Quand le nom, qui suit *de*, exprime une qualité bonne ou mauvaise, on rend *de* par *a*.

19*. *Exemples :* Un enfant d'un bon naturel, eur bugel a vuézégez vàd ; un homme de cœur, eunn dén a galon ; un homme de vengeance, eunn dén a veñjans ; un cheval de bonne nature, eur marc'h a natur vàd, etc.

PÉTRA A ZO A NÉVEZ ?

19*. *De*, entre un nom et un adjectif, se rend toujours par *a*.

Exemples : Qu'y a-t-il de nouveau ? — Rien de beau. Pétra a zo a neve ? — Nétra a gaer ; il a fait quelque chose de bon, gred en deuz eunn dea-bennag a vàd, etc.

MA MAB A ZO GINIDIG A BARIZ.

20*. *De*, entre un attribut et un nom de ville ou un nom de pays, se rend par *a* (ou si l'on veut par *euz* ou par *euz a*).

Exemples : Mon fils est natif de Paris, ma mâb a zo ginidig a Bariz (*ou* euz Pariz, *ou bien* euz a Bariz) ; ces hommes-là sont des ouvriers de Brest, ann dud-sé a zo michérourien a Vrést ; il y a du monde ici de Morlaix, béa zo amañ tud a Vontroulez, etc.

DIOU DRÉDÉREN EUZ AR PARK.

21*. *De, du, de la, des*, entre un nom de nombre et un autre nom, se rendent par *euz* avant l'article et avant un adjectif possessif, et par *a* avant l'article indéterminatif et avant un nom.

Exemples : Deux tiers du champ, diou drédéren euz ar park ; j'ai eu les deux tiers des meilleures terres de la paroisse, mé am euz béd ann diou drédéren euz ar gwella douaro a zo er barouz ; il a acheté un de mes chevaux, préned en deuz unan euz ma c'hézek ; deux tiers d'un champ, diou drédéren a eur park (on peut dire aussi, diou drédéren euz eur park, *ou* euz a eur park, etc.); la moitié d'une maison, ann hanter a eunn ti, etc.

On ne dira pas : ann hanter euz ann ti ma zàd, (la moitié de la maison de mon père); il faut dire : ann hanter a di ma zàd, parce que le mot *ti* a *ma zàd* pour complément, etc. Voy. le numéro 12*.

Les pronoms *ac'hanoñ, ac'hanoud, anézhañ, anézhi, anéhañ, anehi, ac'hanomp, ac'hanoc'h, anézho, anhe*, ne peuvent être précédés d'aucune préposition ; et l'on dit sans préposition : ann hanter anéhañ am euz bét, j'en ai eu la moitié ; unan ac'hanomp a ielo di, un de nous ira là ; daou anézho a raio ann dra-zé, deux d'entr'eux feront cela, etc.

RÉNER ANN INÉO.

22*. Les noms bretons terminés en *er* ou en *our* qui désignent des personnes ou des choses animées, et qui sont susceptibles d'avoir un complément, veulent l'article avant leur nom complément, s'ils ne sont pas eux-mêmes précédés de l'article, soit déterminatif, soit indéterminatif, et s'il y a *du, de la* ou *des*, avant le nom complément en français.

Exemples : Le directeur des âmes, réner ann inéo ; le Créateur du ciel et de la terre, Krouer ann éñv hag ann douar; le rédacteur des mauvais journaux, skrivagner ar c'héloio fall ; c'est lui l'auteur des meilleurs livres que je connaisse, héñ eo skrivagnour ar gwella léorio a oufeñn da anavéout, etc.

AR RÉNER INÉO.

23*. Quand il y a *de* seulement avant le nom complément en français, ou si l'on exprime l'article déterminatif ou l'article indéterminatif avant le premier nom en breton, ces noms bretons en *er* et en *our* ne veulent ni article ni préposition avant leur complément.

Exemples : Le directeur des âmes, ar réner inéo (quoiqu'il y ait ici *des* avant le nom complément français *âmes*, on ne peut mettre ni article ni préposition avant le nom complément breton *inéo*, parce que le mot *réner* est précédé de l'article déterminatif *ar*); un directeur d'âmes, eur réner inéo; le faiseur de chapeaux, ann obérer togo; mangeur de bouillie, deber iôd (quoique le premier nom breton *deber* ne soit ici précédé ni de l'article déterminatif ni de l'article indéterminatif, on ne peut mettre ni article ni préposition avant le nom complément breton *iôd*, parce que le nom complément français *bouillie* est précédé de *de* seulement); un marchand de chevaux, eur marc'hadour kézek, etc.

Le féminin de ces noms en *er* et en *our* est soumis à la même règle : Eunn obérérez togo, une femme qui fait des chapeaux; eur varc'hadourez iér, une marchande de poules, etc.

EUR RÉNER MAD A INÉO.

24*. Quand il y a deux noms de suite et que le premier est suivi d'un adjectif en breton, le nom complément doit toujours être précédé de *a*. Voy. le numéro 19*.

Exemples : Un bon directeur d'âmes, eur réner mâd a inéo; le grand mangeur de bouillie, ann deber brâz a iôd; le mauvais faiseur de chapeaux, ann obérer fall a dogo; un grand faix de paille, eur béc'h brâz a blouz; une bonne charretée de patates, eur garg vâd a batatez, etc. Mais on dira sans exprimer la particule *a* : Eur gwir réner inéo, un vrai directeur d'âmes, parce que l'adjectif *gwir* précède le mot *réner*, etc.

REMARQUE. Les mots *aoun*, *doan*, suivis d'un nom ou d'un pronom, veulent *rak* avant ce nom ou ce pronom : Il a peur de son ombre, aon *ou* aoun en deuz rag hé skeud; il vous craint, doan en deuz raz-hoc'h, etc.

AMZER DA LENN.

25*. *De* entre un nom de chose inanimée et un infinitif, se rend par *da*.

Exemples : Le temps de lire, amzer da lenn, *ou* ann amzer da lenn; la permission de faire une chose, ann aotré da ober eunn dra, etc·

REMARQUE. Au lieu de *da* on met ordinairement *rak* entre les mots *aoun, doan* et un infinitif : Il a peur de tomber, aon en deuz rak kouéza; il craint d'être pris, doan en deuz rak béa tapet, etc.

PÉC'HED EO LARET GEVIER.

26*. Quand l'infinitif français peut servir de sujet à la phrase, l'infinitif breton est toujours sujet (culpa est mentiri).

Exemples : C'est un péché de mentir; tournez, mentir est péché ou péché est mentir, péc'hed eo laret gévier *ou* laret gevier a zo péc'hed; c'est une honte d'être paresseux, eur véz eo béa didalvé, *ou* béa didalvé a zo eur véz, etc.

EUR VÉLIN AVEL.

27*. La préposition *à*, entre deux noms, se retranche en breton, quand elle ne marque pas le datif.

Exemples : Un moulin à vent, eur vélin avel; un pot à lait, eur pôd laez; une assiette à soupe, eunn asied soub; des bêtes à cornes, loened korn, etc. (1)

Quand l'*à* marque le datif, il faut le rendre par *da :* Une offrande à Dieu, eur c'hinnig da Zoué, etc.

---

(1) On dit, binwio war gerden, des instruments à cordes; eur c'hâr war ziou pé béder rod, ou bien, eur c'hâr a ziou pé a béder rod, une voiture à deux ou à quatre roues, etc.

EUNN TÎ A ZIOU SIMINAL.

28*. Quand le dernier nom est précédé d'un nom de nombre, *à* se rend par *a* entre deux noms.

Exemples : Une maison à deux cheminées, eunn ti a ziou siminal ; une maison à dix feux, eunn tî a zék tàn ; un champ à deux brèches, eur parg a zaou doull-kâr, etc.

EUNN IJIN DA ZORNA.

29*. *A*, entre un nom et un infinitif, se rend par *da*, et *pour* se rend souvent aussi par *da*.

Exemples : Une machine à battre, eunn ijin da zorna ; une plume pour écrire, eur bluen da skriva, etc.

KOLL-BARA.

30*. En breton on peut très-souvent faire un nom composé de la troisième personne du singulier d'un verbe et du complément de ce même verbe.

Exemples **:** **Koll-bara**, qui mange et ne travaille pas (perd-pain) ; tor-goug, **casse-cou** ; tor-penn, casse-tête ; pil-géno, bavard fini (qui pile sa bouche à force de parler) ; doug-lizerio, porte-feuilles : némed eur réd-brô né rañ gant-hañ, je le regarde comme **un** coureur de pays seulement (court-pays), etc.

SYNTAXE DES ADJECTIFS.

ACCORD.

EUNN TAD MAD, TADO MAD.

31*. La terminaison de l'adjectif breton ne peut être variée ni par le genre ni par le nombre du nom auquel il se rapporte.

Exemples : Un bon père, eunn tâd mâd ; de bons pères, tâdo mâd ; une bonne mère, eur vamm vâd ; de bonnes mères, mammo mâd, etc.

KOZ VARC'H, MARC'H KOZ.

32*. L'adjectif breton se met ordinairement après le nom auquel il se rapporte, quand le nom et l'adjectif doivent se suivre immédiatement (1); il y en a cependant qui peuvent se mettre avant le nom, mais parmi ces derniers il y en a qui changent de signification selon qu'ils précèdent ou qu'ils suivent le substantif.

Exemples : Koz varc'h; mauvais cheval; marc'h koz, vieux cheval (*koz* avant le nom signifie *mauvais, méchant, vil*, et après il signifie *vieux*), etc.

Parmi les adjectifs qui peuvent se mettre avant les noms il y en a qui ne peuvent se mettre qu'avant quelques noms seulement, comme *briz :* Briz-leanez, demi-religieuse; briz tiek, pauvre ménager, etc. Mais on ne dit pas *briz vézer* (du drap gris), il faut dire mézer briz, etc.

MÉZUZ EO LARET GEVIER.

33*. Quand un adjectif se rapporte à un infinitif, il faut retrancher la préposition *de* qui se trouve entre cet adjectif et cet infinitif.

Exemples : Il est honteux de mentir; tournez, mentir est honteux, mézuz eo laret gevier, *ou* laret gevier a zo mézuz; il est nuisible d'être paresseux, noazuz eo béa didalve *ou* béa didalve a zo noazuz, etc.

RÉGIME DES ADJECTIFS.

LEUN A WIN.

34*. Après les adjectifs *leûn*, plein; *bár*, comble; *dellézek* ou *din*, digne; *dizéllezek* ou *indin*, indigne; *laouen* ou *kontant*, content; *drouk-laouen* ou *drouk-kontant*, mécontent; *pourve*, pourvu; *dibourve*, dépourvu; *golló*, vide; *diskarg*, qui n'est pas chargé; *ézommek*, qui a besoin, et après les adjectif qui expriment

---

(1) Si l'adjectif est séparé du substantif par un verbe, on peut le mettre indifféremment avant ou après le substantif : Ar marc'h-sé a zo koz *ou* koz eo ar marc'h-sé, ce cheval est vieux, etc.

l'abondance, la dignité, la disette, etc., on exprime *de* par *a*, excepté avant l'article déterminatif et les adjectifs possessifs où on l'exprime par *euz.*

Exemples : Plein de vin, leûn a win ; un boisseau comble d'or, eur boézel bàr a aour ; il est digne de secours, dellézeg eo a zikour *ou* din eo a zikour ; je n'en suis pas chargé, diskarg oñ anéhañ (anéhañ ne peut être précédé d'aucune préposition) *ou* diskarg oñ a gément-sé, ou bien diskarg oñ euz ann dra-zé ; il est digne de vos bonnes grâces, din eo euz hô kraso màd, etc.

C'HOANTUZ EO A BÉP TRA.

35*. Après les adjectifs qui expriment un désir immodéré, comme *avide, cupide*, etc., la préposition *de* se rend par *a*.

Exemples : Il est envieux de tout, c'hoantuz eo a bép tra ; il est avide de gloire, eur c'hoant-direiz a c'hloar en deuz, etc.

REMARQUE. Il y a en breton, comme en français, des adjectifs qui n'ont pas de complément ; par exemple *naounek*, famélique ; *lontek* ou *lontrek*, glouton ; *dibriad*, gourmand, et bien d'autres encore, n'ont jamais de complément ; il ne faut donc pas s'en servir pour rendre les adjectifs français qui ont un complément. Ainsi on on ne dira pas : Naouneg eo a c'hloar (il est avide de gloire), etc.

Quand on a ces adjectifs français à rendre en breton, il est bon de changer l'adjectif en verbe ou de lui donner un infinitif pour complément ; car les Bretons n'aiment guère à donner à un adjectif de cette espèce un nom pour complément.

Il est avide de gloire, eur c'hoant diroll en deuz da gaout gloar, etc.

KARANTÉUZ OUD ANN HOLL.

36*. Les adjectifs qui expriment un sentiment de bonté, de charité, de reconnaissance, de sensibilité, etc. à l'égard des autres, veulent *out* avant leur complément en breton (1).

---

(1) *Out, oud, oc'h, ouc'h, ouz*, et *diout, dioud, dioc'h, diouc'h, diouz*, ne sont autre chose que *out* et *diout* permutés ; il ne faut donc pas s'étonner de voir *out* et *diout* énoncés dans la règle, et *oud, dioud, oc'h, dioc'h*, etc., employés dans les exemples.

Exemples : Charitable envers tout le monde, karantéuz oud ann holl; miséricordieux à l'égard des pauvres, truéuz *ou* trugaréuz oud ar bevien; compatissant aux maux de ses frères, damantuz oud hé vreudeur; il n'est dédaigneux à l'égard de personne, né d-eo faeuz oc'h dén *ou* difaeuz eo oud ann holl, etc. (1).

L'adjectif *héñvel* veut aussi *oud* avant son complément, et l'adjectif *dishéñvel* veut *diout :* Il est semblable à son père, héñvel eo oud hé dàd; ils ne sont pas dissemblables entre eux, né d-int két dishéñvel ann eil dioud égilé, etc.

L'adjectif *hardiz* a presque toujours un complément en breton, et ce complément doit être précédé de *out :* Hardiz eo oud ann holl, il se met à l'aise avec tout le monde; ré hardiz oc'h ouziñ, vous vous mettez trop à l'aise avec moi, etc.

KASAUZ OC'H ANN HOLL.

37*. Les adjectifs, qui expriment un sentiment de haine, de cruauté, d'arrogance, etc , à l'égard des autres, veulent *out* avant leur complément.

Exemples : Kasauz *ou* kasonuz oc'h ann holl, qui hait tout le monde; érézuz, gourventuz oc'h hé dud, jaloux des siens; gourd eo oud ar ré-all, il est rude envers les autres; dizamand out pép dén, qui n'épargne personne; kri oud ar bevien, impitoyable à l'égard des pauvres, etc.

TALVOUDEG EO D'IÑ.

38*. Les adjectifs, qui expriment l'avantage ou le désavantage, la facilité ou la difficulté pour une chose, veulent *da* avant leur complément en breton.

Exemples : Utile à moi, talvoudek d'iñ; c'est bien désavan-

---

(1) Plusieurs de ces adjectifs peuvent avoir indifféremment les prépositions *é-kéver* et *out* avant leur complément, mais j'aime mieux énoncer dans la règle celle qui est usitée dans tous les cas, et faire une petite remarque sur celle qui ne peut pas être employée dans tous les cas ni après tous les adjectifs mentionnés dans ce numéro.

tageux pour lui, gwall didalvoudeg eo d'éhañ ; cela vous sera facile, ann dra-zé a vo ezet d'hec'h ; cela m'a été bien difficile, ann dra-zé a zo bét gwall diez d'iñ, etc.

L'adjectif *téchet* suit la même règle (nous verrons que les participes passés, qui expriment une propension vers quelque chose, veulent aussi *da* avant leur complément) : Enclin au mal, téchet d'ann drouk, etc.

GORREK DA BÉP TRA.

39*. Les adjectifs *gorrek, lanchoré, dieguz, lézirck* ou *lézorek, difoun, founuz*, ainsi que les autres adjectifs qui expriment la lenteur, la maladresse, la négligence, la vitesse, l'adresse, etc., veulent *da* avant leur complément.

Exemples : Lent à tout, gorrek da bép tra ; maladroit pour tout, didu da gément-so ; il est prompt, expéditif en tout, buan, difraeuz, fonnuz eo da bép tra ; propre à la guerre, mâd *ou* déread d'ar brézel ; il est paresseux à écrire, diéguz, didalve eo da skriva, etc.

KLAÑV EO GAND ANN DÉRRIEN.

40*. Les adjectifs *klañv, skuiz, néc'het*, veulent *gañt* avant leur complément.

Exemples : Il est malade de la fièvre jaune, klanv eo gand ann derrien vélen ; je suis las de ce temps de pluie, skuiz oñ gand ann amzer c'hlao-mañ ; je suis inquiet de cela, néc'hed oñ gant sé, etc.

SKUIZ OÑ OC'H OBER ZÉ.

41*. Quand *de*, entre un adjectif et un infinitif, peut se tourner par *en* avec le participe présent, on met l'infinitif français au participe présent en breton.

Exemples : Je suis las de faire cela, skuiz oñ oc'h ober ann dra-zé ; je suis enchanté de l'entendre, joauz brâz oñ ô klewed anéhañ ; il est triste de vous voir si malheureux, trist eo ô wéled oc'h kér reuzeudik-sé ; je serais heureux de le voir, évuruz é véfenn ô wéled anéhañ, etc.

NÉ D-OÑ KÉT DÎN D'HÉN OBER.

42*. Les adjectifs qui expriment la *dignité* ou l'*indignité*, la *puissance* ou l'*impuissance*, le *goût* ou le *dégoût*, veulent *da* avant l'infinitif qui les suit (*de* se rend par *da*).

Exemples : Je ne suis pas digne de le faire, né d-oñ két dîn d'hén ober ; il n'est pas capable de faire deux lieues par jour, n'eo két galloudek d'ober diou léo bemdé, (ou bien n'eo kéd évid ober diou léo bemdé : *capable de...* se rend souvent par *évit*) ; il est désireux de travailler, c'hoanteg eo da labourat, etc.

KUSTUM DA LENN.

43*. *A*, entre un adjectif et un infinitif, se rend par *da*.

Exemples : Habitué a lire, kustum da lenn ; porté à se mettre en colère, téchet da vond droug enn-hañ ; lent à travailler, gorrek da labourat ; il est leste à marcher, skañv eo da valé ; promp à faire une chose, buan d'ober eunn drà, etc.

KRÉÑV AVOALC'H EO ÉVID OBER ZÉ.

44*. *Pour*, entre un adjectif et un infinitif, se rend par *évit* ou par *da*. (*pour* modifié par un adverbe se rend plus généralement par *évit*, mais quand il n'est modifié par aucun adverbe, il se rend plus souvent par *da* que par *évit*).

Exemples : Il est assez fort pour faire cela, kréñv avoalc'h eo évid ober zé ; cette farine est bonne pour faire du pain, ar bleudsé a zo màd da ober bara, etc.

COMPARATIF ET SUPERLATIF.

1° COMPARATIF.

45*. On forme le comparatif, tant de l'adverbe que de l'adjectif, en ajoutant *oc'h* à la terminaison du positif, en changeant de faibles en fortes les consonnes finales muables, et en doublant les consonnes finales qui ne sont pas muables (on change aussi l'*o* final en *v*).

Exemples : Brâz, grand ; brasoc'h, plus grand ; mâd, bon ; mâtoc'h, meilleur ; buan, prompt ; buannoc'h, plus prompt ; kaer, beau ; kaerroc'h, plus beau ; huel, haut ; huelloc'h, plus haut ; brao, joli ; bravoc'h, plus joli ; néz, près ; nésoc'h, plus près, etc.

MATOC'H TRA OU TRA VATOC'H.

46*. Le comparatif, quand il n'est pas précédé de l'article indéterminatif *eunn, eur* ou *eul,* peut se mettre avant et après le substantif auquel il se rapporte (il ne peut jamais être précédé de l'article indéterminatif).

Exemples : Meilleure chose ou chose meilleure, mâtoc'h trâ ou trâ vàtoc'h ; homme plus sage, furroc'h dén *ou* dén furroc'h ; soyez homme plus sage maintenant, béd furoc'h dén brémañ *ou* béd dén furroc'h brémañ, etc. Mais on ne dira pas, eur furroc'h dén ; il faut dire, eunn dén furroc'h, car *furroc'h* est précédé de l'article indéterminatif *eur*, etc.

PAUL A ZO GWIZIEKOC'H ÉVIT PER.

47*. Le *que*, après un comparatif, se rend par *évit* ou *éget*.

Exemples : Paul est plus savant que Pierre, Paul a zo gwiekoc'h évit Per, *ou* gwiekoc'h éget Per ; j'ai mieux travaillé aujourd'hui qu'hier, gwelloc'h em euz laboured hirié évit déc'h, etc.

2º SUPERLATIF.

48*. On forme le superlatif, tant de l'adverbe que de l'adjectif, en ajoutant *a* à la terminaison du positif, en changeant de faibles en fortes les consonnes finales muables, et en doublant les consonnes finales que ne sont pas muables (on change aussi l'*o* final en *v*).

Exemples : Brâz, grand ; ar brasa, le plus grand ; mâd, bon ; ar vâta, la meilleure ; ar mâta, le meilleur ; buan, prompt ; ar buanna, le plus promp ; ar vuanna, la plus prompte ; brao, joli ; ar brava, le plus joli ; néz, près ; ann nésa, le plus près, etc.

GWELLA MA C'HALLIN É RIN ANÉHAN.

49*. La conjonction *que* se rend par *ma* après un superlatif.

Exemples : Je le ferai le mieux que je pourrai, gwella ma c'hallinn é rinn anéhan; il est allé le plus loin qu'il a pu, ed eo ann hirra m'en deuz gallet, etc.

AR FURRA AC'HANOMP.

50*. Quand le complément du superlatif est un pronom personnel, ce complément n'est précédé d'aucune préposition.

Exemples ; Le plus sage de nous, ar furra ac'hanomp; le plus grand de vous deux, ar brasa ac'hanoc'h hô taou, etc.

AR VRASA EUZ AR C'HERIO.

51*. Le complément du superlatif veut toujours *euz* avant l'article qui le précède; et il est précédé de l'article toutes les fois qu'il est nom pluriel sans complément.

Exemple : La plus grande des villes, ar vrâsa euz ar c'herio, etc.

AR BRASA TÎ A BARIZ.

52*. Quand le complément du superlatif est un nom singulier, et n'est pas précédé de l'article en français ni en breton, la préposition *de* se rend par *a* ou *euz*.

Exemples : La plus grande maison de Paris, ar brâsa tî a Bariz; le plus riche de la ville, ar pinvidika a ger *ou* ar pinvidika euz ker, etc. Si le nom complément est précédé de l'article déterminatif, il faut se servir de *euz* seulement : Le plus riche du bourg, ar pinvidika euz ar bourk, etc.

AR GWELLA DÉN *ou* ANN DÉN GWELLA.

53*. Le superlatif peut se mettre avant ou après le nom auquel il se rapporte; mais il ne peut jamais être précédé de l'article indéterminatif *eunn, eur* ni *eul*.

Exemples : Le meilleur homme que je connaisse, ar gwella dén *ou* ann dén gwella a oufenn da anavéout; la plus grande maison que j'aie vue, ar brâsa ti *ou* ann ti brâsa a oufenn da véa gwélet, etc.

On peut mettre l'article indéterminatif avant le nom auquel se rapporte le superlatif : Hénnez a zo eunn dén ar furra, celui-là est un homme très-sage ; mé am euz gwéled eunn ti ar c'haerra hirié, j'ai vu une très-belle maison aujourd'hui, etc.

SYNTAXE DES VERBES.

ACCORD DU VERBE AVEC SON SUJET.

54* Quand le verbe a pour sujet un seul pronom personnel, on sous-entend le sujet si le verbe se conjugue au personnel, et le verbe s'accorde avec ce pronom sous-entendu.

Exemples : Je chante, kanann ; tu chantes, kanez ; il ou elle chante, kan ; nous chantons, kanomp ; vous chantez, kaned ; ils ou elles chantent ; kanont ; je chantais, kanenn, etc.

Mais le verbe est toujours à la troisième personne du singulier, si on le conjugue à l'impersonnel, quelque soit son sujet : Je chante, mé a gan ; tu chantes, té a gan ; il chante, héñ a gan ; elle chante, hi a gan ; nous chantons, ni a gan ; vous chantez, c'houi a gan ; ils ou elles chantent, hi a gan *ou* ind a gan ; je chantais, mé a gané ; tu chantais, té a gané ; Pierre et Paul prêchaient, Per ha Paul a brézégé, etc.

Il est bien facile d'apprendre à faire l'accord du verbe avec son sujet, et à le conjuguer à l'impersonnel ; mais il est assez difficile de savoir quand il faut faire cet accord, et quand le verbe doit être conjugué à l'impersonnel. Voici les cas où le verbe doit se mettre au personnel et s'accorder avec son sujet.

1er *Cas*. MÉ NÉ GANAÑ KÉT.

55* Dans toute proposition négative, soit principale, soit incidente, le verbe se met au personnel et s'accorde avec son sujet, excepté le cas où le sujet serait de la 3ieme pers. et suivrait le verbe. Voy. le n° 58*.

Exemples : Je ne chante pas, né ganañ két *ou* mé né ganañ két ; ni vous ni moi ne croyons cela, na c'houi na mé né grédomp sé ; ni Pierre ni Jean ne croient que vous fassiez cela, na Per na Iann né grédond é rafac'h ann drà-zé ; croyez-vous que Pierre et Jean ne feront pas cela ? ha krédi a rét-hu pénaoz Per ha Iann né raint kéd ann drà-zé ? etc. (1)

2ieme *Cas.* IAC'H MAD OMP C'HOUI HA MÉ

56*. Quand le verbe est à la première ou à la seconde personne, il s'accorde avec son sujet, s'il en est suivi.

Exemples : Nous nous portons bien vous et moi, iac'h mâd omp c'houi ha mé ; vous êtes paresseux, vous et votre frère, didalve oc'h, c'houi hag hô preur ; vous croyez que vous grimpez bien tous les deux, krédi a réd é pigned er-vàd hô taou ; vous m'aviez dit que vous seriez venus me voir, vous et votre fils, lared hô poa d'iñ é vijac'h deut d'am gwélet, c'houi hag hô mâb, etc.

CAS OU L'ACCORD NE SE FAIT PAS.

1er *Cas.* TÉ HA MÉ A GANÉ.

57*. Dans toute proposition affirmative le verbe se met à l'impersonnel, quand il est précédé de son sujet.

Exemples : Nous chantions toi et moi, té ha mé a gané ; nous nous portons bien, vous et moi, c'houi ha mé a zo iac'h mâd ; vous êtes paresseux, vous et votre frère, c'houi hag hô preur a zo didalve ; je crois que mon père et ma mère iront au marché, krédi a rann pénaoz ma zâd ha ma mamm a iélo d'ar marc'had ; je sais que les hommes, qui étaient avec vous hier, vous feront cela, quand il vous plaira, mé a oar pénaoz ann dud a oa gan-é-hoc'h déc'h, a raio zé d'é-hoc'h, pa blijo gan-é-hoc'h, etc.

2me *Cas.* JIÉN OBER A RAI IANN HA PER

58*. Quand le sujet est de la troisième personne, le verbe se

---

(1) Les propositions interrogatives accompagnées d'une négation suivent la même règle que les propositions négatives.

met à la troisième personne du singulier, s'il est suivi immédiatement de son sujet, ou s'il n'en est séparé que par la particule *na (ni)* ou un régime.

Exemples : Jean et Pierre feront cela, hén ober a raio Iann ha Per ; je crois que votre frère et votre sœur pourront venir ici, krédi a rañ é c'hallo hô preur, hag hô c'hoar dond amañ ; ni Jean ni Pierre ne pourront le voir, né hallo na Iann na Per hé wélet ; je crois que ni Jean ni Pierre ne viendront ici, krédi a rañ na zeuio na Iann na Per amañ ; croyez-vous que Pierre et Jean n'iront pas là? ha krédi a rét-hu n'aio dî na Per na Iann? etc.

EMPLOI DE L'IMPERSONNEL, DU PERSONNEL ET DES DIVERS AUXILIAIRES.

Il y a, comme nous l'avons déjà vu, deux manières de conjuguer en breton, le personnel et l'impersonnel ; il y a aussi trois verbes auxiliaires, qui sont, *kaout, béa* et *ober.* Le verbe *kaout,* répond au verbe *avoir,* le verbe *béa* au verbe *être,* et le verbe *ober* au verbe *faire.* L'emploi des deux premiers n'est pas difficile (j'en parlerai ailleurs autant que je le jugerai utile) ; mais l'emploi de l'auxiliaire *ober,* de l'impersonnel et du personnel, dans certains cas, offre des difficultés qu'il faut résoudre ici, pour donner, autant que possible, une idée de la construction des phrases.

MÉ A GAN *ou* KANA A RAÑ.

59*. Dans toute proposition principale affirmative qui commence une phrase, le verbe se met à l'impersonnel ou se conjugue avec l'auxiliaire *ober,* s'il n'est précédé ni d'un adverbe ni d'un régime, soit direct, soit indirect.

Exemples : Je chante, mé a gan *ou* kana a rañ ; je crois que je l'ai vu, mé a gréd *ou* krédi a rañ em euz gwéled anéhañ ; Jean et Pierre disaient qu'il leur avait parlé, Iann ha Per a laré *ou* laret a ré Iann ha Per en doa komzed out-hé, etc.

IANN HA PER, PÉRÉ A OA AMAÑ, A ZO ET D'AR GER.

60*. Dans toute proposition incidente liée à la principale par un *qui* relatif, ou par *si* dubitatif, le verbe se met à l'impersonnel.

Exemples : Jean et Pierre, qui étaient ici ce matin, sont allés à la maison, Iann ha Per, péré a oa ama er beuré-ma, a zo et d'ar ger ; je ne sais pas s'il pourra faire cela, né onn kéd hag héñ a c'hallo ober ann drâ-zé, etc.

AMAÑ É TEUAÑ.

61*. Si la proposition principale affirmative commence en breton par un adverbe ou par un régime, soit direct, soit indirect, le verbe se met au personnel (mais il ne s'accorde pas toujours avec son sujet, si ce sujet est de la 3ᵐᵉ personne et suit le verbe. Voy. le n° 58*).

Exemples : Je viens ici, amañ é teuann ; je le voyais, hé wéled a renn ; j'irai demain à la foire, var-c'hoaz éc'h inn d'ar foar ; Jean et Pierre lui en parlaient hier, divar-benn zé é komzé Iann ha Per out-hañ déc'h, etc.

MÉ A GRÉD É RAIO ZÉ.

62*. Dans toute proposition incidente liée à la principale par la conjonction *que*, ou par le *si* conditionnel, le verbe se met au personnel.

Exemples : Je crois qu'il fera cela, krédi a rann é raio zé ; je crois que vous ne le verrez pas, mé a gréd n'hén gwélfed kéd ; je dis qu'ils l'entendront, mé a lar hén kleofont ; il vous le donnera, si vous venez, hén rei a raio d'hec'h, ma teued, etc.

OGEN MÉ A RAIO ZÉ, OGEN OBER A RIÑ ZÉ.

63*. Après *ogen, mes*, le verbe se met à l'impersonnel ou se conjugue avec l'auxiliaire *ober* dans une proposition affirmative.

Exemples : Mais je le ferai, ogen mé hén graio, *ou* ogen ober a rinn anéhañ, ou bien, mes mé hén graio, mez ober a rinn anéhañ ; mais je savais qu'il devait aller chez son père, ogen mé a wié *ou* ogen goud a renn é tléé mond da di hé dâd, etc.

HAG HER GOULENNIN DIGANT-HAÑ, HAG É ROIO ANÉHAÑ D'IÑ

64*. Après la conjonction *ha (et)* on peut mettre le verbe au personnel, ou à l'impersonnel, ou bien le conjuguer avec l'auxiliaire *ober* (pourvu que la proposition soit affirmative; car dans une proposition négative le verbe ne se met jamais à l'impersonnel... Voy. le n° 55).

Exemples : Et je le lui demanderai et il me le donnera, hag hér goulenninn digant-hañ, hag é roio anéhañ d'iñ; j'irai là-bas et je le verrai, mond a rinn duhond hag hér gwélinn, etc.

PA C'HALVO AC'HANOÑ É TEUIÑ.

65*. Quand la phrase commence par une proposition incidente, le verbe se met au personnel dans l'incidente et dans la principale à laquelle est liée cette incidente.

Exemples : Je viendrai, quand il m'appellera, pa c'halvo ac'hanoñ é teuinn; s'il veut j'irai avec lui, ma kar éc'h inn gant-hañ; je vous le dirai, pourvu que vous vous taisiez, gant ma taofed é larinn zé d'hec'h; s'ils ne font pas cela ils seront punis, ma né réont két sé é véfont kastiet; s'ils viennent ici aujourd'hui ils iront à la maison demain, mar teuond amañ hirié ec'h afont d'ar ger var-c'hoaz, etc.

PREMIÈRE REMARQUE. Dans toute proposition négative le verbe se met au personnel; mais il ne s'accorde pas toujours avec son sujet, si ce sujet est de la troisième personne et suit le verbe, car le verbe peut avoir un sujet pluriel de la troisième personne et rester au singulier sans être toujours à l'impersonnel.

DEUXIÈME REMARQUE. Quand la phrase française commence par une incidente, la phrase bretonne commence généralement aussi par une incidente; quelquefois même la phrase peut commencer en breton par une incidente, et ne le peut pas en français.

DEUD OÑ, PA EN DEUZ MA GALVET.

66*. Quand le verbe de la proposition principale, au commencement d'une phrase française, est à un temps composé, la phrase bretonne peut commencer par le participe passé du verbe de la proposition principale, et alors l'auxiliaire se met au personnel.

Exemples : Je suis venu, quand il m'a appelé, deùd oñ pa en deuz ma galvet; ils sont allés à la maison, ed int d'ar ger ; j'y étais arrivé avant dix heures, errued é oann énõ arok dég heur; j'avais appris l'autre jour qu'il était mort à une heure, kléwed em boa enn dé-all é oa marvet da eunn heur, etc.

RÉGIME DES VERBES.

Le régime des verbes est direct ou indirect. Il est direct quand il n'est gouverné par aucune préposition, et indirect quand il est gouverné par quelque préposition.

RÉGIME DIRECT.

67*. Tout verbe actif veut un régime direct : J'aime Dieu, mé a gar Doué; je vois la mer, gwéled a rañ ar mor, etc.

RÉGIME INDIRECT.

Il y a trois espèces de régimes indirects, le régime des verbes passifs, celui des verbes neutres, et le régime indirect des verbes actifs.

RÉGIME DES VERBES PASSIFS.

KARED OÑ GAÑT DOUÉ.

68*. Le régime des verbes passifs en breton est toujours précédé de *gañt* (il s'agit ici du régime qui deviendrait sujet, si on tournait le passif en actif : Je suis aimé de Dieu, on peut dire en changeant le passif en actif, Dieu m'aime).

Exemples : Je suis aimé de Dieu, kared oñ gant Doué *ou* mé a zo karet gant Doué; cela fut fait par mon frère, ann drà-zé a oé gret gant ma breur; il est accablé de chagrin, mantred eo gand ann eñkrez, etc.

RÉGIME INDIRECT DES VERBES ACTIFS ET RÉGIME DES VERBES NEUTRES.

Je ne séparerai pas le régime indirect des verbes actifs du régime des verbes neutres ; car ces deux régimes sont gouvernés, presque toujours, par les mêmes prépositions, et souvent les mêmes règles renferment l'emploi des prépositions qui précèdent l'un et l'autre régime.

RÉGIME MARQUÉ PAR *A* EN FRANÇAIS.

REI A RIÑ BARA D'AR PAOUR-ZÉ.

69*. Après les verbes qui signifient *donner, dire, promettre, ordonner, manquer, imputer, forcer*, etc., la préposition *à* se rend par *da*.

Exemples : Je donnerai du pain à ce pauvre, rei a riñ bara d'ar paour-zé ; il me l'a dit, hén lared en deuz d'iñ ; il m'a juré qu'il ne le fera pas, toued en deuz d'iñ, n'her graio két, etc.

MÉ HÉN DOUGO D'AR MARC'HAD.

70*. Après les verbes qui signifient *porter, apporter, envoyer, conduire*, etc., *à* se rend par *da*.

Exemples : Je le porterai au marché, mé hén dougo d'ar marc'had ; je le lui ai apporté, hé zigased em cuz d'éhañ ; je l'enverrai au bourg, hé gas a riñn d'ar bouk ; je vous conduirai au bourg de Plestin, hô kas a riñn da vourk Plistin, etc.

ANN HEÑT-MAÑ A RÉN D'AR VERTU.

71*. Après les verbes qui signifient mouvement *ou* inclimation vers quelque chose, comme conduire à, exhorter à, exiter *ou* s'exciter à, etc., la préposition *à* se rend par *da*.

Exemples : Ce chemin conduit à la vertu, ann hent-mañ a rén d'ar vertu ; je vous exhorte au travail, hoc'h alia a rann d'al labour (et mieux, hoc'h alia a rann da labourat, car dans ce dernier exemple, ainsi que dans d'autres cas où le substantif peut être facilement remplacé par un verbe, l'infinitif est préférable au substantif); exciter, porter quelqu'un à la révolte, hisa, dougen eûré d'ann diroll *ou* d'en em zirolla, etc.

ED EO DA BARIZ.

72*. Après les verbes *aller, venir,* ainsi qu'après les autres verbes qui expriment mouvement d'un lieu à un autre, comme *courir, descendre,* etc., la préposition *à* se rend par *da,* à moins qu'elle ne puisse se tourner par *en , dans* ou *sur.* Voy. la deuxième remarque de ce numéro.

Exemples : Il est allé à Paris, ed oe da Bariz ; il est venu à Morlaix, deûd eo da Vontroulez ; il descendit au bas de la montagne, da draon ar méné é tiskennaz ; il courut au champ, rédeg a reaz d'ar park, etc.

Première Remarque. *A terre* s'exprime par *d'ann douar, par terre* s'exprime par *var ann douar :* Son cheval l'a jeté à terre, hé varc'h en deuz stlaped anéhañ d'ann douar ; ses branches, tombent à terre, hé branko a goué d'ann douar ; il se couche par terre, gourve a ra var ann douar ; s'étendre par terre, en em astenn var ann douar, etc.

Deuxième Remarque. Quand la préposition *à* peut se tourner par *en, dans* ou *sur,* après les verbes qui expriment mouvement pour aller d'un lieu à un autre, il faut l'exprimer par *é* ou *var :* Il s'est jeté à l'eau ; tournez, il s'est jeté dans l'eau, en em stlaped eo enn dour ; monter au sommet d'une montagne, sével var vég eur méné ; descendre à un hôtel, diskenn enn eunn hostéléri-vrâz ; monter aux mâts des navires, sével é gwernio al listri *ou* sével var gwernio al listri ; il est tombé au fond de la mer, kouéed eo eñ foñs ar môr, etc.

Troisième Remarque. *En haut* se rend dar *d'ann nec'h, ouz-kréc'h,* et *en bas* se rend par *d'ann traon, ouz-traon :* Aller en haut, mond d'ann néc'h ; aller en bas, mond d'ann traon ; tomber en bas, kouéa d'ann traon, etc.

GOULENN EUNN DRA DIGAND EURÉ.

73*. Après les verbes *demander,* goulenn ; *arracher,* difframma; *ôter*, lémel; *enlever*, dilémel, *à* se rend par *digant* avant un pronom personnel, un nom de personne ou un nom de chose personnifiée. Voy. les Nos 83* et 84*.

Exemples : Demander quelque chose à quelqu'un, goulenn eunn drâ-bennak digand eûré; le voleur lui a arraché sa bourse, al laer en deuz difframmed hé ialc'h digant-han; il a enlever son argent à Pierre, dilâmmed en deuz hé arc'hant digant Per; ôtez-lui son bâton, lammed hé vâz digant-han, etc.

ÉMAÑ BRÉMAÑ ÉÑ PARIZ.

74*. *A* se rend par *é* après les verbes qui signifient *demeurer*, *s'arrêter*, ou qui expriment l'action de laisser quelqu'un ou quelchose dans quelque endroit.

Exemples : Il est à Paris maintenant, émañ brémañ éñ Pariz; il demeure à Morlaix, émañ ô chom éñ Montroulez; je l'ai laissé au bourg, lezed em euz anéhañ er bourk; nous nous sommes arrêtés un peu à Quimper, chomed omp béd eur pennadig é Kemper, etc.

PREMIÈRE REMARQUE. Les verbes *voir, sentir, écouter, entendre* et en général tous les verbes avant lesquels la préposition *à* peut se tourner pa *en*, veulent leur régime indirect marqué par *é* en breton : Je l'ai vu au champ, gwéled em euz anéhan er park; il travaillait au champ; tournez, il travaillait dans le champ, ou en le champ, labourad a re er park; je sens un peu de mal à la tête, santoud a rann eunn tamm poann em fenn *(em* est pour *é ma)*; je l'ai écouté, entendu à l'eglise, sélaoued am euz, klewed am euz anéhan enn iliz, etc.

DEUXIÈME REMARQUE. Le mot *meaz*, signifiant *campagne* ne peut être précédé que de *var* et de *divar :* Il est allé à la campagne, ed eo var ar meaz; il se promène à la campagne, balé a ra var ar meaz; je viens de la campagne; tournez je viens de dessus la campagne, divar ar meaz é teuann, etc.

HÉ DACHED EM EUZ OUD ANN OR.

75*. Après les verbes *attacher*, staga; *lier*, liamma; *amarer*, crea ; *clouer,* tacha, et après les autres verbes qui signifient *lier* ou *s'accrocher,* la préposition *à* se rend par *oud* (1).

Exemples : Je l'ai cloué à la porte, hé dached am euz oud ann ôr ; lier quelqu'un à un poteau, liamma eûré oud eur post ; attachez-le au mur, staged anéhañ oud ar voger ; il s'est accroché à un arbre, en em béged eo oud eur wéen, etc.

DIWALLED OUD ANN DRÉ-ZÉ.

76*. Après les verbes *prendre garde,* diwall ; *faire tort,* ober gaou ; *ressembler,* hévélout ; *rire,* ou *sourir,* c'hoarzin ; *parler,* komz ; *résister,* stourm ; *revenir,* (dans le sens de se convertir), distrei, *à* se rend par *ouz.*

Exemples : Prenez garde à cela, diwallid ouc'h ann dra-zé ; il a fait tort à plusieurs, gaou en deuz gred oc'h meur a hini ; il ressemble à son père, héveloud a ra oc'h hé dàd ; on ne peut pas résister à tout le monde, na heller két stourm ouz ann holl ; revenez à Dieu, distroed oc'h Doué ; il ma souri, c'hoarzed en deuz eunn tamm ouz-iñ, etc.

JOAUSAAD A RA OUZ-IÑ.

77*. *Joausaat,* devenir gai *ou* plus gai ; *sédéraat,* devenir enjoué *ou* plus enjoué ; *tristaat,* devenir triste *ou* plus triste ; kriaat, devenir inhumain *ou* plus inhumain ; *karanteusaat,* devenir plus charitable, ainsi que les autres verbes qui expriment un sentiment naissant ou croissant de bonté ou de malice, d'affabilité, de mépris, de cruauté, etc., veulent leur régime indirect marqué par *ouz* en breton (ceux qui expriment un sentiment de bonté peuvent quelquefois avoir *eñkever* au lieu de *ouz* avant leur régime).

Exemples : Joausaad a ra ouz-iñ, il devient plus gai avec moi, il me témoigne plus de joie (2) ; sédéraad a ra oud ann holl, il

---

(1) Après *démézi,* marier, se marier, on met *da :* Il a marié sa fille à un homme sage, démézed en deuz hé vérc'h da eunn dén fur, etc.

(2) Comme le génie de la langue française ne permet pas de donner un complément à tous ces verbes, et comme ces verbes n'existent pas en français, la règle ne consiste pas tout à fait dans la manière de traduire, et pour bien comprendre cette règle il faut connaître un peu l'usage du breton.

devient plus enjoué avec tout le monde ; kazusaad a ra oc'h ann holl, il devient gênant *ou* il devient plus gênant pour tout le monde ; kriaad a ra oud ar bevien, il devient inhumain à l'égard des pauvres ; karantéusaad a ra oc'h hé dud, il devient plus charitable envers les siens ; faeuséed eo ouz-iñ, il est dédaigneux *ou* plus dédaigneux à mon égard, etc.

Les verbes *kleñka, kuza, koach, seri, miroul*, ainsi que les autres verbes qui signifient *cacher, fermer, garder, tenir bon*, veulent leur régime indirect marqué par *out :* Kléñked en deuz hé alc'hoé oc'h hé dud, il a caché sa clef pour que les siens ne l'aient pas (mot à mot, il a caché sa clef contre les siens) ; seri a reaz ann ôr ouz-iñ, il m'a fermé la porte (mot à mot il ferma la porte contre moi.. pour m'empêcher d'entrer) ; hennez a viro ann drâ-zé ouz Per, il en privera Pierre) mot à mot il gardera cela contre Pierre) etc.

BOUNTED EN DOA AC'HAMOÑ OUD AR VOGER.

78*. Après les verbes *pousser*, bounta ; *jeter*, stlépel ; *lancer*, striñka ; *frapper*, skei ; *jaillir*, flistra, les prépositions *contre* et *à* se rendent par *out* ou *gant*.

Exemples : Il m'avait poussé contre le mur, bounted en doa ac'hamoñ oud ar voger ; il lui jeta de la boue à la figure, stlépel a reaz fañg oud hé vék *ou* gand hé vék ; lancer une pierre contre un arbre, striñka eur mén gand eur wéen ; l'eau jaillit contre le mur, ann dour a flistr oud ar voger *ou* gand ar voger, etc. Voy. le n° 80*.

PREMIÈRE REMARQUE. Si le régime direct de *stlépel, striñka*, et *skei*, est un nom qui désigne quelque chose de très-solide, il vaut mieux mettre *gant* avant le régime indirect : Il m'a lancé une pierre, striñked en deuz eur mén gan-éñ (mieux que *striñked* en deuz eur mén ouz-iñ), etc. Mais on peut dire : Stlaped, skoet, striñked en deuz dour gan-eñ *ou* staped, skoet, striñked en deuz dour ouz-iñ (il m'a jeté de l'eau) ; skoed en deuz fang ouz-iñ *ou* gan-éñ, etc., parce que les noms *dour* et *fañk* ne désignent pas des choses très-solides.

DEUXIÈME REMARQUE. Les verbes *gouren*, lutter ; *en em ganna*, se battre, veulent leur régime indirect marqué par *out* ou par *gant;* et les verbes *énébi*, contrarier ; *reudi*, se raidir ; *sellet*, regarder, veulent leur régime marqué par *out* seulement.

Exemples : Il a lutté avec son frère, gouréned en deuz gand hé vreur *ou* gouréned en deuz oud hé vreur ; il s'est battu avec un homme plus fort que lui, en em ganned eo *ou* en em biled eo gand eunn dén, *ou* oud eunn dén kréñvoc'h évit-hañ, etc. — Il contrarie tout le monde, énébi a ra oc'h ann holl ; il ne faut pas se raidir contre l'autorité, arabad eo en em reudi *ou* arabad eo reudi oud ar béli ; regardez-moi, selled ouz-iñ ; examinez-le, sellet piz out-hañ, etc.

TROISIÈME REMARQUE. Le verbe *skei*, frapper, n'ayant qu'un seul régime, veut ce régime précédé de *var* ou *gant*. Frappez-le, skoed war-n-hañ (et non pas, skoed anéhañ ; il m'a frappé, skoed en deuz war-n-oñ *ou* skoed en deuz gan-éñ,) etc.

KÉMERED DOUR EUZ AR STER.

79*. Après les verbes *prendre*, kémer ; *puiser*, puñsa ; *boire*, éva *ou* éfa, *à* se rend par *euz* (si le régime de *prendre* est un pronom personnel ou un nom qui désigne une personne, ce régime doit être précédé de *digant* en breton). Voy. les nos 84* et 87*.

Exemples : Prendre de l'eau à une rivière, kémer dour euz eur ster ; puisez de l'eau à cette fontaine, puñsed dour euz ar feunteun-zé ; boire de l'eau à une bonne source, éfa dour euz eur vammen vàd, etc. (prenez cela de nous, kémered ann dra-zé digan-emp, etc.).

HÉ SKOURED AM EUZ OUD AR ZOLIER.

80*. Après les verbes *suspendre*, skoura ; *pendre*, krouga, *à* se rend par *out*, et après *toucher*, steki *ou* stoka, *à* se rend par *out* ou par *é*.

Exemples : Je l'ai suspendu au plafond, hé skoured am euz oud ar zôlier ; il s'est pendu à un arbre, en em grouged eo oud eur wéen, etc. — N'y touchez pas, na stoked két out-hañ, etc.

RÉGIME MARQUÉ PAR *DE* EN FRANÇAIS.

DEUD OÑ A BARIZ HIRIÉ.

81*. Après les verbes qui expriment mouvement pour venir d'un lieu à un autre, la préposition *de* se rend par *a* ou *euz*, et quelquefois par *euz a*.

Exemples : Je suis venu de Paris aujourd'hui, deûd oñ a Bariz hirié *ou* deûd oñ euz Pariz hirié (*ou bien*, deûd oñ euz a Bariz hirié); je vous conduirai du bourg jusqu'à chez vous, mé hô réno euz ar bourk bété duzé (avant l'article déterminatif on ne peut mettre ni *a* ni *euz a*; ainsi l'on ne dira pas, mé hô réno a ar bourk... ni euz a ar bourk...); je le porterai de chez vous au marché, mé hén dougo euz duzé *ou* euz hô tî d'ar marc'had (l'adverbe *duzé* et les adjectifs possessifs ne peuvent pas être précédés de la particule *a* : on ne dira pas : Mé hén dougo a zuzé *ou* a hô tî...); j'étais allé de Morlaix à Brest, ed é oann a Vontrolez *ou* euz Montroulez da Vrést, etc.

KOUÉZA DIVAR LEIN ANN TÎ.

82*. Après les verbes qui expriment mouvement pour venir de *haut* en *bas*, ou aller de *bas* en *haut*, comme *tomber, se précipiter, descendre, se lever*, etc., la préposition *de* se rend par *divar* (ou diwar), toutes les fois qu'elle peut se tourner par *de dessus*.

Exemples : Tomber du haut de la maison, kouéza divar lein ann tî; il s'est précipité du pont dans la rivière, en em stlapéd éo divar ar pond er ster ; je l'ai apporté du sommet de la montagne jusqu'ici, hé zigased am euz divar vég ar méné béteg ama ; il est monté du plus bas degré au plus haut, saved eo divar ar bazenn izella var ann hini huella, etc. Mais on dira : Ed eo euz al leur-dî er gamb vrâz da chom, il est allé du rez-de-chaussée demeurer dans la grande chambre, parce que ici on ne peut pas tourner *de* par *de dessus*. Voy. le n° 87*.

ANN DRA-ZÉ AM EUZ BÉT DIGANT PER.

83*. Après les verbes qui signifient *avoir*, *obtenir* par achat, par ruse ou gratuitement, *recevoir*, etc., *de* se rend par *digant* avant un nom de personne ou de chose personnifiée, ou bien avant un pronom personnel.

Exemples : J'ai eu cela de Pierre; tournez, j'ai eu cela d'avec Pierre, ann dra-zé am euz bét digant Per; je l'ai acheté de mon frère, hé bréned am euz digant ma breûr; j'ai emprunté trois cents francs d'un de mes voisins, kant skoéd am euz améprestet digand unan euz ma amézeien ; je n'ai rien obtenu de lui, n'am euz tizet kroten digant-hañ, etc.

Les verbes *sacha* et *tenna*, tirer, employés dans le sens d'obtenir par ruse ou par force, suivent la même règle. Mé a zacho, mé a denno eunn dra bennak digant-hañ enn drô-ma , j'en obtiendrai quelque chose cette fois-ci, etc.

Le verbe *kouéza*, tomber, ayant pour régime un pronom personnel, un nom de personne ou de chose personnifiée, veut ordinairement ce régime précédé de *digant*, quoique cette espèce de régime ne veuille aucune préposition en français : Kouézed eo hé gontel digant-hañ, il a laissé tomber son couteau (mot à mot, son couteau est tombé d'avec lui); Per a zo kouézed hé dog digant-hañ, Pierre a laissé tomber son chapeau, etc.. Mais on ne dira pas : Kouézed eo hé gontel digand hé zaouarn (son couteau est tombé de ses mains), parce que le mot daouarn ne désigne ni une personne ni une chose personnifiée; il faut dire : Kouézed eo hé gontel euz hé zaouarn, etc.

ED EO-KUIT DIGAND HÉ VREÛR.

84*. Les verbes *mond-kuit*, s'en aller; *dond-kuit*, s'en venir; *mond*, aller; *dond*, venir, employés dans le sens de *quitter*; et les verbes *rampa* et *riska*, glisser, employés dans le sens *d'échapper*, veulent leur régime marqué par *digant*, si ce régime est un nom de personne ou un pronom personnel.

Exemples : Il a quitté son frère, ed eo-kuit digand hé vreur, *ou* deùd eo-kuit digand hé vreur (mot à mot, il s'en est allé d'avec son frère, *ou* il s'en est venu d'avec son frère); il m'a échappé, ramped eo digan-éñ, *ou* risked eo digan-éñ, mot à mot, il est glissé d'avec moi, etc.

STLAPED ANÉHAÑ PELL DIOUZ-HOC'H.

85*. Après les verbes qui signifient *éloigner* de soi, ou qui sont modifiés par l'adverbe *loin*, *de* se rend par *diout*.

Exemples : Jetez-le loin de vous, stlaped anéhañ pell diouz-hoc'h ; éloignez-le du mur, pellaed anéhañ dioud ar voyer; je l'ai conduit loin de la ville, hé réned ann euz pell diouz ker, etc.

TOSTAAD OUD ANN TAN *ou* D'ANN TAN.

86*. Après les verbes *approcher* ou *s'approcher*, tostaat, didostaat ou en em dostaat), *de* se rend par *da* ou *out*, et après les verbes modifiés par *près* ou *proche*, *de* se rend par *da* seulement.

Exemples : Approchez-vous du feu, tostaed oud ann tân *ou* tostaed d'ann tân ; il approche de Paris, tostaad a ra *ou* en em dostaad a ra out Paris ; il est tombé près de moi, kouézed eo tost d'iñ; il a frappé près de nous, skoed en deuz tost d'emp; il demeure proche de la ville, ô chom éma tost da deger, etc. (on peut dire : kouézed eo em c'hichen ; skoed en deuz enn hor c'hichen, etc., si, au lieu de modifier le verbe breton par *tost*, on le fait par *kichen*).

KOUÉZED EO EUZ HÉ GAR.

87*. On peut exprimer *de* par *euz* (et même on est obligé de le faire très-souvent), toutes les fois qu'on peut le tourner par *de l'intérieur de*, à moins que le régime indirect ne soit un pronom personnel.

Exemples : Il est tombé de sa charrette, kouézed eo euz hé gàr ; je l'ai pris de l'armoire, euz ar préz em euz hén kémeret ; je l'ai entendu de ma maison, euz ma zi em euz hén kléved, etc. Mais on ne dira pas : kouézed eo euz hé varc'h, il est tombé de son cheval ; il faut dire : kouézed eo divar hé varc'h, parce que ici *de* ne peut pas se tourner par *de l'intérieur de*.

DIOC'H AR PÉZ A LAR É WÉLER ÉMAÑ AR WIRIONÉ GANT-HAÑ.

88*. *D'après*, et *de*, si on peut le tourner par *d'après*, se rendent par *diout ou* hervé

Exemples : D'après ce qu'il dit on voit qu'il a la vérité, dioc'h ar péz a lar *ou* hervez ar péz a lar é wéler éma ar wirioné gant-hañ ; de ce qu'il a déjà dit, on peut juger qu'il se trompe, diouz ar péz en deuz laret dija é c'heller menna éc'h eo en em dromplet, etc.

ARABAD EO DROUK-KOMZ DIVAR-BENN ANN NÉSA.

89*. *De* peut toujours se rendre par *divar-benn* (il se rend très-souvent de cette manière-là), quand il peut se tourner par *touchant*.

Exemples : Il ne faut pas médire du prochain, arabad eo drouk-komz divar-benn ann nésa ; qu'en pensez-vous? pétra a zoñjed divar-benn kément-sé? je n'ai rien dit, rien pensé de cet homme, n'am euz laret nétra, n'em euz soñjet nétra divar-benn ann dén-zé, etc.

LEUNIA EUNN DONEL A WIN.

90*. *De*, après les verbes *d'abondance*, de *disette*, de *privation*, etc., se rend par *a*, excepté dans les cas où le régime de ces verbes est précédé de l'article déterminatif ou d'un adjectif possessif ; alors *de* se rend par *euz* ou *diout*.

Exemples : Emplir un tonneau de vin, leûnia eunn dònel a win ; combler quelqu'un de bienfaits, karga eûré a vâd-obéro ; priver quelqu'un de secours, priñva eûré a zikour ; manquer de tout, mankoud a bép tra *ou* kaout diénez a bép tra ; emplir un tonneau du vin que j'ai acheté, leûnia eunn donel euz ar gwin am euz prénet ; ne privez pas cet homme de votre secours, né briñved kéd ann dén-zé euz hô sikour, etc.

ABSOLVED EO EUZ HÉ DORFED.

91*. *De* se rend par *a* après les verbes *absoudre*, absolvi ;
délivrer, dilivra, dieûbi ; *décharger*, diskarga, divéc'hia, dizamma ; et après le verbe *vider*, golonteri, si on lui donne un complément.

Exemples : Il est absout de son crime, absolved eo euz hé dorfed (au lieu de *a* il faut mettre *euz* avant un adjectif possessif, ainsi qu'avant l'article déterminatif); délivrez-nous du mal, dilivred ac'hanomp euz ann drouk, dilivred ac'hanomp a bép drouk ; déchargez-moi de cela, diskarged ac'hanoñ a gément-sé, *ou* diskarged ac'hanoñ euz ann dra-zé ; il a vidé sa bourse de toutes les pièces qui s'y trouvaient, golontéred en deuz hé ialc'h a gément péz a oa enn-hi, etc.

N'AM EUZ KÉD A VARA.

92*. *De*, avant le complément d'une proposition négative, se rend toujours par *a*.

Exemples : Je n'ai pas de pain, n'am euz kéd a vara ; je n'ai pas vu de chevaux ici, n'am euz kéd gwéled a gézeg ama ; je n'achetterai pas de blé cette année, na bréniñ kéd a éd er bloama, etc. Voy. la fin de la deuxième remarque du n° 98*.

DOUÉ A GAR ANN DÉN MAD HAG A RO D'ÉHAÑ HÉ C'HRAD-VAD.

93*. Quand deux verbes français n'ont qu'un régime et que les verbes bretons veulent des régimes différents, on donne son régime à chacun en breton, en se servant d'un pronom personnel précédé de la préposition que chaque verbe breton veut avant son régime.

Exemples : Dieu aime et favorise l'homme de bien, Doué a gar ann dén mâd hag a ro d'éhañ hé c'hrad-vâd ; il m'a vu et apostrophé, gwéled en deuz ac'hanoñ ha douged ar gomz d'iñ, etc.

NOM DE LA CAUSE, DE L'INSTRUMENT ET DE LA MATIERE.

1° NOM DE LA CAUSE.

94*. *De* avant le nom de la cause, se rend toujours par *gant*.

Exemples : Mourir de faim, mérvel gant ann naon ; il est malade de la fièvre jaune, klañv eo gand ann derrien vélenn, etc.

2° NOM DE L'INSTRUMENT.

95*. *De*, avant le nom de l'instrument, se rend toujours par *gant*.

Exemples : Frapper de l'épée, skei gant ar c'hleñvé ; il l'a tué d'un coup de bâton, hé lac'hed en deuz gand eunn tol bâz, etc.

NOM DE LA MATIÈRE.

96*. *De*, avant le nom de la matière, se rend toujours par *gant*.

Exemples : De quelle matière avez-vous fait cela ? Gant pétra danve hoc'h eus-hu gred ann dra-zé ? — Je l'ai fait de bois, gant koad em euz hén gred, etc. (Voy. le nom de la manière et de la partie, n° 173*).

RÉGIME D'UN VERBE SUR UN AUTRE VERBE.

KAROUT C'HOARI.

97*. Quand deux verbes sont de suite et que le premier n'exprime pas mouvement, le second se met à l'infinitif sans préposition (1).

---

(1) Si le premier verbe en breton a la tournure passive (la tournure jussus est ab urbe discedere) le second verbe doit être précédé de *da* : J'ai commencé à battre, krog oñ da zorna, *ou* komañsed oñ da zorna ; j'ai appris à lire, mé a zo disket da lenn ; mon frère m'a exhorté à faire cela, alied oñ bét gañt ma breur da ober ann dra-zé, etc.

Il y a un certain nombre de verbe auxquels cette tournure convient plus que la tournure active ; mais il faut connaître bien ces verbes, de peur qu'on ne fasse un contre-sens en employant la tournure passive pour la tournure active.

Exemples : Aimer à jouer, karout c'hoari ; ordonnez de battre le froment d'abord, gourc'hemenned dorna ar gwiniz da genta ; je vois travailler dans ce champ, mé a wél labourad er park-sé ; il cherche à me tromper, ô klask ma zrompla éma, etc.

De, après le verbe *cesser,* paouez, se rend par *da* ; et *à,* après les verbes *continuer,* derc'hel, *persévérer, persister,* kenderc'hel, se rend aussi par *da :* Il a cessé de parler, paouezed en deuz da gomz ; j'ai continué à marcher, dalc'hed em euz da valé ; il persiste à le dire, kenderc'hel a ra d'hén laret, etc.

ALIED EM EUZ ANÉHAÑ DA OBER ZÉ.

98*. Quand le premier verbe breton a un régime direct, l'infinitif du second verbe est précédé de *da* (1).

Exemples: Je l'ai exhorté à faire cela, hén alied em euz da ober zé ; je l'avais excité à se lever, hé heskined em boa da zével ; il m'avait déterminé à faire cet ouvrage, lakéed en doa ac'hanoñ da ober al labour-zé, etc.

GOURC'HÉMENNED EN DEUZ D'ÉHAÑ DOND.

99*. Quand le premier verbe a un régime gouverné par *da* en breton, l'infinitif du second n'est précédé d'aucune préposition.

Exemples : Il lui a ordonné de venir, gourc'hémenned en deuz

---

(1) Quand le régime soit direct, soit indirect du dernier verbe (qui est à l'infinitif) précède le premier verbe (qui est à un temps personnel), ce dernier verbe peut être toujours précédé de *da* (il est certain qu'on ne va jamais contre l'usage en mettant *da* avant ce dernier infinitif, et quelquefois on est obligé de le mettre pour éviter l'équivoque) : Ar péz a reñkañ da c'hout, *ou* ar péz a reñkañ gout (ici la première construction vaut mieux que la dernière), hé lavared en deuz d'ann hini a garfenn da wélet, *ou* hé lared en deuz d'ann hini a garfenn gwélet (ici la première construction vaut encore mieux que la première) ; ann hini a c'hoañta da ober (celui qu'il veut faire) ; ann hini a c'hoañta ober (celui qui veut faire), etc. On voit que dans ce dernier exemple c'est la préposition *da* qui détermine le sens de la phrase.

Quand il y a deux verbes de suite dans une proposition négative et que le premier n'exprime pas mouvement, le dernier verbe (qui est à l'infinitif) est souvent précédé de *a :* Je ne sais pas lire, né ounn kéd a lenn, *ou* né onn két lenn ; je ne puis pas marcher, né hallañ kéd a valé, *ou* né hallañ ket balé, etc.

d'éhañ dond ; je vous conseille de lire, kuzul a rañ d'hec'h lenn, etc.

MÉ A IA DA C'HOARI.

100*. Quand il y a deux verbes de suite, et que le premier exprime mouvement pour *aller* ou *venir* en quelque lieu, l'infinitif du second verbe breton est toujours précédé de *da*.

Exemples : Je vais jouer, mé a ia da c'hoari ; je viens travailler, dond a rann da labourât, etc.

DOND A RAÑ A VALÉ.

101*. Quand il y a deux verbes de suite, et que le premier exprime mouvement pour venir de quelque lieu, l'infinitif du second est précédé de *a* ou de *euz*.

Exemples : Je reviens de me promener, dond a rann a valé *ou* euz balé ; je reviens de voir mes terres, ô tistrei a wélet ma douarou oñ, etc.

SKUIZA A RAÑ Ô VÉA AMAÑ.

102*. Quand l'infinitif du second verbe en français peut se tourner par le participe présent, on met cet infinitif au participe présent en breton.

Exemples : Je me lasse d'être ici, skuiza a rann ô véa ama ; il s'ennuie d'entendre si souvent parler de cela, en em enaoui a ra ô klévet komz kén aliez a gément-sé ; je suis heureux de vous trouver si bien portant, joauz brâz oñ ô kavoud ac'hanoc'h kér iac'h-sé ; je suis étonné de voir qu'il est arrivé sitôt, souézed oñ ô wéled eo arruet kén abréd-sé, etc.

DIVERRAAD A RA ANN AMZER Ô LENN.

103*. Quand l'infinitif précédé de *à* peut se rendre par le participe présent en français, le second verbe se met toujours au participe présent en breton (1).

---

(1) Quoiqu'il n'y ait pas d'*à* avant l'infinitif qui suit un des temps composés du verbe *être*, l'infinitif qui suit un de ces temps composés, se met toujours au participe présent en breton : J'ai été voir mon père, béd oñ ô wélet ma zâd ; il aura été vous parler pour demain midi, bédé vo ô komz ouz-hoc'h abenn var-c'hoaz da gresté, etc.

Exemples : Il passe le temps à lire, diverraad a ra ann amzer ô lenn ; il est longtemps à se préparer, pell éma oc'h en em brésta; il éait à regarder autour de lui, quand je le vis, ô selled enn dro d'éhañ é oa, pa wéliz anéhañ, etc.

KOLLÉD EN DEUZ HÉ WÉLED Ô LENN OUD AR GOULOU.

104*. Quand *en*, avant le participe présent français, peut se tourner par *à force de* avec l'infinitif, cet infinitif se met au participe présent en breton.

Exemples : Il a perdu la vue en lisant à la chandelle; tournez, à force de lire à la chandelle, kolled en deuz hé wéled ô lenn oud ar goulou ; ce jeune taureau deviendra gras en pâturant ainsi, ar c'holé-ze a zeuio da véa lard ô peuri er stum-zé, etc.

LENN A RA EN EUR VALÉ.

105*. *En*, avant le participe présent français, se rend par *en eur* avec l'infinitif en breton (s'il ne signifie pas *à force de*).

Exemples : Il lit en marchant, lenn a ra en eur valé ; il a beaucoup gagné en travaillant ici, kalz en deuz gonéed en eur labourad ama (on peut très-souvent mettre le participe présent à la place du gérondif, et on peut dire aussi bien *ô labourad* ama en deuz gonéet kalz que *en eur labourad* ama en deuz gonéet kalz), etc.

ROED EN DEUZ D'IÑ LÉVRIO DA LENN.

106*. Quand *à*, avant un infinitif, peut se tourner par *pour* avec l'infinitif passif en français, le second verbe breton se met à l'ifinitif précédé de *da*.

Exemples : Il m'a donné des livres à lire; tournez, pour être lus, roed en deuz d'iñ lévrio da lenn ; donnez-moi un peu d'eau à boire, roed d'iñ eur bannac'h dour da éva, etc.

GWÉLED EM EUZ ANÉHAÑ Ô VOND ÉBARZ

107*. L'infinitif, qui suit le régime direct des verbes *voir*, *sentir*, *écouter*, *entendre*, *admirer*, etc. en français, se met au participe présent en breton.

Exemples : Je l'ai vu entrer dans cette maison-ci, gwéled em euz anéhañ ô vond ébarz enn ti-ma ; je l'ai entendu parler de cela, kléved em euz anéhañ ô komz divar-benn zé ; je l'ai senti bouger un peu, santed em euz anéhañ ô fiñval eunn tammik, etc.

VERBES PRONOMINAUX.

Les verbes pronominaux suivent les mêmes règles que les autres verbes pour tout ce qui regarde le sujet, le régime et la construction ; il n'y a que la répétition du pronom qui puisse causer quelques difficultés particulières à cette sorte de verbes.

EN EM GANNED EO GAND EUNN DÉN KRÉÑV.

108*. Le pronom régime direct d'un verbe pronominal breton est toujours *en em* (1) : Il s'est battu avec un homme fort, en em ganned eo gand eunn dén kréñv ; je m'étais levé contre lui, en em zaved é oann aénéb d'éhañ ; cette fois-ci tu t'es mis à bien travailler, er véch-ma oud en em lakéet da labourad er-vâd ; ils s'enflent d'orgueil, en em c'hoéza a réont gand ann our-goul ; quiconque s'abaisse sera élevé, piou-bennag en em izela a vo huelèet, etc.

REMARQUE. Les verbes pronominaux ne sont pas aussi nombreux en breton qu'en français, car les Bretons n'aiment pas à exprimer le pronom régime direct d'un verbe pronominal, si ce pronom doit être qualifié par un adjectif, ou par un participe autre que celui du verbe pronominal ; ainsi ils ne diront pas : En em wéled eo tromplet gand hé vignon gwella (il s'est vu trompé par son meilleur ami), il faut prendre une autre tournure et dire : Gwé-led a ra *ou* gwéled en deuz eo tromplet gand hé vignon gwella (il voit ou il a vu qu'il est trompé par son meilleur ami), etc.

Il y a le verbe *kavout* seulement qui peut être pronominal, quand

---

(1) Le pronom *en em* est toujours régime direct ; il est aussi le seul pronom régime des verbes pronominaux en breton, en sorte que, lorsque le pronom français est régime indirect, la traduction littérale est impossible : Ils se sont parlé, komzed en deuz ann eil oud égilé, et non pas, en em gomzed int, parce que *se* est régime indirect, etc.

même le pronom *en em* devrait être qualifié par un adjectif : Il s'est trouvé malade, en em gaved eo klañv ; ses membres se sont trouvés glacés, hé izili a zo en em gavet skornet.

Il y a des verbes essentiellement pronominaux en français ; mais en breton il n'y en a pas, car tous les verbes bretons peuvent avoir un sens complet sans avoir le pronom *en em* pour régime.

On trouve quelques verbes bretons qui peuvent être pronominaux, et qui ne le sont pas toutes les fois qu'ils ont le sens des verbes pronominaux ; par exemple, *sével* peut être pronominal, et cependant on n'exprime pas le pronom *en em* avant ce verbe toutes les fois qu'il signifie *s'élever* ou *se lever :* S'élever en l'air, sével enn ear, *ou* en em zével en ear ; se lever de table, sével euz tol (et non pas en em zével euz tol), etc.

VERBES IMPERSONNELS.

SUJET.

109*. Le sujet apparent français ne s'exprime pas en breton, excepté après le *si* dubitatif (1).

Exemples : Il fait de la pluie, ober a ra glao, *ou* glao a ra ; il gèle, skorn a ra, *ou* skorna a ra , etc. (2).

MÉ A GRÉD É RA GLAO.

110*. Dans toute proposition incidente et dans toute proposi-

---

(1) Après le *si* dubitatif on exprime le sujet apparent (et on le fait quelquefois même quand le verbe n'est pas impersonnel) : Je ne sais pas s'il fera de la pluie, né ounn kéd hag kéñ a raio glao ; dites-moi s'il fait beau temps, lared d'iñ hag héñ a ra amezer gaer — Dites-moi si vous aimez cela, lared d'iñ hag héñ é kared ann dra-zè, etc. Mais on peut dire : Lared d'iñ ha c'houi a gar ann dra-zé , dites-moi si vous aimez cela, car après le *si* dubitatif on peut toujours mettre le verbe à l'impersonnel, mais on ne peut le mettre au personnel qu'en le faisant précéder du pronom *héñ*.

(2) On ne dit pas en breton *faire chaud, faire froid*, il faut dire *être chaud, être froid :* Il fait chaud aujourd'hui, tomm eo hiriè ; il faisait froid hier, ién é oa déc'h, etc.

tion négative, soit principale, soit incidente, le verbe impersonnel breton veut être sujet réel (1).

Exemples : Je crois qu'il fait de la pluie, krédi a rañ é ra glao; je dis qu'il ne fera pas de grêle aujourd'hui, lared a rañ né raio kéd a c'hrizil hirié, etc.

BÉD EO D'IÑ OBER ZÉ.

111*. Quand un verbe impersonnel est suivi d'un autre verbe à un temps personnel, ce dernier se met généralement à l'infinitif en breton, et son sujet est précédé de la préposition *da*, si ce sujet est un nom de personne ou un pronom personnel.

Exemples : Il faut que je fasse cela ; tournez, il faut à moi faire cela, réd eo d'iñ ober zé ; il valait mieux que vous l'eussiez fait, gwell é vijé d'hec'h béa gred anéhañ, etc.

REMARQUE. Si le verbe impersonnel breton a déjà un régime indirect, il faut mettre le second verbe à un temps personnel comme en français : Il est très-utile à nous tous que vous disiez cela, quoique cela soit difficile, talvoudek brâz eo d'emp holl é larfac'h ann dra-zé, pétra-bennak ma eo diez hén laret, etc.

SYNTAXE DES PRONOMS.

PRONOMS SUJETS.

112*. Les pronoms sujets sont : *Mé*, je; *té*, tu; *héñ*, il; *hi*, elle; *ni*, nous; *c'houi*, vous; *int* ou *hi*, ils *ou* elles.

Exemples : J'aime, mé a gar; tu aimes, té a gar; il aimait, héñ a garé; elle aimera, hi a garo; nous parlons, ni a gomz; vous parliez, c'houi a gomzé; ils ont parlé, hi *ou* ind hô deuz komzet; elles iront, hi *ou* ind a ielo, etc. (Quand ces pronoms sont exprimés, le verbe est toujours à l'impersonnel).

---

(1) Le sujet réel en breton est celui qui répond à ce qui devient sujet réel en français après qu'on a retranché le sujet apparent : Il fait de la pluie; retranchez *il*, et il vous reste *pluie* pour sujet : *pluie* fait, etc.

PRONOMS RÉGIMES DIRECTS.

113*. Les pronoms régimes directs sont : *Ac'hanoñ*, me ; *ac'hanoud*, te ; *anézhañ*, le ; *anézhi*, la ; *ac'hanomp*, nous ; *ac'hanoc'h*, vous ; *anézho*, les (1).

Ces pronoms peuvent toujours être régimes directs, et quelquefois régimes indirects (Ils peuvent être régimes indirects, quand on les exprime pour rendre un pronom français précédé de *de*, si ce *de* peut se tourner par *touchant* : Que pensez-vous de nous ? pétra a zoñjed ac'hanomp ? — Nous n'avons rien dit de vous, n'hon euz laret nétra ac'hanoc'h, etc.).

Exemples : Il m'aime, kared a ra ac'hanoñ ; je t'aime, mé a gar ac'hanoud ; je le vois, gwéled a rañ anéhañ ; je l'ai entendue, kléved em euz anehi ; il nous entend, kleved a ra ac'haomp ; nous vous voyions, ni a wélé ac'hanoc'h ; nous les avons bien accueillis, digémeret mâd hon euz anhe, etc. (Il y a encore d'autres pronoms régimes directs qui précèdent toujours les verbes dont ils sont régimes : Il m'a vu, ma gwéled en deuz ; je t'entends, da gleved a rañ ; je l'aime, hé gared a rañ, etc. Voy. les adjectifs possessifs n° 156).

PRONOMS QUI SE METTENT APRÈS LES VERBES ET APRÈS D'AUTRES PRONOMS.

114*. Ces pronoms sont les mêmes que ceux qui sont mentionnés au n° 112, excepté le pronom de la deuxième personne du pluriel (on dit *hu* au lieu de *c'houi*).

Exemples : Lui parlerai-je ? ha komz a riñ-mé out-hañ ? — as-tu fait cela ? ha gred éc'h eus-té ann drɔ-zé ? — vous a-t-il vu ? ha gwéled en deus-hañ ac'hanoc'h ? *(hañ* est plus usité que *héñ* après un verbe ; c'est pourquoi on dit mieux *ha gwéled en deus-hañ* que *gwéled en deus-héñ)* — vous a-t-elle parlé ? ha komzed é deus-hi ouz-hoc'h ? — irons-nous là ? ha mond a rafomp-ni di ? — avez-vous entendu ? ha kléved hoc'h eus-hu ? —

---

(1) En Tréguier on dit *anéhañ*, *anéhi*, *anhe*, au lieu de *anézhañ*, *anézhi*, *anézhô*.

que disent-ils? pétra a laront-hi *ou* pétra a laront-int? — que pensent-ils de cela? petra a zoñjont-hi *ou* pétra a zoñjont-int divar-benn ann dra-zé? etc.

Gan-éñ-mé, avec moi; var-n-oud-té, sur toi; d'éhañ, à lui (on ne dit pas d'éhañ-hañ; car les pronoms de la troisième personne produisent un mauvais son en se succédant immédiatement l'un à l'autre); d'ehi, à elle (et non pas d'ehi-hi); gan-emp-ni, avec nous; gan-hec'h-hu, avec vous; gant-he, avec eux ou avec elles (et non pas gant-he-hi, ni gant-he-int), etc.

On met *dé,* au lieu de *té,* après les pronoms *éd* et *id* gouvernés par *gant* ou par *da :* J'irai avec toi, mé a ielo gan-éd-dé; je te le donnerai, hé rei a riñ d'id-dé, etc.

Mais je dirai : Ouz-id-té co é komzañ (c'est-à toi que je parle), parce que le pronom n'est gouverné ici ni par *gant* ni par *da* etc.

PRONOMS RÉGIMES INDIRECTS.

115*. Les pronoms *iñ, id, éhañ* ou *ézhañ, éhi* ou *ezhi, imp, emp* ou *éomp, hec'h, é-hoc'h, he* ou *ézho,* sont gouvernés par la préposition *da.*

Exemples : D'iñ, à moi; d'id, à toi; d'éhañ *ou* d'ézhañ, à lui; d'ehi *ou* d'ezhi, à elle; d'e-omp *ou* d'emp (ou même d'imp), à nous ; d'hec'h *ou* d'e-hoc'h, à vous; d'he *ou* d'ezho, à eux ou à elles; adréñ d'iñ, derrière moi; araok d'id, avant toi; a uz d'é-hañ, au-dessus de lui, etc

GANT-HAÑ, DIGANT-HAÑ.

116*. Les pronoms *éñ, éd, hañ, hi, é-omp* ou *emp, é-hoc'h* ou *hec'h, hô* ou *he,* sont gouvernés par les prépositions *gant digant* (1)

Exemples : Gan-éñ, avec moi; gan-éd, avec toi; gan-é-omp *ou* gan-emp, avec nous; gan-é-hoc'h *ou* gan-hec'h. avec vous; gant-hô *ou* gant-he, avec eux ou avec elles, etc.

---

(1) Les Trégorois disent toujours gan-iñ, gan-id, digan-iñ, digan-id, gan-imp, digan-imp. etc.

Digan-éñ, d'avec moi; digan-éd, d'avec toi; digant-hañ, d'avec lui; digant-hi, d'avec elle, etc. (Quelquefois on dit aussi digan-éz-omp, gan-éz-omp, digan-éz-hoc'h, gan-éz-hoc'h; gan-hac'h (avec vous), digan-hac'h (d'avec vous).

OUT-HAÑ, DIOUT-HAÑ.

117*. Les pronoms *iñ, id, hañ, hi, omp, hoc'h, hô, he,* sont gouvernés par les prépositions *out, diout.*

Exemples : Ouz-iñ, ouz-id, out-hañ, out-hi, ouz-omp, ouz-hoc'h, out-hô, out-he, diouz-iñ, diouz-id, diout-hañ, diout-hi, diouz-omp, diouz-hoc'h, diout-hô, diout-he, etc.

WAR-N-OÑ.

118*. Les pronoms *ounn* ou *oñ, oud, hañ, hi, omp, hoc'h, hô* ou *he,* sont gouvernés par les prépositions *var, divar, rak, dirak, dré, dreist, enn, évit, hép, német* (ils sont encore gouvernés par la conjonction *égét*),

Exemples : Var-n-oñ, *ou* var-n-ounn, sur moi; var-n-oud, sur toi; var-n-hañ, sur lui; var-n-hi, sur elle; var-n-omp, sur nous; var-n-hoc'h, sur vous; var-n-hô *ou* var-n-he, sur eux ou sur elles (on peut dire aussi var-n-ézhô, sur eux ou sur elles), etc.

Divar-n-oñ *ou* divar-n-ounn, de dessus moi; divar-n-hañ, divar-n-hi, divar-n-omp, divar-n-hoc'h, divar-n-hô *ou* divar-n-he (on peut dire aussi divarn-ézhô,) etc.

Rak-ounn *ou* rak-oñ, raz-ounn *ou* raz-oñ, devant moi ou en face de moi; rak-oud *ou* raz-oud, rak-hañ *ou* raz-hañ, rak-hi *ou* raz-hi, rak-omp *ou* raz-omp, rak-hoc'h *ou* raz-hoc'h, rak-he *ou* raz-hô (les Trégorois ne changent le *k* en *z* ni dans *rak* ni dans *dirak),* etc.

Dirak-oñ *ou* diraz-ounn, devant moi ou en ma présence; dirak-oud *ou* diraz-oud, etc.

Dré-z-ounn *ou* dré-i-oñ, par moi; dré-z-oud *ou* dré-i-oud, dré-z-hañ *ou* dré-i-hañ, dré-z-omp *ou* dré-i-omp, dré-z-hoc'h *ou* dré-i-oc'h, dré-z-hô *ou* dré-i-he (les Trégorois disent dré-i-oñ, dré-i-oud, etc.), etc.

Dreïst-ounn *ou* dreist-oñ, par-dessus moi ; dreist-oud , dreist-hañ, dreist-hi , dreist-omp, dreist-hoc'h, dreist-hô *ou* dresit-he, etc.

Enn-ounn *ou* enn-oñ, en moi ; enn-oud, enn-hañ, enn-hi, enn-omp, enn-hoc'h, enn-hô *ou* enn-he, etc.

Evid-ounn *ou* évid-oñ, pour moi ; évid-oud, évit-hañ, évit-hi, évid-omp, évid-hoc'h, évit-hô *ou* évit-he, etc.

Hép-oñ *ou* hép-z-ounn, sans moi ; hép-oud *ou* hép-z-oud, hép-hañ *ou* hép-z-hañ, hép-hi *ou* hép-z-hi, hép-omp *ou* hép-z-omp, hép-hoc'h *ou* hép-z-hoc'h, hép-he *ou* hép-z-hô (les Trégorois ne mettent pas de *z* entre *hép* et les pronoms personnels), etc.

Né neuz némed-ounn *ou* némed-oñ, il n'y a que moi ; némed-ond, német-hañ, német-hi, némed-omp, némed-hoc'h, német-hô *ou* német-he, etc.

Il est plus grand que moi ; brasoc'h eo égéd-ounn *ou* égéd-oñ ; égéd-oud, égét-hañ, égét-hi, égéd-omp, égéd-hoc'h égét-hô *ou* égét-he, etc.

Ces prépositions ne sont suivies d'aucune lettre euphonique, quand elles ont un nom pour complément ; ainsi l'on ne dira pas : Dré-z-ar park ; il faut dire : Dré ar park, etc.

WAR MA LERC'H, MA GOUDÉ, DA C'HOUDÉ, ETC.

119*. *Var-lerc'h*, à la suite de.., *goudé,* après.., ne gouvernent aucun pronom ; mais ils sont précédés d'un adjectif possessif.

Exemples : Après moi, war ma lerc'h ; après toi, da c'houdé : var da lerc'h (après toi), var hé lerc'h (après lui *ou* après elle), var hon lerc'h, var hô lerc'h (après vous), var hô lerc'h (après eux *ou* après elles), ma goudé (après moi), da c'houdé (après toi), hé c'houdé (après lui), hé goudé (après elle), hor goudé (après nous), hô koudé (après vous), hô goudé (après eux *ou* après elles).

Ces deux prépositions précèdent toujours leur complément, si ce complément est un nom : Après Pierre, goudé Per *ou* var-lerc'h Per; après midi, goudé krésté, etc. (1).

PRONOMS *ME, TE, SE, NOUS, VOUS, LE, LA, LES, EN, Y, SOI, SOI-MÊME, MOI-MÊME*, ETC.

1° *Me, te, se, nous, vous, le, la, les.*

120*. Les pronoms *me, te, se, nous, vous*, régimes directs, et les pronoms *le, la, les*, se rendent par les pronoms mentionnés au n° 143* (ou par les pronoms mentionnés aux n°s 108* et 156*).

Exemples : Il m'aime, kared a ra ac'hanoñ; je t'aime, kared a rann ac'hanoud; nous le voyons, gwéled a réomp anéhañ; je l'entends (elle), kleved a rann anéhi; (il m'aime, ma c'hared a ra; je vous vois, hô kwéled a rann, etc.)

HER GOULENN A RINN DIGANT-HAÑ.

121*. Quand les pronoms *me, te, se, nous, vous*, sont pour *à moi, à toi, à lui, à elle, à eux, à elles, à nous, à vous*, ils se rendent, par les pronoms qui doivent être gouvernés par les prépositions que chaque verbe breton veut avant son régime indirect.

Exemples : Je le lui demanderai, her goulenn a rinn digant-hañ (2); je le leur dirai, hé lared a rinn d'hé (3); il m'a lancé une pierre, cur mén en deuz striñket gan-éñ (4); je vous en ai

---

(1) On se sert de *goudé* en parlant d'un espace de temps, et de *var-lerc'h* en parlant d'un espace de lieu : Goudé krésté, et non var-lerc'h krésté (après midi); rédeg a ra var-lerc'h ar marc'h, et non rédeg a ra goudé ar marc'h (il court après le cheval), etc.

(2) Le verbe *goulenn* veut *digañt* avant son régime indirect, et *digañt* gouverne *hañ* (pour le masculin), voy. le n° 116*.

(3) Le verbe *laret* veut *da* avant son régime indirect, et *da* gouverne *hé* ou *ézhô* (pour les deux genres), voy. le n° 115*.

(4) Le verbe *striñka* veut son régime indirect marqué par *gañd*, si son régime direct est le nom d'une chose solide (par *out* ou par *gañt*, si son régime direct est le nom d'une chose liquide, voy. la première remarque du n° 78*), et la préposition *gañt* gouverne le pronom *éñ*. Voy. le n° 116*.

déjà parlé, komzed em euz ouz-hoc'h dijà diwar-benn ann dra-zé (1); ils se sont parlé, komzed en euz ann eil ouz égilé, etc.

EN.

MÈ A GAR ANÉHAÑ HAG A ZO KARET GANT-HAÑ.

122*. *En*, régime d'un verbe passif, se rend toujours par *gant* (et un pronom que cette préposition peut gouverner).

Exemples : Je l'aime et j'en suis aimé, mé a gar anéhañ hag a zo karet gant-hañ ; je suis bon envers cet homme et cependant j'en suis haï, mé a zo mâd é-kéver ann dén-zé ha kouskoudé éc'h oñ kaséet gant-hañ, etc.

BÉD OÑ Ô KAOUD ANÉHAÑ HAG EM EUZ BÉD MA GRAS DIGANT-HAÑ.

123*. *En*, signifiant *de lui, d'elle, d'eux, d'elles*, se rend par un pronom qui puisse être gouverné par la préposition que le verbe breton veut avant son régime (il ne s'agit pas ici de *en* régime d'un verbe passif).

Exemples : J'ai été le trouver, et j'en ai obtenu ma grâce, béd oñ ô kaoud anéhañ, hag em euz béd ma gras digant-hañ ; c'est un homme de bien, pour moi j'ai lieu d'en être content, eunn dén evel a zo dléed eo, évid-oñ-mé am euz lec'h da véa kontand anéhañ, (les pronoms *ac'hanoñ, ac'hanoud, anézhañ, anézhi, ac'hanomp, ac'hanoc'h, anézhô*, ne peuvent être gouvernés par aucune préposition ; et c'est pour cela que je ne dis pas *a ac'hanoñ*, quoique l'adjectif *kontant* veuille son complément marqué par *a*), etc.

En, signifiant *son, sa, ses, leur*, se rend toujours par un adjectif possessif : J'ai vu votre maison et j'en ai admiré la beauté, gwéled em euz hô ti hag em euz gant souéz selled oud hé gaerder, etc.

---

(1) Le verbe *komz* veut son régime indirect marqué par *out* ou par *da* (la préposition *da* gouverne le pronom d'é-hoc'h, et on aurait pu dire: Komzed em eur d'é-hoc'h divar-benn ann dra-zé, voy. le n° 115*), et la préposition *out* gouverne le pronom *hoc'h*. Voy. le n° 117*.

Y.

EUNN DRA DELLIDUZ EO, PRÉDER AM BO GANT-HAÑ.

124*. *Y,* étant pour *à lui, à elle, à eux, à elles,* se rend par un pronom personnel qui puisse être gouverné par la préposition que le verbe breton veut avant son régime.

Exemples : C'est une chose importante, j'y donnerai mes soins, eunn dra delliduz eo, préder am bo gant-hañ ; ce cheval est méchant, n'y touchez pas, ar marc'h-sé a zô drouk ; na stoked kéd enn-hañ, etc.

SOI, SOI-MÊME.

125*. *Soi* et *soi-même,* se rendent par *ann-unan,* quand le verbe a pour sujet le pronom indéfini *on,* et quand le verbe est impersonnel.

Exemples. Il y a des choses que l'on est obligé de faire soi-même, béa zo treo hag a reñker ober enhe ann-unan ; quand on travaille pour soi, on travaille de son mieux, pa labourer évid ann-unan, é labourer gwella ma c'heller ; il faut y aller soi-même, réd eo mond di ann-unan, etc.

PIOU-BÉNNAG EN DEUZ RÉ A ISTIM ÉVIT-HAÑ HÉ-UNAN A GWÉZ ENN DISPRIZ ABRÉD PÉ ZIVÉZAD.

126*. Après les pronoms indéfinis *quiconque, chacun, tout homme, qui que ce soit,* les pronoms *soi, soi-même,* se rendent par *hé-unan.*

Exemples : Quiconque a trop d'estime pour soi, tombe tôt ou tard dans le mépris, piou-bennag en deuz ré a istim évit-hañ hé-unan a gwéz enn dispriz abréd pé zivézad; quiconque s'aime trop, n'aime pas les autres, piou-bennag en em gar ré hé-unan, né gar kéd ar ré all; chacun pour soi, pép hini évit-hañ hé-unan; tout homme est obligé de faire soi-même son salut, pép dén a réüg ober hé-unan hé zilvidigez, etc.

MÊME JOINT A UN PRONOM.

MÉ AM EUZ GRET SÉ MA-UNAN.

127*. *Même* joint à un pronom en français se rend par *unan* en breton, et le pronom français se rend par un des pronoms *ma* où *va, da, hé, hon, hoc'h, hô.*

Exemples : J'ai fait cela moi-même, mé am euz gred ann dra-zé ma-unan, *ou* mé am euz gred ann drã-zé va-unan ; toi-même, da-unan ; il me l'a dit lui-même, héñ hé-unan en deuz hén laret d'iñ ; elle viendra elle-même, doud a raio héc'h-unan ; nous-mêmes, hon-unan ; vous-mêmes, hoc'h-unan (vous-même, hoc'h-unan); eux-mêmes ou elles-mêmes, hô-unan.

MANIÈRES DE RENDRE *ON*.

ON EST, É OAR.

128*. *On,* avant le verbe être, se rend ainsi en breton : On est, é oar; on était, é oad ; on fut, é oéd ; on sera, é vior *ou* é véfer ; on serait, é vijed, é vied *ou* é véfed (le présent du subjonctif est semblable au futur, et l'imparfait du subjonctif est semblable au conditionnel).

Pour avoir les temps composés on n'a qu'à ajouter le participe passé *bét* aux temps simples : On a été, béd é oar, etc.

Exemples : On est en paix, é oar éñ peuoc'h ; on était en guerre quand je tirai, é oad éñ brézel pa denniz ; on a été chez vous, béd é oar duzé, etc. (1)

BÉA ZO KALZ A LABOUR DA OBER.

129*. *On,* avant le verbe avoir, se rend par le verbe *béza* con-

---

(1) *É* n'entre pas dans la formation de ces temps, mais je le mets parce qu'il les précède presque toujours : voici deux cas dans lesquels il ne les précède pas.

1° Quand on répond en ajoutant *dà* ou *avad* à sa réponse : On n'est pas encore arrivé. — Si bien sûr, né oar kéd arru c'hoaz ; — Oar da *ou* oar avad ;
2° quand la phrase est négative : né oar kéd arru c'hoaz, et non pas, né é oar kéd arru c'hoaz, etc.

jugué avec lui-même (on peut aussi conjugue le verbe *béza* à l'impersonnel dans les propositions principales affirmatives).

Exemples : On a beaucoup d'ouvrage à faire, béa zo kalz a labour da ober (*ou* kalz a labour a zo da ober); on avait deux charretées de blé à battre hier, béa oa diou garg éd da zorna déc'h (*ou* diou garg éd a oa da zorna déac'h); on a du temps, béz'a zo amzer (*ou* amzer a zo), etc.

Pour avoir les temps composés on n'a qu'à ajouter le participe *bét* aux temps simples : On a eu beaucoup d'ouvrage à faire, béd é zo kalz a labour da ober; on aurait eu trois autres ouvriers pour travailler ici, si vous aviez voulu, béd é vijé tri vichérour all evit labouràd amañ, m'hô pijé karet, etc,

Il y a, il y avait, etc., se rend de la même manière que *on a, on avait :* Il y a beaucoup de monde ici aujourd'hui, béz'a zo kalz a dud amañ hiriô (*ou* kalz a dud a zo amañ hiriô); il y a trop d'ouvrage, béa zo *ou* béz'éz euz ré a labour (ou bien ré a labour a zo); il y avait eu beaucoup de monde à la foire, béd é oa kalz a dud er foar (kalz a dud a oa béd er foar), etc. *(Il n'y a pas* et *on n'a pas* se rendent par *né neuz két* ou *neuz két :* Il n'y a pas de bois ici, né neuz kéd a goad amañ *ou* neuz kéd a goad amañ, etc. Ce complément ne peut jamais devenir sujet ici, en sorte qu'on ne peut pas dire : kaod neuz kéd amañ).

KRÉDI A RAÑ É ZO KALZ A LABOUR DA OBER.

130*. Dans une proposition incidente, et dans une proposition principale où le verbe serait précédé de quelque mot en breton, on ne pourrait pas conjuguer le verbe *béza* avec lui-même pour rendre *il y a, il y avait,* etc., *on a, on avait,* etc.

Exemples : Je crois qu'il y a, ou que l'on a beaucoup d'ouvrage à faire, krédi a rañ é zo kalz a labour da ober; ici on a plus d'ouvrage que d'ouvriers, amañ é zo (et non pas amañ béz'a zo) muioc'h a labour évid a labourerien; il n'y avait pas assez d'ouvriers, né oa kéd avoalc'h a labourerien (et non pas, béza né oa kéd avoalc'h a labourerien), etc.

PA VÉ ARC'HAND É PEER PA GÉRER.

131*. *On a* et *il y a* se rendent par *vé* (ou *véz*), et *on est* se rend par *vér* (ou *véeur*), quand ils sont précédés de *quand* ou *lorsque* et quand on peut les tourner par le futur après le *si* conditionnel.

Exemples : Quand on a de l'argent, on paie quand on veut, pa vé arc'hand, é peer pa gérer ; quand il y a ou lorsqu'il y a beaucoup d'ouvriers, on peut faire beaucoup d'ouvrage, pa vé (ou pa véz) kalz a labourien, é c'heller ober kalz a labour ; s'il y a assez de monde sans moi, je n'irai pas, ma vé avoalc'h a dud hép-oñ, né d'iñ két ; quand on est riche, on est heureux aux yeux du monde, pa vér pinvidik, é ver évuruz hervez kréden ann dud ; si on est là pour dix heures, j'irai avec vous, ma vér énô abenn dég heur, éc'h iñ gan-hec'h, etc.

Mais je dirai, ma oar er ger é c'hallañ mond gan-hec'h (et non pas ma vér er ger...), parceque ici on ne peut pas tourner *si on est* par *si on sera*, etc.

On peut tourner *quand on est* ou *lorsqu'on est* par *celui qui* ou par *quiconque*, s'il y a un second *on* dans la phrase : Quand on aime le bon Dieu, on aime aussi son prochain ; tournez, celui qui ou quiconque aime bien...., ann hini a gar Doué er-fad *ou* piou-bennag a gar Doué er-fad, a gar ivé hé nésa, etc.

ON AVANT LES AUTRES VERBES.

E LABOURER.

132*. Au présent de l'indicatif on rend *on* en changeant en *er* ou en *eur* la terminaison *et* du participe passé breton.

Exemples : Labouret, travaillé ; é labourer *ou* é laboureur, on travaille (1) ; gourdrouzet, menacé ; é c'hourdrouzer *ou* é c'houdrouzeur, on menace, etc.

---

(1) *E* n'entre pas dans la formation de ces temps, mais je le mets parce qu'il les précède presque toujours. Voy. les remarques des n°ˢ 128* et 137*, et le n° 138*.

E LABOURED.

133*. A l'imparfait on rend *on* en changeant en *ed* la terminaison *et* du participe passé breton.

Exemples : On travaillait, é laboured ; deuet, venu ; é teued, on venait, etc. Il n'y a pas de prétérit défini.

E LABOURFER.

134*. Au futur on rend *on* en changeant en *or* ou en *fer* la terminaison *et* du participe passé breton.

Exemples : E labouror *ou* é labourfer, on travaillera ; c'hoariet, joué ; é c'hoarior *ou* é c'hoarifer, on jouera, etc.

E LABOURJET.

135*. Au conditionnel on rend *on* en changeant en *jed*, en *zed* ou en *fed* la terminaison *et* du participe passé breton.

Exemples : E labourjed, é labourzed *ou* é labourfed, on travaillerait ; karet, aimé ; é karjed, é karzed *ou* é karfed, on aimerait, etc. (le présent du subjonctif est semblable au futur, et l'imparfait du subjonctif est semblable au conditionnel).

Les verbes *ober*, faire ; *gouzout*, savoir ; *mond*, aller, sont irréguliers : E rer, on fait ; é red, on faisait ; é réor *ou* é rafer, graer *ou* grafer, on fera ; é rajed, é razed *ou* é rafed, on ferait. Ec'h ouzer, on sait ; é wied, on savait ; é wéor *ou* é wefer, on saura ; é wejed, é wefed, on saurait.

Ec'h er, on va ; éc'h ed on allait ; éc'h aer *ou* éc'h afer, on ira ; éc'h ajed *ou* éc'h afed, ou irait. Ces verbes prennent le *g*, quand ils ne sont précédé d'aucun mot : Grer, on fait, etc. Gouzer, on sait ; gwied on savait, etc. Ger, on va ; ged, on allait ; gaer *ou* gafer, on ira, etc.

LABOURAD A RER PA GÉRER.

136*. Quand on a *on* pour sujet d'une proposition affirmative principale en breton, on emploie l'auxiliaire *ober* que l'on conjugue comme il est conjugué au n° 135*.

Exemples : On travaille quand on le veut, labouràd a rer pa gérer; on dit qu'il a fait cela, lared a rer en deuz gred ann drazé; on le croyait, hén krédi a red; on battrait, si j'arrivais assez tôt, dorna a rafed, mac'h arrfuenn abréd avoalc'h, etc.

AMAÑ É TEUER.

137*. Dans toute proposition principale affirmative où le verbe est précédé de quelque mot en breton, on exprime *on* comme on l'a exprimé aux n°s 132*, 133*, 134* et 135* (1).

Exemples : On vient ici, amañ é teuer; on paie plus cher les vivres en ville qu'à la campagne, éñ ker é peer kérroc'h ar bévañs évit var ar maez; on viendra vous trouver, d'hô kaoud é teufer, etc.

NA ZEUER KÉD ABRÉD.

138*, Dans toute proposition négative, soit principale soit incidente, on exprime *on* comme il exprime aux n°s 132*, 133*, 134* et 135*, excepté qu'on retranche la particule *é* qui précède chaque temps.

Exemples : On ne vient pas tôt, né zeuer kéd abréd; on ne croit pas qu'il vienne, na gréder kéd é teufé; je ne demande pas si on ne le fera pas, né c'houlennañ kéd hag héñ né rafer kéd ann dra-zé; je disais qu'on ne venait pas, lared a renn né zeued két, etc.

REMARQUE. Si le verbe, qui a *on* pour sujet est à un temps composé, il faut exprimer *on* en tournant l'actif en passif : On les a invités; tournez, ils sont invités, péded int; je crois qu'on les avait trompés; tournez, je crois qu'ils étaient trompés, krédi a

---

(1) *On* l'exprime encore de la même manière dans toute proposition incidente affirmative, excepté, dans celle qui commencerait par un *si* conditionnel (ma), par *quand* ou *lorsque*.

Exemples : Je crois qu'on vous le dira, mé a gred héñ lavarfer d'é-hoc'h; il me disait qu'on travaillait, lared a re d'iñ é laboured, etc.

Dans une proposition incidente qui commence par *ma* ou *pa* en breton, et conséquemment par *si* conditionnel, *quand* ou *lorsque* en français, il faut retrancher l'*é* qui précède les temps des n°s 132*, 133*, 134* et 135* : Si on dit cela, ma lavarer ann dra-zè; quand on vient ou lorsqu'on vient du sermon, on a la conscience plus tranquille que lqrsqu'on vient du théâtre, pa zeuer a glévoud ar brézégen, é vé ziouloc'h ar gonsiañs évit pa zeuer euz ann arvest, etc.

rañ é oant tromplet; ils ne savent pas si on leur a dit de venir; tournez, ils ne savent pas s'il est dit à eux venir, né ouzont kéd hag héñ a zo laret d'he dond; je ne sais pas si on ne leur en a pas parlé; tournez, je ne sais pas s'il ne leur en est pas parlé, né ounn kéd hag héñ neuz kéd komzed out-he divar-benn ann drazé, etc.

ACCORD DU RELATIF AVEC L'ANTÉCÉDENT.

HON TAD, PÉHINI A ZO ENN ÉNVO.

139*. Le *qui* et le *que* relatifs se rendent par *péhini* au singulier des deux genres, et par *péré* au pluriel des deux genres.

Exemples : Notre Père qui êtes dans les cieux, hon Tâd, péhini a zo enn éñvo; Jean que j'ai vu, Iann péhini am euz gwélet; Marie qui m'en a parlé, Mari péhini é deuz komzet d'iñ a zé; cette jument que j'ai vue, ar gazek-sé péhini am euz gwélet; Jean et Pierre, qui sont venus ici, m'en ont prlé, Iann ha Per, péré a zo deud amañ, ho deuz komzet d'iñ divar-benn zé; ces juments-là que j'ai achetées trop cher, ar c'hézégenned-sé péré am euz prénet ré gér, etc.

Quand le sujet et le régime d'un même verbe sont de la troisième personne, il faut quelquefois changer l'actif en passif pour éviter l'équivoque.

Exemples : L'homme qui aime Dieu; tournez, l'homme de qui Dieu est aimé, ann dén péhini a zo karet Doué gant-hañ; l'homme que Dieu aime; tournez l'homme qui est aimé de Dieu, ann dén péhini a zo karet gand Doué, etc. (L'équivoque qu'il faut éviter, vient de ce que les mots *péhini* et *péré* peuvent être indifféremment sujet ou régime d'un même verbe actif.)

Mais on dira en conservant l'actif : Dieu, qui a créé tous les hommes, Doué, péhini en euz krouet ann holl dud, etc., car ici on sait parfaitement quel est le sujet du verbe *kroui*.

Les Bretons n'aiment à exprimer ni le *qui* ni le *que* relatifs ; ainsi ils diraient en supprimant ces deux particules : L'homme qui aime Dieu ; ann dén a zo karet Doué gant-hañ ; l'homme que Dieu aime, ann dén a zo karet gand Doué, etc.

Voici les cas où l'on doit exprimer le *qui* et le *que* relatifs en breton.

1º Quand l'antécédent est un nom propre, ou un nom commun qui exprime une totalité.

Exemples : Pariz, qui est une très-grande ville, peut encore s'agrandir, Pariz, péhini a zo eur ger vrâz meurbéd, a hell kréski c'hoaz ; Rome, que tout le monde ne connaît pas, est cependant une ville ancienne et belle, Rom, péhini n'eo kéd anavéet gand ann holl, a zo kouskoudé eur ger gôz ha kaer ; les Antilles, que le soleil chauffe beaucoup, sont cependant habitées par des hommes, ann Antilo, péré a zo tommet stard gand ann heol, a zo kouskoudé tud enn-he ô chom, etc.

2º Quand l'antécédent est précédé d'un adjectif démoustratif.

Exemples : Cet homme-là, que j'ai toujours aimé, n'a jamais reconnu les services que je lui ai rendus, ann dén-zé, péhini ann euz karet atao, n'en euz biskoaz anavéed ar plijadurezo am euz gred évit-hañ ; ces chevaux, qui ne paraissent pas bien grands, ont une assez haute taille, ar c'hézek-sé, péré na zéblantont kéd béa brâz, ho deuz eur vend huel avoalc'h, etc.

3º Quand l'antécédent est en apostrophe.

Exemples : Notre Père, qui êtes dans les cieux, que votre nom soit loué, hon Tâd, péhini a zo enn éñvo, ra vo meuled hoc'h ano ; porrions-nous jamais vous peiner, vous qui nous avez tant aimés? ha galloud a rafemp biken añkennia a ac'hanoc'h, c'houi péhini hoc'h euz karet ac'hanomp kémend ! etc. (1).

---

(1) Quand l'antécédent est précédé d'un article indéterminatif, on exprime *qui* et *que* par *hag* : Un homme qui est bon, eunn dén hag a zo mâd ; une femme qui est sage, eur plac'h hag a zo fur ; des personnes que j'ai vues, tud hag am euz gwélet ; une chose qui me plaît, eunn dra hag a blij d'iñ ; une chose que j'aime, eunn dra hag a garañ, etc.

CE QUI, CE QUE, TOUT CE QUI, TOUT CE QUE.

GWÉLET A RAÑ AR PÉZ A RÉD AZÉ.

140*. *Ce qui* et *ce que*, entre deux verbes (quod) ou au commencement d'une phrase, se rendent par *ar péz*, s'ils peuvent se tourner par *la chose qui*, ou *la chose que*.

Exemples : Je vois ce que vous faites là, gwéled a rañ ar péz a réd azé ; j'ai entendu ce qui a été dit, klévcd em euz ar péz a zo bét laret ; ce que vous faites là est précieux, ar péz a réd azé a zo prizuz, etc.

NÉ OUNN KÉT PÉTRA A RÉD AZÉ.

141*. *Ce qui* et *ce que*, entre deux verbes (quid), se rendent par *pétra*, quand ils peuvent se tourner par *quelle chose*.

Exemples : Je ne sais ce que vous faites là, né ounn két pétra a réd azé ; suis-je obligé de savoir ce qui se passe là ? ha reñkoud a rànn-mé gout pétra a drémen dré azé ? etc.

KÉMEND A RA DOUÉ A ZO GRET MAD.

142*. *Tout ce que* et *tout ce qui*, entre deux verbes ou au commencement d'une phrase, se rendent par *kément* ou *kément tra* (le mot *tra* est presque toujours sous-entendu).

Exemples : Tout ce que Dieu fait est bien fait, kémend a ra Doué, *ou* kément tra a ra Doué a zo gret màd ; j'ai entendu tout ce qui a été dit, mé am euz klévet kémend a zo bét laret ; il aime tout ce que j'aime, héñ a gar kémend a garann ; tout ce qui est bon pour vous est bon pour moi, kémend a zo màd évid-hoc'h a zo mad évid-oñ, etc.

DONT, DE QUI, A QUI, PAR QUI.

DOUÉ PÉHINI A ZO HÉ VADÉLEZ DREIST MUZUL.

143*. *Dont, de qui, duquel, de laquelle*, gouvernés par un nom, se rendent par *péhini* pour les deux genres, et le mot, qui a pour complément *dont, de qui, duquel,* ou *de laquelle,* est précédé d'un adjectif possessif en breton (1).

Exemples : Dieu dont la bonté est infinie, Doué péhini a zo hé vadélez dreist muzul; cet homme, dont, de qui ou duquel les connaissances sont si grandes, ne sait pas encore tout, ann dénzé, péhini a zo ker braz hé anaoudégezio, né oar két c'hoaz kément-so; cette femme, dont ou de laquelle les manières plaisent à tout le monde, est toujours sans affectation, ar plac'h-sé, péhini a blij hé doaréo d'ann holl, né vé gwéch ébéd esmac'ho enn-hi, etc. (2)

REMARQUE. Quand l'antécédent de *dont, de qui, duquel, de laquelle, desquels* ou *desquelles,* est précédé de l'article déterminatif, on n'exprime ni *péhini* ni *péré* en breton : Le pauvre dont, de qui ou duquel, la conscience est tranquille, est plus heureux que le mauvais riche, ar paour a zo hé gonsiañs é péoc'h, a zo evurusoc'h évid ar pinvidik fall; les personnes, dont la tête est si légère, font beaucoup de sottises, ann dud a zo ker skañv-sé hô fenn, a ra kalz a zotizo, etc.

Si cependant l'article déterminatif est avant un nom pris en un sens général, il faut exprimer *dont, de qui,* etc., d'après le nº 143* : L'homme, dont la malice est si grande, ne peut rien de lui-même (*l'homme* est pris ici pour *le genre humain*), ann dén, péhini a zo kér bràz hé fallagriez, né d-eo évid ober nétra anéhañ

---

(1) *Desquels, desquelles, dont,* (avec un antécédent pluriel, gouvernés par un nom, se rendent par *péré,* et le nom. qui a *desquels, desquelles,* ou *dont* pour complément, est précédé d'un adjectif possessif en breton: Ces hommes, dont ou desquelles les connaissances sont si grandes, sont plus humbles que les ignorants, ann dud-sé, péré a zo kén braz hô anaoudégezio, a zo izelloc'h a galon évid ar ré diwick; ces vaches, dont le beurre paraît si bon, sont mal nourries, ar zaout-sé, péré a zeblañd hô amann béa ker mâd, a zo bévet fall, etc.

(2) Au lieu de dire, *Doué péhini a zo hé vadelez dreist muzul,* on peut dire, *Doué a béhini ar vadélez a zo dreist mubul;* mais cette tournure est une tournure française bretonisée. On trouve aussi d'autres tournures telles que celles-ci, *dré béhini* (par lequel, par laquelle), *dré béré* (par lesquels, par lesquelles), *gand péhini* (avec lequel, avec laquelle), *gant péré* (avec lesquels, avec lesquelles), etc., mais ces tournures ne semblent pas être d'origine bretonne : en général les mots *péhini* et *péré* ne sont précédés d'aucune préposition dans une phrase courte.

hé-unan ; les saints, dont la puissance est si grande auprès de Dieu, sont les amis des hommes (ici le mot saints signifie tous les saints), ar zent, péré a zo kér braz hô galloud évit kaout digand Doué ar pàs a c'houlennont, eo mignoned ann dud, etc.

AUTRE REMARQUE. Quand l'antécédent est précédé de l'article indéterminatif, on exprime *dont, de qui, duquel, de laquelle, desquels, desquelles*, d'après la règle donnée au n° 143, excepté qu'on met *ha* a la place de *péhini* ou *de péré* : C'est un homme dont la bonté est grande, eunn dén eo hag (1) a zo brâz hé vadélez ; des chevaux dont la valeur n'est pas grande, kézeg ha né d-eo két brâz hô zalvoudégez, etc.

AR GOPR OC'H DELLÉZEG ANÉHAÑ.

144*. *Dont, de qui*, etc., gouvernés par un adjectif ou par un verbe, se rendent par un pronom personnel, qui puisse être gouverné par la préposition que le verbe ou l'adjectif breton veut avant son régime.

Exemples : La récompense dont vous êtes digne, ar gopr oc'h dellézeg anéhañ (2) ; l'homme dont je suis le plus content, ann dén oñ ar muia laouen anéhañ ; c'était une chose dont celui-là n'était pas digne, zé a oa eunn dra ha né oa két hénnez dellézeg anéhañ ; il y a beaucoup de belles choses dont je serai toujours dépourvu, kalz a dreo kaer a zo hag é viñ atao dibourvé anhe (les pronoms *anézhañ, anéhi, anézhô*, ne peuvent être précédés d'aucune préposition, et c'est pour cela qu'ils ne sont pas précédés de la préposition *a* ici ; car les adjectifs *dellézek, laouen, dibourvé*, veulent *a* avant leur complément) ; la chose dont j'étais las, fatigué, ann dra a oann skuiz gant-hañ ; le livre dont je me suis servi le plus souvent est perdu, al léor oñ béd en em

---

(1) (Au lieu de *ha* on met *hag* avant une voyelle, excepté avant un *i* suivi d'une autre voyelle (Pierre et Jean, Per ha Iann ; chaud et froid, tomm ha ién), etc.

(1) Il vaut mieux prendre une autre tournure et dire : Ar gopr a zo dleet d'hec'h. Le mot *gopr* signifie *gages;* il n'est pas usité dans d'autres sens en Trég.

zervijed anéhañ ar muia a zo kollet; les choses dont je vous ai parlé, ann treo am euz komzed ouz-hoc'h divar hô fenn, ou ann treo em euz komzed ouz-hoc'h anhe, etc.

ANN HINI A RÉD PLIJADUR D'ÉHAÑ.

145*. *A qui, auquel, à laquelle*, etc., se rendent par un pronom personnel qui puisse être gouverné par la préposition que le verbe ou l'adjectif breton veut avant son complément.

Exemples : Celui à qui vous rendez service, ann hini a réd plijadur d'éhañ; celle à qui vous avez rendu service, ann hini hoc'h euz gret plijadur d'ehi; ceux auxquels (ou à qui) vous l'avez demandé, vous le donneront, ar ré hoc'h euz hé c'houlennet digant-he, a roio anéhañ d'hee'h; celui à qui cela sera utile le prendra, ann hini a vo talvoudeg ann dra-zé d'éhañ hén kémero; cette femme à laquelle vous l'avez donné est ici, ar plac'h hoc'h euz hén roet d'ehi a zo amañ, etc.

ROMULUZ PÉHINI A ZO BÉT SAVET KER ROM GANT-HAÑ.

146*. *Par qui*, suivi d'un verbe passif, se rend par un pronom personnel qui puisse être précédé de *gant*.

Exemples : Romulus par qui Rome a été fondée, Romuluz péhini a zo bét savet Rom gant-hañ; Dieu par qui tout est créé, Doué péhini a zo krouet kément-so gant-hañ; la femme par qui cet enfant a été élevé, ar plac'h a zo bét saved ar bugel-zé gant-hi; c'est une nourrice par qui plusieurs enfants ont été élevés, eur vagérez eo hag a zo bét savet kalz a vugalé gant-hi, etc.

Par qui, signifiant *par le moyen duquel*, se rend par un pronom précédé de la préposition *dré*, ou par le mot *zikour* précédé de *dré :* Celui par qui j'ai obtenu ma grâce, ann hini am euz bét ma gras drè-i-hañ, *ou* ann hini am euz bét ma gras dré hé zikour.

MANIÈRES DE RÉPONDRE.
HAG HÉ GLEVED HOC'H EUZ-HU? — IA.

147*. La réponse affirmative se fait en breton comme en

français, c'est-à-dire par l'adverbe *ia* qui répond à *oui* (quelquefois par le verbe de la demande comme en français) et par *eo, geo, gé, gez, geu, bézo, bo, gir,* qui répondent tous à *si* affirmatif en français.

Exemples : L'avez-vous-vu? — Oui, hag hé wéled hoc'h eus-hu? — Ia; n'avez-vous pas entendu un peu de bruit? — Si, ha n'hoc'h eus-hu két kléved eunn tamm trouz? — Eo; est-il venu? — Oui, ha deud co-hañ? — Ia, etc.

C'HOUI N'HÔ PO KÉD GRET SÉ ABENN WAR-C'HOAZ — NANN.

148*. Quand le verbe de la demande est accompagné de *ne pas,* la réponse négative se fait par *nann* qui répond à *non.*

Exemples : Vous n'aurez pas fait cela pour demain — Non, c'houi n'hô po kéd gret sé abenn var-c'hoaz — Nann; n'avez-vous pas encore achevé cela? — Non, ha n'hoc'h eus-hu két peur-c'hret sé c'hoaz? — Nann, etc.

HA MOND A RÉFET-HU D'AR GER? — NÉ D-IÑ KÉT.

149*. Quand le verbe de la demande n'est accompagné d'aucune négation, la réponse négative se fait par le verbe de la demande.

Exemples : Irez-vous à la maison aujourd'hui? — Non, ha mond a réfet-hu d'ar ger hirié? — Né d-iñ két; est-il mieux maintenant? — Non, ha iac'hoc'h co-hañ brémañ? — Né d-co két, etc.

C'HOUI HÔ PO GRET SÉ ABENN WAR-C'HOAZ — N'AM BO KÉT.

150*. Quand le verbe de la demande est à un temps composé et sans négation, la réponse négative se fait par l'auxiliaire (avec ou sans le participe passé du verbe de la demande).

Exemples : Vous aurez fait cela pour demain — Non, c'houi hô po gret sé abenn var-c'hoaz — N'am bo két (*ou* n'am bo két gret); j'aurai été chez vous pour dix heures demain — Non, béd é viñ duzé abenn dég heur var-c'hoaz — Né véfed két; vous auriez fait cela, si vous aviez voulu — Non, dit Pierre, c'houi hô pijé gret sé, m'hô pijé bét c'hoant. — N'hô pijé kéd, émé Ber, etc.

MÉ AM EUZ C'HOANT DA OBER ZÉ. — MA !

151*. *Soit* se rend par *ma* : J'ai envie de faire cela. — Soit ! mé am euz c'hoant da ober zé — Ma ! (cet adverbe *ma* marque le consentement et l'indifférence : Je n'ai pas fait cela encore — Soit ! n'am èuz két gret sé c'hoaz — Ma ! sous-entendu je n'en fais pas de cas), etc.

ADJECTIFS POSSESSIFS.

MA ZAD, MA MAMM, MA C'HÉRENT.

152*. L'adjectif possessif s'emploie en breton toutes les fois qu'il s'emploie en français (excepté dans les cas mentionnés aux remarques du n° 157*) et même dans certains cas où il ne s'emploie pas en français.

Exemples : Mon père, va zàd *ou* ma zàd ; ma mère, va mamm *ou* ma mamm (1) ; mes parents, va c'hérent *ou* ma c'hérent ; notre travail est bon, hon labour (*ou* hol labour) a zo màd ; nos enfants, hor bugalé, etc.

TORRED EN DEUZ HÉ C'HAR.

153*. Quand l'adjectif possessif se rapporte à une chose que chacun possède naturellement, on ne l'exprime pas en français, mais on le fait en breton.

Exemples : Il s'est cassé la jambe ; tournez, il a cassé sa jambe, torred en deuz hé c'hâr ; elle a mal à la tête ; tournez, elle a mal dans sa tête, poan é deuz enn hé fenn, etc.

---

(1) Les adjectifs possessifs bretons sont des deux genres et des deux nombres, et ne sont pas sujets à permutation ; il y a seulement l'adjectif de la troisième personne du singulier qui fait *héc'h*, au lieu de *hé*, avant une voyelle, en parlant d'une femme, et celui de la deuxième personne du pluriel qui fait aussi *hoc'h*, au lieu de *hô*, avant une voyelle : héc'h éd, son blé (son blé à elle) ; hoc'h éd, votre blé, etc.

LÉRED SÉ D'AMM ZAD.

154*. *Ma* et *va*, précédés de *da*, se rendent par *am*, et l'*a* s'élide dans *da*.

Exemples : Dites cela à mon père, léred sé d'am zâd; donnez-le à mes enfants, roed anéhañ d'am bugalé, etc.

L'adjectif possessif *da* (ton) précédé de la préposition *da*, se rend par *az*, et l'*a* s'élide dans la préposition *da* : A ton père, d'az tâd, et non pas da da dâd (ni da ta dâd); je le dirai à ta mère, mé hén laro d'az mamm; je l'ai donné à tes enfants, hé roed am euz d'az pugalé, etc.

POAN AM EUZ EM FENN.

155*. *Ma* et *va*, précédés de la préposition *é*, se rendent par *em*, et l'*é* se retranche (ou plutôt se contracte....).

Exemples : J'ai mal à la tête, mé am euz poan em fenn (et non pas *é ma* ou *é va fenn*) ; je l'ai dans ma poche, em godell émañ, etc.

L'adjectif *da* (ou *ta*), ton, ta ou tes, précédé de *é* se rend par *éz*, et l'*é* se retranche : Qu'y a-t-il dans tes mains? pétra a zo éz taouarn; dans ton champ, éz park, etc.

MA GWÉLED EN DEUZ.

156*. L'adjectif possessif breton, mis immédiatement avant un verbe, devient pronom personnel et régime direct de ce verbe.

Exemples : Il m'a vu, va gwélet *ou* ma gwéled en deuz; il t'entend, da glêwed a ra; je l'écoute, hé zélaou a rañ; vous nous aimez, hon c'hared a réd; nous vous aimons, hô kared a réomp; nous la connaissons, héc'h anavéoud a réomp; nous le connaissons, hé anavéoud a réomp, etc.

PÉP HINI A GAR MUIOC'H HÉ VUGALÉ HÉ-UNAN ÉGÉT BUGALÉ AR RÉ-ALL.

157*. Quand *son*, *sa*, *ses*, sont dans une proposition dont le sujet est *on*, on remplace *on* par *chacun*, et *son, sa, ses*, s'expriment comme à l'ordinaire.

Exemples : On aime plus ses propres enfants que les enfants des autres ; tournez, chacun aime..., pép hini a gar muioc'h hé vugalé hé-unan évit bugalé ar ré-all ; on fait ses dépenses d'après sa fortune, pép hini a ra hé zispigno dioc'h hé zanvez, etc. (1).

Quand *son, sa, ses,* sont après un verbe impersonnel, on donne le mot *chacun* pour régime indirect au verbe impersonnel, et *son, sa, ses,* s'expriment comme à l'ordinaire.

Exemples : Il arrive quelquefois qu'il vaut mieux régler ses propres affaires soi-même que d'en charger d'autres ; tournez, il arrive quelquefois qu'il vaut mieux à chacun..., erruoud a ra avijou é vé well da bép hini ober hé géfrédio hé-unan égét karga ré-all anhe ; il est bon d'aimer son métier, màd eo da bép hini kared hé vicher ; il n'est pas bon de compter toujours sur ses propres forces, n'eo két màd da bép hini konta atao var hé nerz hé-unan (ou bien, n'eo màd da zén konta atao var hé nerz hé-unan, il n'est bon à personne de...), etc.

Remarque. Quand *son, sa, ses,* peuvent être remplacés par l'article en français, on les exprime ordinairement par l'article en breton : Il faut aimer son prochain ; tournez, il faut aimer le prochain, réd eo kared ann nésa ; on ne peut pas observer tous les commandements de Dieu sans aimer son père et sa mère, na heller kéd heul holl gourc'hémenno Doué hép kared ann tàd hag ar vamm, etc.

Autre Remarque. Quand les propositions qui ont *on* pour sujet, ou dans lesquelles le verbe est impersonnel, sont modifiées par un comparatif suivi de *autre, son, sa, ses,* peuvent se rendre (et se rendent souvent) par *ann-unan :* On aime plus ses propres enfants que les enfants des autres, muioc'h é kérer ar vugalé ann-unan égét bugalé ar ré-all ; il arrive quelquefois qu'il vaut

---

(1) Quand la proposition est négative on se sert de *dén,* au lieu de *pép hini :* On ne fait pas son salut en faisant l'hypocrite ; tournez, personne ne fait son salut..., dén ne ra hé zilvigez oc'h ober hé ipokrit, etc.

On peut dire aussi, né rer kép ar zilvideg oc'h ober ann ipokrit..

mieux régler ses propres affaires soi-même que d'en charger d'autres, erruoud a ra avijou é vé well ober ar c'héfrédio ann-unan égét karga ré-all anhe, etc,

PRONOMS INTERROGATIFS, etc.

PIOU EN DEUZ DASPRÉNED AC'HANOC'H? — JÉZUZ-KRIST.

158*. Le *qui* interrogatif se rend par *piou :* Qui vous a racheté? — Jésus-Christ, piou en deuz daspréned ac'hanoc'h? — Jézuz-Krist; qui sont-ils? piou int-hî? Qui est celui-là? piou eo hénnez? Qui est celle-là? piou eo honnez? Qui sont ceux-là? piou eo ar ré-zé, etc.

PÉHINI EO HÔ TI? PÉRÉ EO HÔ KÉZEK.

159*. *Quel, quelle, lequel, laquelle,* se rendent par *péhini,* et *quels, quelles, lesquels, lesquelles,* se rendent par *péré.*

Exemples : Quelle est votre maison? péhini eo hô ti? Quels sont vos chevaux? péré eo hô kébek? Quel est votre cheval? péhini eo hô marc'h? Quelles sont ses vaches? péré eo hé zaout? Lequel de vous deux a fait cela? péhini ac'hanoc'h hô taou en deuz gret sé? Laquelle de vous trois a été au marché? péhini ac'hanoc'h ho ter a zo béd er marc'had? etc.

PÉ ZÉN EO-HAÑ.

160*. *Quel, quelle,* etc., pouvant se tourner par *quelle espèce,* se rendent par *pé, pé sort* (et quelquefois par *pétra).*

Exemples : Quel homme est-il? pé zén, pé sort dén (*ou* pétra dén) eo-hañ? Quelle mère n'aime pas ses enfants? pé vamm, pé sort mamm né gar kéd hé bugalé? etc.

KASED ANN HINI A GÉRFED.

161*. Le *qui,* entre deux verbes, se rend par *ann hini,* si on peut le tourner par *celui que* (et *ceux que* se rend par *ar ré*).

Exemples : Envoyez qui vous voudrez, kased ann hini a gérfed ; nommez ceux que vous voudrez, hanved ar ré a gérfed, etc.

Quand le *qui* est sujet du dernier verbe, il faut le rendre par *piou* : Dites-moi qui est là, léred d'iñ piou a zo azé, etc.

PÉTRA A C'HOANTAET-HU DA KAOUT.

162*. Le *que* interrogatif se rend par *pétra* : Que voulez-vous? pétra a c'hoantaet-hu? Qu'avez-vous vu là? pétra hoc'h euz gwéled azé? Qu'avez-vous entendu là (où vous avez été)? pétra hoc'h euz kléved énô? etc.

Quoi se rend aussi par *pétra* : Quoi de plus beau que la vertu? pétra a gaeroc'h évit ar vertu? A quoi serait-il bon? da bétra é véfé mâd? etc.

HA PÉBEZ TI EN DEŪS-HAÑ ZAVET!

163*. *Quel, quelle,* etc., quand on peut ajouter le mot *grand,* se rendent par *pébez* (quantus, a, um).

Exemples : Quelle maison il a bâtie! ha pébez ti en deus-hañ zavet! Quel malheur nous menace! ha pébez droug-eur a c'hourdrouz ac'hanomp! etc.

PÉD HEUR EO?

164*. *Quelle, quel,* etc., signifiant *quantième,* se rendent par *péd* (et quelquefois par *pédved*).

Exemples : Quelle heure est-il? ped heur eo? Le quantième du mois sommes-nous? er béd ar miz omp? etc.

HA KAERRA DÉN!

165*. *Quel, quelle,* etc., suivis d'un adjectif, se rendent par le superlatif de cet adjectif.

Exemples : Quel bel homme? ha kaerra dén! Quels beaux arbres! ha kaerra gwéz! Quelle grande maison! ha brasa ti *ou* brasa ti (*ou* ha pébez ti)! etc.

Le superlatif breton employé dans ce sens ne peut jamais suivre le nom auquel il se rapporte : Quel bel homme! kaerra dén *ou* ha kaerra dén, et non pas dén kaerra! etc.

SYNTAXE DES PARTICIPES.

Il y a deux participes en breton, le participe présent et le participe passé : ni le genre ni le nombre du nom auquel ils se rapportent ne les font varier; mais ils sont soumis aux règles de la permutation, comme les adjectifs.

PARTICIPES JOINTS AU SUJET.

EUR C'HOG A GAVAZ EUR BERLÉZEN EN EUR GLASK BOÉD.

166*. Le participe présent qui se rapporte au sujet, se rend par le gérondif (ou par le participe présent précédé de l'imparfait de *béza* modifié par l'adverbe *pa*).

Exemples : Un coq, cherchant de la nourriture, trouva une perle, eur c'hog a gavaz eur berlézen en eur glask boéd (ou bien eur c'hog a gavaz eur berlézen pa oa ô klask boéd); un voyageur passant par ici, l'a vu, eunn tréméniad en deuz hén gwéled en eur drémen dré-amañ (*ou* eunn tréméniad, pa oa ô trémen dré-amañ, enn deuz hen gwélet : mot à mot, un voyageur, quand il était passant par ici, l'a vu), etc.

REMARQUE. Le participe présent du verbe *devoir* se rend par *é-tâl da* ou *daré da* avec l'imparfait de *béza* modifié par *pa :* Les citoyens devant être passés au fil de l'épée, le vainqueur leur pardonna, ann tréc'her a bardonaz d'ar c'heriaded, pa oand é-tâl *ou* daré da véa lac'het gand ar c'hléñvé...; Cicéron, devant prononcer un discours, monta dans la tribune, Siséron é-tâl da gomz *ou* daré da gomz a zavaz er gador vrâz, etc.

GOUDÉ BÉA GRET SÉ É KOMZAZ OUZ-IÑ.

167*. Le participe passé, qui se rapporte au sujet, se rend par le parfait de l'infinitif modifié par *goudé*.

Exemples : Ayant fait cela, il me parla, goudé béa gret sé, é komzaz ouz-iñ ; étant tombé du haut de la maison, il ne put pas marcher, goudé bèa kwéet divar lein ann ti, né hallaz kéd a valé, etc.

PARTICIPES JOINTS AU RÉGIME.

168*. Le participe présent français, qui se rapporte au régime, se rend par le participe présent breton.

Exemples : Un coq trouva un ver se remuant dans la boue, eur c'hog a gavaz eur préñv ô fiñval er fañk ; je le voyais disant ses prières en travaillant, gwéled a renn anéhañ ô lared hé bédenno en eur labourat, etc.

ANN ÉNÉBOUR A BREIZAZ KER PA OÉ KÉMERET.

169*. Le participe passé, qui se rapporte au régime, se rend par le prétérit défini précédé de *pa* ou de *goudé ma*.

Exemples : La ville ayant été prise, l'ennemi la pilla ; tournez, l'ennemi pilla la ville quand elle fut prise, ou après qu'elle fut prise, ann énébour a breizaz ker pa oé kémeret *ou* goudé ma oé kémeret ; la maison ayant été démolie, mon père la rebâtit, ma zàd a adsavaz ann ti pa oé bét difraezet *ou* goudé ma oé difrezet, etc.

ÉVEL MA OÉ GRED AL LODENNO, AL LÉON A GOMZAZ ER STUM-MAÑ.

170*. Le participe passé se rend par *évèl ma* ou *goudé ma* avec un temps personnel, quand il ne se rapporte ni au sujet ni au régime.

Exemples : Les parts étant faites, le lion parla ainsi, évèl ma oé gret *ou* goudé ma oé gred al lodenno, al léon a gomzaz er stum-mañ ; le cavalier étant tombé, le cheval se mit à galoper, évèl ma oé *ou* goudé ma oé kouézed ar marek, ar marc'h en em lakàz da c'haloupat, etc.

NOMS DE MESURE, DE DISTANCE ET D'ESPACE.

EUR WÉL HAG A ZO TER GWALEN HÉD ENN-HI.

171*. Le nom qui marque la mesure de la longueur est précédé ou suivi de *héd*, et le nom qui marque la largeur est précédé ou suivi de *treuz*.

Exemples : Un voile long de trois aunes, eur wél hag a zo ter gwalen héd enn-hi, *ou* eur wél hag a zo héd ter gwalen enn-hi ; une planche large de dix pouces, eur plañken hag a zo dék meudad treuz enn-hañ, *ou* eur plañken hag a zo treuz dék meudad enn-hañ, etc.

Après un comparatif ou un superlatif les mots *héd* et *treuz* précèdent toujours le nom qui marque la mesure : Vous n'êtes pas plus grand que moi de deux doigts, né d-oc'h két treuz daou viz brasoc'h évid-oñ *ou* né d-oc'h kéd brasoc'h évid-oñ treuz daou viz ; il est le plus long de cinq pieds, ann hirra eo héd pemp troatad, etc

KOUÉZED EO DÉK KAMMED AC'HANN.

172*. Le lieu précis, où une chose est arrivée, et le nom qui marque la distance, ne sont précédés d'aucune préposition.

Exemples : Il est tombé à dix pas d'ici, kouézed eo dék kammed ac'hann ; je l'ai vue à deux lieues de Paris, hé gwéled am euz diou leo diouz Pariz, etc.

NOMS DE LA *manière* ET DE LA *partie*.

173*. Le nom de la manière est précédé de la préposition *é*, et le nom de la partie est précédé de la préposition composée *divar-boéz*.

Exemples : Vous l'emportez sur lui en beauté, tréc'hi a réd var-n-éhañ éñ kaerder ; — Il tient le loup par les oreilles, derc'hel a ra ar blei divar-boéz hé ziou skouarn ; trainer le chien par la queue, ruza ar c'hi divar-boéz hé lost (mot à mot, trainer le chien par-dessus poids de sa queue), etc.

Les noms de prix et de valeur n'offrent aucune difficulté, puisque la traduction est littérale : Ceci coûte deux sous, ann dra-mañ a goust daou wennek ; cela ne vaut que trois sous, ann dra-zé né dâl némed tri gwennek ; ce cheval n'est estimé que trois cents francs, ar marc'h-sé né d-eo prizet német kant skoéd, etc.

Les noms de jours sont précédés de l'article et de la préposition *da* en breton, quand ils sont précédés de l'article en français : Il viendra le lundi, dond a raio d'al lun ; vous êtes là le jeudi à faire je ne sais quoi, ém'oc'h azé d'ar iaou oc'h ober né onn pétra, etc.

Mais on dira, dond a ra amañ bép sul, il vient ici tous les dimanches ; car le nom de jour est ici précédé, non seulement de l'article français, mais encore de l'adjectif *tout* (tous les dimanches).

Quand les noms de jours ne sont pas précédés de l'article en français, ils ne sont précédés ni de *da* ni de l'article en breton, mais ils sont précédés de *di* ou *dé* : Il viendra lundi, délun é teuio ; que ferez-vous là jeudi ? pétra a réfet-hu éno dirio ? etc.

CONJONCTION *QUE*.

KRÉDI A RANN E (1) LARO ZÉ D'HEC'H.

174*. La conjonction *que*, entre deux verbes, se rend par *é*, quand le verbe de la proposition incidente affirmative n'a pas de sujet exprimé, ou s'il est suivi de son sujet exprimé.

Exemples : Je crois qu'il vous dira cela, krédi a rañ é laro zé d'hec'h ; je vous disais que mon père devait aller au marché, lared a renn d'hec'h é tléé ma zàd mond d'ar marc'had, etc.

KRÉDI A RAÑ PÉNOZ MA ZAD A LARO ZÉ D'HEC'H.

175*. La conjonction *que*, entre deux verbes, se rend par

---

(1) La préposition *é* est soumise aux règles de la permutation, mais la conjonction *é* ne se modifie que lorsqu'elle est suivie d'une voyelle ; alors elle prend le *z* : Je crois que j'irai à la maison demain, krédi a rann éz inn d'ar ger warc'hoaz, (Les Trécorois prennent l'aspiré et disent : krédi a rañ éc'h iñ, je crois que j'irai ; krédi a rañ éc'h a mad, je crois qu'il va bien) , etc.

pénoz, toutes les fois que la proposition incidente affirmative est en breton précédé de son sujet.

Exemples : Je crois que mon père vous le dira, krédi a rañ pénoz ma zàd a laro zé d'hec'h ; je vous avais dit que Pierre devait chanter hier, lared em boa d'hec'h pénoz Per a dléé kana déc'h, etc.

KRÉDI A RAÑ NÉ LARO KÉT SÉ D'HEC'H.

176*. La conjonction *que*, entre deux verbes, se retranche, quand le verbe de la proposition incidente négative en breton n'a pas de sujet exprimé, ou s'il est suivi de son sujet exprimé.

Exemples : Je crois qu'il ne vous dira pas cela, krédi a rañ né laro két sé d'hec'h ; je savais que Pierre et Jean n'auraient pas été là, mé a wié né vijé két bét Per ha Iann éno, etc.

MÉ A GRÉD PÉNOZ PER NA LARO KÉT-SE,

177*. La conjonction *que*, entre deux verbes, se rend par *pénoz*, quand le verbe de la proposition incidente négative en breton est précédée de son sujet exprimé.

Exemples : Je crois que Pierre ne dira pas cela, mé a gréd pénoz Per né laro két sé ; je vous disais que cet homme ne devait pas venir ici, lared a renn d'hec'h pénoz ann dén-zé né dléé két dond amañ, etc.

FIN DE LA DEUXIÈME PARTIE.

GRAMMAIRE BRETONNE

TROISIÈME PARTIE

CELTICISMES OU TOURNURES CELTIQUES

Ne pas AVANT UN INFINITIF.

178*. *Ne pas* avant un infinitif se rend par *trémen hép* ou *lézel hép*.

Exemples : Je suis très-content de ne pas y aller, mé a zô laouen brâz da drémen hép mond di ; il m'a dit de n'en parler à personne, lared en deuz d'iñ lézel hép komz a zé da zén ébéd ; je suis ennuyé de ne pouvoir pas me promener, énaoued oñ ô trémen hép galloud balé ; ils se repentent de n'avoir pas donné l'aumône à ces pauvres-là, kèuñ hô deuz ô véa tréméned hép rei ann aluzen d'ar bévien-zé, etc.

DE CE QUE... ET *SI* CONDITIONNEL.

DE CE QUE.

179*. *De ce que* conjonctif entre deux verbes se rend par *ô véza na* ou *né* dans une proposition négative, et par *ô véza ma* dans une proposition affirmative.

Exemples : Il s'ennuie de ce que son père n'arrive pas, en em énaoui a ra ô véa né arru kéd hé dâd ; il est content de ce que son ami a été le voir hier, laouen eo ô véza ma eo béd hé vignon ô wéled anéhañ déc'h, etc.

Si CONDITIONNEL.

180*. La conjonction *ma* (*si* conditionnel) ne peut être séparée du verbe que par les pronoms personnels mentionnés au numéro 156*.

Exemples : Si vous le voyez, allez avec lui, ma wéled anéhañ, éd gant-hañ ; si Pierre vient, je viendrai aussi, ma teu Per, mé a zeuio ivé ; si je l'écoute, m'her zélaouann ; s'il me frappe, m'am sko, etc.

PRÉPOSITION *POUR*.

181*. *Pour* avant un infinitif peut avoir deux significations bien différentes : il signifie quelquefois *en échange, en récompense* ou *en paiement de...* et alors il se rend toujours par *évid* (1).

Exemples : Je vous donnerai trente francs pour travailler ce champ, rei a riñ dék skoéd d'hec'h évid labourad ar park-sé ; il a eu trois cents francs pour nourrir ce cheval pendant un an, béd en deuz kant skoéd évid béva ar marc'h-sé épad eur bloa (c'est-à-dire il a nourri ce cheval pendant un an, et il a eu trois cents francs en paiement ou en récompense..., etc.).

Quand *pour* avant un infinitif n'a pas cette signification, on peut le rendre par *évit,* mais on le rend souvent par *da.*

Exemples : Je vous donne mille francs pour bâtir une maison (afin que vous bâtissiez une maison), rei a rañ kant skoéd d'hec'h da zével eunn ti ; cette farine est bonne pour faire du pain, ar bleud-sé a zo mâd da ober bara, etc.

Pour avant un nom de temps, se rend par *abenn :* Pour dimanche, abenn dizûl, etc. (2).

---

(1) *Pour*, signifiant *eu égard à*, se rend par *évit:* Il est savant pour un Romain, gwizieg eo évid eur Roman ; ce n'est pas mauvais pour du pain d'orge, n'eo két fall evit bara hei, etc.

(2) Quelquefois *pour* se rend aussi par *abenn* avant un infinitif, surtout après les verbes *réñkout* et *béza réd* sans négation : Il faut le saluer pour lui parler, réñkoud a rer *ou* réd eo hé zaludi abenn komz out-hañ, etc.

KAVOUD A RANN DA BRÉMA.

182*. *Kavout dâ* ou *béza dâ gant*, être dans une position plus facile qu'auparavant; *kavout kérsé*, ou *béza kérsé gant*, être dans une position plus difficile qu'auparavant ; *kavoud iskiz*, ou *béza iskiz gant*, être dans une position peu agréable ou être surpris de sa position, toutes ces expressions veulent sans préposition le verbe qui les suit (ce verbe est toujours à l'infinitif).

Exemples : Dà é kavañ *ou* dà eo gan-éñ ober zé brema, je fais cela plus facilement maintenant ; kavoud a rañ kérsé, *ou* kérsé eo gan-éñ béa énô, je ne suis plus si bien là ; iskiz é kavenn, *ou* iskiz é oa gan-éñ béa keid-sé euz ar bourk, goudé béa béd éñ-kichen, je trouvais étrange d'être si loin du bourg après avoir été tout auprès, etc.

Kavout braô, trouver aisé (mot à mot, *joli*) ; et *kavout divalo*, veulent aussi l'infinitif sans préposition : Mé a gav braô ober zé, je trouve mon plaisir *ou* j'ai du plaisir en faisant cela ; divalô é kavann ober zé d'ann dud, je trouve que c'est traiter les gens d'une manière peu convenable, que de leur faire cela, etc.

STAD A ZÔ ENN-HAÑ OC'H OBER ZÉ.

183*. *Stâd a zo é*, ou *béza stad é*, être content, *béza lorc'h é*, être vaniteux ; *béza droug é*, être en colère, veulent le verbe suivant au participe présent.

Exemples : Stâd a zo enn-hañ oc'h ober zé, il est content en faisant cela ; stâd a oa enn-hi ô véa béd duzé, elle était contente d'avoir été chez vous ; hénnez a so eunn tamm mâd a lorc'h enn-hañ ô tiskouez hé dreo d'ann otro... il n'était pas mal fier en montrant ses effets à monsieur ; droug a vo enn-hañ oc'h ober zé, il sera en colère en faisant cela ; droug a oa é Per, *ou* Per a oa droug enn-hañ ô wéled ann dra-zé ; Pierre était en colère en voyant cela, etc.

DIGWÉED EO D'IÑ HÔ GWÉLET.

184*. *Arriver* avant un infinitif se rend toujours par le verbe *digwéout,* qui veut l'infinitif sans préposition, et le nom de la personne, le pronom personnel *ou* le nom de la chose personnifiée précédé de *da.*

Exemples : Il m'est arrivé de les voir, digwéed eo d'iñ hô gwélet ; il m'arrive plusieurs fois de ne pas savoir ce qui se passe là, digwéoud a ra d'iñ aliez trémen hép gout pétra a drémen énô, etc.

EUNN DROUGEUR BRAZ A ZÔ ARRUET GANT-HAÑ.

185*. *Arruout,* arriver ; *béza stâd é,* et *béza droug é,* veulent leur complément précédé de *gand* (1).

Exemples : Un grand malheur lui est arrivé, eunn drougeur brâz a zô arruet gant-hañ ; il est content de son habit neuf, stâd a zô enn-hañ gand hé wiskamant neve ; Pierre était mécontent de cela, Per a oa droug enn-hañ, *ou* droug a oa é Per gand ann dra-zé, etc.

C'HOARVÉOUD A RA GANT-HAÑ ÉVEL GAND AR RÉ ALL...

186*. Le verbe *c'hoarvéout,* arriver, veut *gant* avant son régime (et ce régime n'est jamais un infinitif).

Exemples : C'hoarvéoud a ra gant-hañ évél gand ar ré all, avijou é fazi, il lui arrive de se tromper comme les autres (mot à mot, il arrive avec lui comme avec les autres, il se trompe quelquefois) ; pétra a c'hoarvé gan-hec'h ? que vous est-il arrivé ? etc.

GWELL EO GAN-ÉÑ ANN DRA-MAÑ ÉVID ANN DRA-ZÉ.

187*. *Béza gwell* ou *gwelloc'h,* suivi de *gant,* signifie aimer mieux, et suivi de *da,* il signifie être plus avantageux.

Exemples : J'aime mieux ceci que cela, gwell eo gan-éñ ann dra-mañ évid ann dra-zé ; il y en a qui aiment mieux le jeu que le travail, et cependant le travail est plus profitable pour eux que le jeu, béa zo darn hag a zo well gant-he ar c'hoari évid al

---

(1) *Béza droug é* ne veut *gant* avant son régime que lorsqu'il signifie être mécontent ; quand il signifie être en colère, il veut *out :* Pierre est en colère contre Jean, droug a zo éñ Per, *ou* Per a zo droug enn-hañ oud Iann, etc.

labourat, kouskoudé al labourad a zô wéll d'he égéd ar c'hoari, etc.

TAMALL A RER AC'HANOC'H DA VÉA GRET SÉ.

188*. Le verbe *tamall*, accuser, suivi du parfait de l'infinitif, veut pour régime direct le nom de l'accusé, et le verbe suivant, qui est au parfait de l'infinitif, précédé de *da*; il peut aussi avoir pour régime direct le parfait de l'infinitif sans préposition, et pour régime indirect le nom de l'accusé précédé de *da*.

Exemples : On vous accuse d'avoir fait cela, tamall a rer ac'hanoc'h da véa gret sé, *ou* tamall a rer d'hec'h béa gret sé ; il est accusé d'avoir menti, tamall a rer anéhañ, *ou* tamalled eo da véa laret gevier, *ou bien* tamalled é zo d'éhañ béa laret gevier, etc.

Le verbe *tamall*, n'étant pas suivi de ce parfait, veut le nom de l'accusé précédé de *da*, et sans préposition le nom de la chose dont on est accusé.

Exemples : N'accusez pas les autres du mal que vous faites vous-mêmes, né damalled kéd d'ar ré all ann droug a réd hoc'h-unan ; on vous accuse de vol, laeronsi a damaller d'hec'h, etc.

GOURDROUZED EN DEUZ MA C'HANNA.

189*. *Gourdrouz*, menacer, suivi d'un verbe, veut ce verbe à l'infinitif sans préposition.

Exemples : Il m'a menacé de me battre, gourdrouzed en deuz ma c'hanna ; menacer quelqu'un de le faire mourir, gourdrouz ober da eûré mérvel, etc.

PEUR-VÉDED EO D'IÑ ABOÉ DÉC'H.

190*. *Finir*, avant un infinitif, se rend par *peur* qui précède l'infinitif breton, et *cesser* se rend par *paouez* précédé de *da*(1).

Exemples : J'ai fini de couper mon blé depuis hier, peur-véded eo d'iñ aboué déc'h ; j'aurai fini de semer pour demain au soir, peur-haded am bo abenn woar-c'hoaz da nôz ; il a cessé de par-

---

(1) *Commencer* avant un infinitif se rend par *kregi da* : Ils commenceront à battre demain, kregi a rafont da zorna war-c'hoaz, etc.

ler, paouézed eo da gomz; il cessera de marcher, quand il sera
fatigué, paouez a raio da valé, pa vo skuiz, etc.

O PAOUEZ HÔ GWÉLED ÉMAÑ.

191*. *Venir de* et *ne faire que de* se rendent par le participe
présent de *paouez* avec les divers temps du verbe *béa*.

Exemples : Il vient de les voir, ô paouez hô gwéled émañ; je
venais de lui parler, quand vous me vites, ô paouez komz out-
hañ é oann, pa wéljoc'h ac'hanoñ, etc.

MÉ AM EUZ KLEWED ANN DRA-ZÉ GANT PER.

192*. *Apprendre*, dans le sens d'acquérir quelque nouvelle de
quelqu'un, se rend par *klewet*.

Exemples : J'ai appris cela de Pierre, klewed em euz ann dra-zé
gand Per; j'avais appris de mon père que Jean était mort, kléved
em boa gant ma zàd é oa maro Iann, etc.

Quand *apprendre* signifie apprendre à l'école de quequ'un, on
l'exprime par *diski* : J'ai appris cela chez l'instituteur, ann dra-zé
am euz disked éñ ti ar skolaer, etc.

EMAÑ WAR AR BALÉ.

193*. *Etre debout, être sur pieds*, se rend par *béa war ar balé*
ou *béa war valé*.

Exemples : Il était debout, quand je passais par là, é oa var
ar balé, ou é oa war valé, pa oann ô trémen dré énô; je veux
attendre qu'il soit debout, c'hoand em euz da c'hortoz kén a vo
war ar balé, etc.

DARBED EO D'IÑ BÉZA KOUÉZET.

164*. *Faillir, penser, manquer*, suivi d'un infinitif; *avoir été
sur le point de, peu s'en faut que, il ne tient à rien que*, s'expriment par *béa darbet* avec l'infinitif sans préposition, et le
nom de la personne, le pronom ou le nom de la chose personnifiée
doit être précédé de *da*.

Exemples : J'ai failli tomber, darbed eo d'iñ béa kwéet; ils
ont pensé se battre, darbed eo d'he béa en em gannet; Pierre

manqua de se noyer, Pierre fut sur le point de se noyer, Per a
oé darbed d'éhañ béa beuet, *ou* darbed é oé da Ber béa beuet;
peu s'en est fallu que cette pierre ne tombât sur moi, darbed eo
bét d'ar mén-zé kouéa war-n-oñ, etc.

KALZ A VAÑK D'HEC'H DA DRÉC'HI WAR ANN DÉN-ZÉ.

195*. *S'en falloir beaucoup* et *être bien éloigné de*, se rendent
par *mankout kalz* avec la préposition *da* avant le nom de la personne ou de la chose, le pronom personnel et l'infinitif.

Exemples : Il s'en faut beaucoup que vous surpassiez cet
homme, kalz a vañk d'hec'h da dréc'hi war ann dén-zé ; il s'en
faut beaucoup que ma maison soit aussi grande que la vôtre, kalz
a vañk d'am zi da véa kémend hag hoc'h hini ; je suis bien éloigné d'approuver ce que vous dites, kalz a vañk d'iñ da aotréi ar
péz a léred, etc.

NÉ ROAÑ FORS A GÉMENT-SÉ.

196*. *Etre indifférent* se rend par *rei fors* avec la négation,
et *importer peu* se rend souvent par *béa neubeud a fors* (1).

Exemples : Je suis indifférent à tout cela, né roañ fors a gément-sé ; peu m'importe qu'il vienne me voir, oui ou non, neubeud a fors a zo d'iñ pé é teuio d'am gwélet pé né zeuio két;
peu lui importait que je fisse cela, oui *ou* non, neubeud a fors
a oa d'éhañ pé é rajenn zé pé né rarjenn két, etc.

NÉ LAKED KÉD ANÉHAÑ D'OBER ZÉ.

197*. *Faire* avant un infinitif se rend par *lakaat*, quand il n'y
a pas de contrainte, et par *ober*, quand il y a contrainte.

Exemples : Ne lui faites pas faire cela, né laked kéd anéhañ
d'ober zé ; je lui ferai travailler, qu'il aime *ou* qu'il n'aime pas
le travail, mé a raio d'éhañ labourat, pé é kar al labour pé né
gar két, etc.

---

(1) *Béza neubeud a fors*, et *béza fors* avec une négation, signifient qu'il n'y a
pas de danger pour..., quand ils sont suivis d'un infinitif précédé de *évit* : Né
neuz fors d'hec'h évid ober zé, vous pouvez faire cela sans danger ; né oa fors da
Ber evit béa deud amañ, Pierre pouvait venir ici sans aucun danger, etc.

EVID-ON DA VÉA STOUET DIRAG EUNN DÉN DROUK, NÉ D-EO KÉT LARED É-KÉMENT-SE É VÉFENN DROUK.

198*. *Ce n'est pas à dire pour cela que* se rend par *né d-eo két lared é-kement-sé* ou *éwit sé.*

Exemples : Quoique j'aie salué un méchant, ce n'est pas à dire pour cela que je sois méchant, évid-oñ da véa stouet dirag eunn dén drouk, né d-eo két lared é-kement-sé, *ou* né d-eo két lared évit-sé é véfenn eunn dén drouk ; quoique vous ayez été à Paris, ce n'est pas à dire pour cela que vous connaissiez très-bien Paris, évid-hoc'h da véa béd éñ Pariz, né d-eo két lared é kément-sé éc'h anavéfac'h mâd mâd Pariz, etc.

NÉ D-OÑ KÉT DÉN DA VOÑD ADRÉÑ.

199*. *N'être pas homme à, femme à,* se rendent par *béa dén da, béza plac'h da* avec une négation.

Exemples : Je ne suis pas homme à reculer, né d-oñ két dén da vond adréñ ; celle-là n'est pas femme à élever mal ses enfants, honnez né d-eo két plac'h da zével fall hé bugalé, etc.

D'IÑ EO DA C'HOARI.

200*. *C'est à, c'est de,* avant un infinitif, se rendent par *eo* que l'on met après le nom *ou* le pronom, et la préposition *da* se met aussi avant l'infinitif breton.

Exemples : C'est à moi à jouer, *ou* de jouer, d'iñ eo da choari ; ce n'est pas à Jean de donner des leçons à Pierre, né d-eo két da Iann da rei kéntelio da Ber ; c'est à vous de parler, d'hec'h eo da gomz, etc.

GRED EO A BER BRÉMA.

201*. *C'en est fait de* se rend par *gred eo a :* C'en est fait de Pierre maintenant, gred eo a Ber bréman ; c'en est fait de moi, gred eo ac'hanoñ (les pronoms ac'hanoñ, ac'hanoud, etc. ne sont précédés d'aucune préposition), etc.

HEN-A-HEN EN DEUZ PRÉNED EUR MARC'H.

202*. *Un tel* se rend par *hen-a-hen,* et *tel* avant un nom se rend par l'adjectif démonstratif *mañ* et la répétition du nom auquel se rapporte cet adjectif.

Exemples : Un tel a acheté un cheval, hen-a-hen en deuz préned eur marc'h ; un tel a fait telle chose, hen-a-hen en deuz gred ann dra-mañ dra ; j'ai envie d'avoir tel cheval, c'hoand am euz da gaoud ar mac'h-mañ marc'h ; c'est un homme sans pareil : il n'a rien, et cependant il achète telle pièce de terre, fait telle dépense par semaine... eunn dén héb hé bàr eo : n'en deuz nétra, hag ével kend é prén ar péz-mañ péz douar, é ra ann dispign-mañ dispign bép sùn..., etc.

NÉ D-OÑ KÉD ÉVEL A ZOÑJED.

203*. *Tel que*, suivi d'un verbe, se rend par *ével* ou *ar péz*, et le *que* s'exprime par *a* ou par *ma*.

Exemples : Je ne suis pas tel que vous pensez ; tournez, je ne suis pas ce que vous pensez, ou comme vous pensez, né d-oñ kéd ével a zoñjéd, *ou* né d-oñ kéd ar péz a zoñjed ; vous n'êtes pas maintenant tel que vous avez été autrefois, né d-hoc'h két brémañ ével m'oc'h bét, *ou* ar péz m'oc'h bét gwéch all, etc.

NÉ ONN KÉD HAG HÉÑ A RAIO ZÉ.

204*. Le *si* dubitatif se rend par *ha* avant une consonne et un *i* suivi d'une voyelle, et par *hag* avant une voyelle, et il n'est séparé du verbe que par les pronoms sujets, et par le pronom *héñ*, qui est toujours sujet apparent ou sujet réel.

Exemples : Je ne sais pas s'il fera cela, né onn kéd hag héñ a raio zé ; je vous demande si vous pourrez venir ici, goulenn a rañ digan-hec'h ha c'houi a hello dond amañ ; savez-vous s'il fera de la pluie demain ? ha goud a rét-hu hag héñ (1) a raio

---

(1) Nous avons déjà vu que le sujet apparent ne s'exprime que quand le verbe est précédé du *si* dubitatif, comme dans ce cas, et dans d'autres semblables : Je ne sais pas s'il y a eu assez de bois pour... né onn kéd hag héñ a zô béd awalc'h a goud évit..., etc.

glao war-c'hoaz? — je ne sais pas si elle viendra, né onn kéd hag hi a zeuio, etc.

MÉ A ZO ÉVID OBER ZÉ.

205*. *Etre capable de*, avant un infinitif, se rend souvent par la préposition *évit* ; il se rend aussi par *béza galloudek da*.

Exemple : Je suis capable de faire cela, mé a zo évid ober zé, *ou* mé a zo galloudek da ober zé, etc.

O POÉZELLATA ÉD ÉMAÑ.

206*. Quand on connaît un mot en *ad* qui exprime le contenu d'une mesure de capacité, on peut en faire un verbe en changeant *d* en *ta*.

Exemples : Poézellad, le contenu d'un boisseau ; poézellata, mesurer avec le boisseau ; dornad, poignée ; dornata, prendre avec la main autant qu'elle peut contenir ; togad, le contenu d'un chapeau ; togata, prendre plein le chapeau, ou mesurer avec le chapeau ; barikennad, le contenu d'une barrique ; barikennata, mesurer avec la barrique, etc.

DA AVALOA EC'H EO ET.

207*. Quand on connaît un nom, qui exprime un fruit ou un produit de la terre, on peut en faire un verbe en ajoutant *a* à son pluriel, et en changeant les faibles en fortes (en changeant le *d* en *t* et le *z* en *s*, si le pluriel de ce nom est terminé en *d* ou en *z*).

Exemples : Avalo *ou* avalou, pommes ; avaloa *ou* avaloua, chercher ou ramasser des pommes ; éd, blé ; éta, chercher du blé ; pér, poires ; péra, chercher ou ramasser des poires ; kraou, noix ; kraoua, chercher des noix, etc.

DRUAAD A RA ANN ÉD.

298*. En ajoutant *aat* à la terminaison d'un adjectif, et en changeant les faibles en fortes, on forme un verbe qui a la signification de cet adjectif précédé de *dond da véza muioc'h* (*devenir plus* en français).

Exemples : Le blé devient plus gras, druaad a ra ann éd ; cet homme maigrit, *ou* devient plus maigre, ann dén-ze a dreuta ; le temps devient plus beau, keraad a ra ann amzer ; il devient plus vilain, divaload a ra ; cet homme devient plus fort, *ou* prend des forces, ann dén-zé a gréñva, etc.

EUNN OBER A RIÑ D'ÉHAÑ.

209*. L'infinitif précédé de l'article indéterminatif devient substantif, et l'article qui le précède signifie *un peu*,

Exemples : Je le façonnerai un peu, eunn ober a riñ d'éhañ (à la lettre, je lui ferai *un faire*) ; je le travaillerai un peu, eul labourad a riñ d'éhañ ; il faut couper un peu les ronces qui gênent la route, réd eo ober eunn troc'ha d'ann dreiz a ziesa ann heut, etc.

DÉKVÉDENNI.

210*. En ajoutant *enni* à un nombre ordinal (qui n'est pas au-dessus de vingt), on forme un verbe qui signifie partager en autant de parties égales qu'indique la racine de ce nombre ordinal.

Exemples : Dékved, dixième ; dékvédenni, partager en dix parties égales ; pembvédenned eo ar park, le champ est partagé en cinq parties égales, etc.

Au lieu de *tervédenni* on dit souvent *trédérenni ;* et au lieu de *diouvédenni* ou *daouvédenni*, on dit *hantéri*.

On dit aussi trégondvédenni, daouugentvédenni, hanterkantvédenni, triugentvédenni, péwarugentvédenni, kantvédenni, daouc'hantvédenni, jusqu'à ugentkantvédenni inclusivement.

Mais on ne dit pas souvent unan-war-n-ugentvédenni, partager en vingt et une parties égales, à cause de la difficulté de la prononciation, quoique la phrase soit radicalement bretonne et facile à comprendre.

POTR HÉ GÉZEK BRAZ.

211*. L'adjectif possessif, entre le mot *potr* et un nom, exprime l'attachement (mais souvent d'une manière ridicule ou mauvaise).

Exemples : Potr hé gézek braz, qui aime ses chevaux et en parle comme s'ils étaient les meilleurs du pays (à la lettre, le garçon de ses grands chevaux); potr hé galabousen, qui se croit un seigneur parce qu'il a une casquette, etc.

On dit aussi, *potr hé vrago ru*, non pas toujours pour signifier qu'il est fou de son pantalon rouge, mais très-souvent pour signifier qu'il n'a que ce pantalon-là. L'adjectif possessif *hé* a généralement ce dernier sens, lorsqu'il est entre le mot *potr* et le nom d'un habit, d'une coiffure ou de toute autre chose qui sert à vêtir le corps.

AR POTR SAOUT A ZO ET DA VESA.

212*. Le mot *potr* signifie homme d'une profession spécifiée par le nom qui le suit, (si ce nom désigne une chose inanimée, l'article suit généralement le mot *potr*).

Exemples : Ar potr saoud a zo et da vesa, le pâtre est allé garder les vaches; ar potr dénved, le berger; ar potr kézek, celui qui est chargé de soigner les chevaux; — potr ar mézer, fabricant ou marchand de drap; potr ann orjal, fabricant ou marchand de vin, ou qui aime et boit beaucoup de vin, etc. (1)

MOND MAD A RA GANT-HI.

213*. Le pronom de la troisième personne du singulier féminin devient neutre quelquefois, comme dans les exemples suivants.

Exemples : Il va bien (les Bretons disent, il va bien avec elle), mond mâd a ra gant-hi; où êtes-vous aujourd'hui? pélec'h em'oc'h gant-hi hirie? Voy. la remarque du n° 212*.

ANN DERRIEN A ZO GANT-HAÑ.

214*. Le verbe *avoir* se rend par le verbe *béa*, toutes les fois qu'il a pour complément un nom de maladie, ou le nom d'un

---

(1) Cette manière de parler est un peu équivoque, et on ne peut s'en servir que dans le langage familier et lorsqu'on est sûr de ne blesser personne.

objet que l'on ne possède pas précisément, mais que l'on porte dans sa poche ou ailleurs.

Exemples : Il a la fièvre ; tournez, la fièvre est avec lui, ann derrien a zo gant-hañ ; elle a eu la petite vérole, ar vréc'h a zo bét gant-hi ; ils ont votre clef, hoc'h alc'hoé a zo gant-he, etc.

MÉ A ZO KLAÑV MA BRÉC'H.

215*. Les pronoms personnels *mé, té, héñ, hi, ni, c'houi, hi* ou *int,* se mettent souvent au commencement des phrases courtes, qui ont pour sujet le complément d'un adjectif possessif en breton (1).

Exemples : J'ai le bras malade, mé a zo klañv va bréc'h, (mot à mot : moi est malade mon bras) ; ma maison est tombée, mé a zo kouéet ma zî ; ton cheval est mort, té a zo maro da varc'h, etc.

EUNN TÎ KÉR BRAZ HAG HOC'H HINI.

216*. Le *que,* après *autant, aussi,* se rend par *ha* avant une consonne et un *i* suivi d'une voyelle, et par *hag* avant une voyelle ou un *h.*

Exemples : Une maison aussi grande que la vôtre, eunn ti kér brâz hag hoc'h hini ; autant de fruits que de fleurs, kémend a freuz hag a vleuñ ; je ne suis pas aussi grand que vous, mé né d-oñ két kér brâz ha c'houi ; tu n'as pas fait cela aussi bien que Jean, n'éc'h euz kéd gret-sé koulz ha Iann, etc. (2)

DOUÉ A ZO KÉR MAD KÉN A GAR ANN DUD.

217*. Le *que,* après *tant, si,* se rend par *kén.*

Exemples : Dieu est si bon qu'il aime les hommes, Doué a zo

---

(1) Les noms suivent la même règle que ses pronoms : La maison de Pierre est belle, Per a zo kaer hé di ; mon père a perdu sa clef, ma zâd a zo kolled hé alc'hoé, etc.

(2) Quand les deux termes de comparaison ne sont pas rapprochés, on se sert de *ével* au lieu de *ha* ou *hag:* Kémend é oa niver ann dud iaouang er foarzé ével niver ar varc'hadourien, le nombre des jeunes gens dans cette foire était aussi grand que le nombre des marchands, etc.

kér màd kén a gar ann dud ; il travaille tant qu'il ne pourra pas durer, labourad a ra kément kén né hallo két pàd, etc.

ESTR'ÉVID-HOC'H A RA ZÉ

218*. *D'autres que* se rend par *estr'évid, ouz-penn* ou *oc'h-penn,* ou bien par *ré-all ouz-penn.*

Exemples : D'autres que vous font cela, estr'évid-hoc'h *ou* ouz-penn c'houi a ra zé ; il y a d'autres que ces hommes-là qui travaillent des journées entières, ouz-penn ann dud-sé, ré-all ouz-penn ann dud-sé, estr'évid ann dud-sé a labour dévezio penn da benn, etc.

NÉ VIN KÉN NÉMED AR PÉZ MA ON.

219*. Voici quelques tournures qui ne peuvent pas être réduites en règles, les exceptions étant trop nombreuses; mais je crois qu'il est très-utile de les donner, car il y a bien des cas où elles peuvent faciliter la construction.

Exemples : Je ne serais jamais autre que je ne suis, né viñ biken némed ar péz ma oñ ; il n'a été que ce qu'il est, né d-eo bét kén némed ar péz ma eo ; je ne suis pas autre que vous pensez, né d-oñ kéd dishéñvel dioc'h ar péz a zoñjed, *ou* béa oñ ar péz a zoñjed ; cela est autre chose que vous ne pensez, ann dra né d-eo kéd ar péz a zoñjed, *ou* ann dra-zé a zo dishéñvel dioc'h a péz a zoñjed, etc.

DI PRIVATIF.

220*. Un nom, précédé de *di* privatif, a le sens négatif de l'adjectif d'où il dérive.

Exemples : Méz, honte ; divéz, sans honte ; tuck, adroit ; didu, maladroit ; foun, abondance ; difoun, sans abondance, etc.

Les substantifs précédés de *di* sont de véritables adjectifs ; mais il ne faut pas mettre *di* avant un nom pour en faire un adjectif, s'il y a quelque adjectif qui ait le même sens que ce nom précédé de *di* : Il est triste, trist eo (et non pas, dijoa eo); il est aveugle, dall eo (et non pas, diwél eo), etc.

Le *di* privatif précède aussi les adjectifs : Brao, joli; divrao, laid; ez, facile; diez, difficile, etc.

Le *di* privatif, avant un verbe breton, répond au *dé* privatif du français : Défaire, dizober; déclouer, didacha; dédire, dislaret, etc.

MÉDIRE, DROUK-KOMZ.

221*. *Mé* avant un verbe se rend par *droug*, et *mal* se rend par *gwall*.

Exemples : Médire, drouk-komz; méfaire, droug-ober; malfaire, gwall-ober; malmener, gwal-gas, etc.

Mé et *mal*, avant un verbe, un nom ou un adjectif, ont quelquefois le sens de *dé* privatif, et alors ils se rendent par *di* : Méfier, disflout; malsain, diziéc'héduz *ou* diziac'huz; malvêtu, diwisk, etc.

REMARQUE SUR *ek* ET *ik* A LA FIN DES MOTS.

222*. En ajoutant *ek* à un nom on en fait un adjectif (cette terminaison *ek* répond à la terminaison *eux* du français) (1).

Exemples : Dour, eau; dourek, aqueux; douar, terre; douarek, terreux; dant, dent; dantek, qui a des dents (denteux); tal, front; talek, qui a un large front (fronteux); gwiniz, froment; gwinizek, qui rapporte du froment (fromenteux), etc.

Douar gwinizek, terre bonne pour le froment; eunn hent dourek, un chemin où il y a toujours de l'eau, etc.

EUNN DÉNIG EO.

223*. A la fin d'un nom commun, *ik* a la signification de bian (petit).

Exemples : Eunn dénig eo, c'est un petit homme; eur bugelik, un petit enfant, etc.

---

(1) Quand un nom a deux pluriels dont l'un est radical de l'autre, c'est au pluriel radical qu'on ajoute la terminaison *ek* : Gwiniz (radical de *gwinizen*, *gwinizenno*), gwinizek; panez (radical de *panézen*, panézenno), panézek; éd (radical de *éden*, *édenno*), édek, etc.

A la fin d'un nom propre de personne, *ik* exprime l'affection.

Exemples : Loizik, mon cher Louis; Iannik, mon cher Jean, etc. (on ne peut pas employer cette terminaison à l'égard d'un supérieur ni à l'égard d'un étranger : elle suppose la familiarité).

A la fin d'un nom propre de famille, *ik* exprime plutôt le mépris que l'affection.

Exemples : Briantik kôz, vieux bon homme Briand; ar Bastardig a zo eur goaz ! le vieux bon homme Bastard est un homme ! (par dérision), etc.

A la fin d'un adjectif, *ik* signifie *un peu trop*.

Exemples : Brâzig eo d'iñ, il est un peu trop grand pour moi; brazig eo honnez d'id, celle-là est un peu trop grande pour toi; gred hoc'h euz anéhañ bianik d'ehi, vous l'avez fait un peu trop petit pour elle, etc. Quelquefois, au lieu de *un peu trop*, *ik* signifie *convenablement, passablement :* Bravig avoalc'h hoc'h euz gred ann dra-zé, vous avez fait cela d'une manière passablement élégante, etc.

A la fin d'un nom de nombre, *ik* exprime la petitesse de l'objet désigné.

Exemples : Evit-hañ da gaout kalz a avalo, né ro d'iñ némed daouik bemdé, quoiqu'il ait beaucoup de pommes, il ne m'en donne que deux petites par jour; euz ann holl bér-zé né roez d'éhañ némed teirik ? de toutes ces poires tu ne lui en donnes que trois petites ? etc.

AR MABIK-JÉZUZ, L'ENFANT-JÉSUS.

FIN
DE LA GRAMMAIRE BRETONNE.

ERRATA

Le chiffre du n° 8 de la 1re Partie est passé.

N° 12. Au lieu de *koalen*, lisez *kaolen*.

Page 27, ligne 1re de la 3me remarque, au lieu de *h*, lisez *k* (la faute ne s'est échappée que dans 80 ou 90 exemplaires).

N° 13, dans la parenthèse de la ligne 1re, lisez *ñchou* au lieu de *chou*.

Le chiffre du n° 27 de la 1re Partie est passé.

Le chiffre du n° 75 de la 1re Partie est passé.

N° 81, ligne 11me, au lieu *b'éc'h*, lisez *bé'éc'h*.

Page 111, ligne 15me, au lieu de *gloriuz*, lisez *gloruz*.

Page 119, ligne 11me, au lieu de *éo*, lisez *eo*.

Page 124, ligne 30me, au lieu de *quel*, lisez *quelle*.

Page 134, ligne 17me, au lieu de *kag*, lisez *hag*.

Page 136, ligne 28me, au lieu de *on*, lisez *en*.

Pages 144 et 145, lisez *héñvel* et *klañv*, au lieu de *hénvel* et *klanv*.

Page 149, ligne 1re, au lieu de *indéterminatif*, lisez *déterminatif*.

Page 157, au lieu de *digant-han*, *anéhan* et *én*, lisez *digant-hañ*, *anéhañ* et *éñ*.

Page 158, ligne 27me, au lieu de *énkéver*, lisez *éñkéver*, ou *éñ-kéver*.

Page 158, ligne 2me de la 2me remarque, au lieu de *et comme ces verbes n'existent pas en français*, lisez *et comme tous ces verbes n'existent pas en français*.

Page 178, à la fin de le 2me ligne de la remarque, au lieu de *r*, lisez *z*.

Page 188, ligne 4me de la 1re remarque, au lieu de *desquelles*, lisez *desquels*.

Nº 166*, ligne 9ᵐᵉ, au lieu de *hén*, lisez *héñ*.

Nº 183*, ligne 1ʳᵉ, au lieu d'une *virgule*, il faut un point-virgule après le mot *content*.

SUPPLÉMENT DU Nº 53.

Après *hor, hon*, le *p* se change en *f*, et le *t* en *z* : Hor fark *ou* hon fark, et non pas *hor park* ni *hon park*; hor zi *ou* hon zi notre maison), et non pas *hor ti* ni *hon ti*, etc.

Remarque SUR LA PRONONCIATION DES CONSONNES *l*, *n* ET *r* APRÈS *hé* EN PARLANT D'UNE FEMME, ETC.

Ces trois consonnes sont toujours très-dures après l'adjectif possessif *hé* et après le pronom *hé* quand on parle d'une femme ou d'un objet féminin : *Hé léstr* (son navire à elle) et *hé listri* (ses navires à elle), se prononcent comme si l'on écrivait: hél léstr et *hél listri*, ou bien, *hé lléstr* et *hé llistri;* hé leski a riñ, prononcez, *hél leski* ou *hé lleski a riñ*, je la brulerai ; hé natur, dites *hén natur* ou *hé nnatur* (sa nature à elle); hé ré (les siens à elle), dites comme s'il y avait, *hér ré* ou *hé rré;* hé roed am euz d'id (je te l'ai donnée), dites comme s'il y avait, *hér roed* ou *hé rroed...*, etc. (on doit toujours, autant que possible, écrire comme l'on prononce, et je désire que l'on prenne l'habitude d'écrire, *hé rré* ou *hér ré*, au lieu de *hé ré* etc. en parlant d'une femme ou d'un objet féminin).

REMARQUE SUR LA PARTICULE *na*. (Voy. le nº 48).

Na, conjonction, n'occasionne aucune permutation :

Na té na mé, ni toi ni moi; na pemp na c'houec'h, ni cinq ni six ; na kaer na brâz, ni beau ni grand, etc.

TABLE
DES MATIÈRES

Préface.	III
Dédicace.	VII
Approbations.	IX

PREMIÈRE PARTIE

Diverses sortes de mots en breton. . . . . PAGE	1.
Alphabet breton. . . . . Nos	1.
DE LA PRONONCIATION	2.
Prononciation d'une seule voyelle.	3.
Prononciation de deux voyelles qui se suivent immédiatement.	4.
DES DIPHTHONGUES	5.
Prononciation des diphthongues.	6.
DES CONSONNES	7.
Prononciation des consonnes.	7.
Remarque sur les signes orthographiques.	8.
DES NOMS	9.
FORMATION DU PLURIEL	10.
Pluriel terminé en *ou*.	10.
Pluriel terminé en *iou*.	11.

Pluriel terminé en *nou*. . . . . 12.
Pluriel terminé en *ñchou*. . . . . 13.
Pluriel terminé en *iérou*. . . . . 14.
Pluriel terminé en *éien*. . . . . 15.
Pluriel terminé en *ien*. . . . . 16.
Pluriel terminé en *iz*. . . . . 17.
Pluriel terminé en *ed*. . . . . 18.
Pluriel terminé en *idi* ou en *ed*. . . . . 19.
Pluriel terminé en *igou*. . . . . 20.
Pluriel terminé en *ou* ou en *iou*. . . . . 21.
Formation du singulier et du pluriel du féminin des noms terminés en *ek*. . . . . 15.
Formation du singulier et du pluriel du féminin des noms terminés en *er*, en *eur* où en *our*. . . . . . . 16.
Formation du singulier et du pluriel du féminin des noms terminés en *iz* au pluriel masculin. . . . . 17.
Formation du singulier et du pluriel du féminin des noms terminés en *idi* ou en *ed* au pluriel masculin. . . . 19.
Formation des diminutifs et de leur pluriel. . . . . 20.
Duel. . . . . 22.
Noms hétéroclites *ou* irréguliers. . . . . 23.
Manière de faire un nom d'un infinitif *ou* d'un adjectif. . 39.

DU GENRE 24.

Diverses manières de connaître le genre dans les noms. . 25.
Genre commun. . . . . 26.
Genre des noms qui désignent des contenants ou des contenus. 27.
Genre des noms abstraits. . . . . 28.
Genre des noms en *ek* qui désignent des lieux *ou* des concours. 29.
Genre des noms terminés en *ed*. . . . . 30.
Genre des noms en *enn* ou en *en*. . . . . 31.
Genre des noms en *gez*. . . . . 32.
Genre des noms en *érez*. . . . . 33.
Genre des noms en *adur*. . . . . 34.
Genre des noms en *adurez*. . . . . 35.
Genres nombres ordinaux pris comme subtantifs. . . 36.

Genres des noms en *en* formés des nombres ordinaux. . . . 37.
Genre des diminutifs. . . . . 38.
Genre de l'infinitif *ou* de l'adjectif pris comme nom. . . . 39.

DE L'ARTICLE

Noms précédés des articles *ann*, *eunn* ou *enn*. . . . . 40.
Noms précédés de *ar*, *eur* ou *er*. . . . . 41.
Noms précédés de *al*, *eul* ou *el*. . . . . 42.

DES PERMUTATIONS

Permutations après les articles *ann, eunn, enn*. . . 43. et 44.
Permutations après les articles *ar, eur, er*. . . . 45. et 46.
Permutation dans les noms précédés immédiatement d'autres
   noms. 47.
Permutations après les particules *a, aba, ar ré, da*, etc. . 48.
Permutations dans les noms composés. . . . . 49.
Permutations après *am, em, hé, hô, va* ou *ma, nao, péder,
   pevar, teir* ou *ter, tri*. . . . . 50.
Permutations après *hô, az, éz*. . . . . 51.
Permutations après *ô, é, ma* (*ma* conjonction). . . . . 52.
Permutations après *hor, pemp, dék*. . . . . 53.
Permutations dans les adjectifs après certains noms :
   1º après les noms féminins. . . . . 54.
   2º après les noms masculins. . . . . 55.
   3º après les noms de baptême. . . . . 56.
Permutations après l'adjectif *holl*. . . . . 57.

DES ADJECTIFS   58.

Adjectifs qualificatifs. . . . . 58.
Adjectifs démonstratifs. . . . . 59.
Adjectifs possessifs. . . . . 60.

NOMS DE NOMBRE   61.

Nombres cardinaux de *un à dix*, de *dix à vingt*, de *vingt
   à trente*, de *trente à quarante*, etc. . . . . 62.

Un substantif, qui suit immédiatement un nom de nombre, reste toujours au singulier.	63.
Si la particule *a* se trouve entre le nom de nombre et le substantif, ce substantif se met au pluriel.	64.

NOMBRES ORDINAUX — 65.

Formation des nombres ordinaux.	66.

DES PRONOMS — 67.

Pronoms possessifs (syntaxe des pronoms 112*, etc. deuxième partie).	68.
Pronoms démonstratifs.	69.
Pronoms relatifs.	70.
Pronoms interrogatifs.	71.
Pronoms indéterminés (tableau).	72.

DES VERBES — 73.

Verbes auxiliaires.	74.
Conjugaison de *kaout* (avoir) au personnel.	75.
Conjugaison de *kaout* (avoir) à l'impersonnel.	76.
Conjugaison de *béza* (être) au personnel.	77.
Conjugaison de *béza* (être) à l'impersonnel.	78.
Conjugaison de *ober* (faire) au personnel.	79.
Conjugaison de *ober* (faire) à l'impersonnel.	80.

AUTRE CONJUGAISON DE *kaout*, DE *béza*, ET DE *ober*

Kaout précédé de l'infinitif *béa* dans ses temps personnels.	81.
Béza précédé de son infinitif dans ses temps personnels.	82.
Ober précédé de son infinitif dans ses temps personnels.	83.
Ober employé comme auxiliaire.	84.
Formation des temps.	85.
Conjugaison qui sert de modèle pour conjuguer au personnel les verbes réguliers et quelques temps de certains verbes irréguliers (*mirout*, garder).	86.
Remarque sur le participe passé.	87.

Manières de trouver la 3ᵉ personne du singulier du présent de l'ind. . . . . 88.
Conjugaison qui sert de modèle pour conjuguer à l'impersonnel les verbes réguliers et quelques temps de certains verbes irréguliers (mirout). . . . . 89.
Conjugaison des verbes irréguliers. . . . . 90.
Conjugaison de *mond* (aller) au personnel. . . . . . 91.
Conjugaison de *mond* à l'impersonnel. . . . . 92.
Conjugaison de *gouzout* (savoir) au personnel. . . . . 93.
Conjugaison de *gouzout* à l'impersonnel. . . . . . . 94.
Conjugaison de *galloud* (pouvoir) au personnel. . . . 95.
Conjugaison de *kavout* (trouver) au personnel. . . . 96.
Conjugaison de *dléout* (devoir) au personnel. . . . . 97.
Conjugaison de *lavarout* (dire) au personnel. . . . . 98.
Conjugaison de *karout* (aimer) au personnel. . . . . 99.
Conjugaison de *lakaat* (mettre) au personnel. . . . 100.
Remarque sur *anavéout*. . . . . 101.
Tableau des verbes dont l'infinitif seul est irrégulier. . . 102.
Verbes défectueux. . . . . 103.
Conjugaison du verbe *émé* (dis-je). . . . . 104.
Verbes passifs. . . . . 105.

EMPLOI DES TEMPS 106.

Du présent de l'indicatif. . . . . 107.
Du conditionnel présent. . . . . 108.
Du subjonctif présent. . . . . 109.
De l'imparfait du subjonctif. . . . . 110.

MANIÈRES DE FORMER DES VERBES

Manière de former un verbe en changeant en *cha* le *t* final d'un substantif. . . . . 111.
Manière de former un verbe en changeant en *ta* la finale *d* d'un nom pluriel. . . . . 112.
Manière de former un verbe en changeant en *ta* le *d* final d'un nom qui exprime le contenu d'une mesure de capacité. (Dans la syntaxe). . . . . 206*.

Manière de former un verbe en ajoutant *a* à la terminaison du pluriel d'un nom et en changeant la consonne finale de faible en forte, si ce nom pluriel est terminé par une consonne. (Dans la syntaxe). 207*

Manière de former un verbe en ajoutant *aat* à la terminaison d'un adjectif. (Dans la syntaxe). 208*

Manière de former un verbe en ajoutant *enni* à un nombre ordinal. (Dans la syntaxe). 210*

DE L'ADVERBE — 114.

Adverbes de temps (tableau). . . . . 115.
Emploi des adverbes de temps. . . . . . . 116, 117, et 118.
Adverbes de lieu. . . . . 119.
Emploi des adverbes de lieu. . . . . 120.
Adverbes d'ordre. . . . . 121.
Adverbes de quantité. . . . . 122.
Emploi des adverbes de quantité. . . . . 123.
Adverbes de comparaison. . . . . 124.
Adverbes de qualité. . . . . 125.

DES PRÉPOSITIONS — 126.

Prépositions simples (tableau). . . . . 127.
Prépositions composées (tableau). . . . . 128.
Emploi des prépositions simples. . . . . . 129 et 130.
Emploi des prépositions composées. . . . . 131 et 132.
Remarque sur la conjonction *que* après une préposition, un adverbe ou une conjonction. . . . . 133.

DES CONJONCTIONS — 134.

Tableau des conjonctions simples. . . . . 135.
Manière de rendre la conjonction *que* après un adverbe suivi d'un verbe, ou après le régime indirect d'un verbe suivi de ce même verbe. . . . . 136.
Tableau des conjonctions composées. . . . . 137.

Manières de rendre le *que* dans plusieurs locutions
    conjonctives. . . . . 138, 144.
Quelque, *quel* ou *quelle* avant un nom suivi de *que*. . 139.
Quelque grande quantité que. . . . . 140.
Quelques... que, *quels* ou *quelles que soient... que*. . 141.
Quelque avant un adjectif, un participe ou un adverbe suivi
    de *que*. . . . . 142.
Manière de rendre *quiconque*, *qui que ce soit qui*. . . 142.
Manière de rendre *jusqu'à ce que*. . . . . 143.
Autres remarques sur les locutions conjonctives. . . 145, 146.
Remarque sur les particules *a* et *é*. . . . . 147.

DES INTERJECTIONS 148.

Tableau des interjections. . . . . 149.

DEUXIÈME PARTIE

SYNTAXE BRETONNE

Syntaxe des noms 8* — des adjectifs 31* — des verbes 54* —
    des pronoms 112* — et des participes 166*.

DE L'ARTICLE

Article avant un nom commun sans complément. . . . 1*
Avant un nom commun précédé d'un adjectif démonstratif en
    français. (Voy. les divers articles dans la première partie,
    n° 40, etc.). . . . . 2*, 13* et 14*
Avant un nom propre de famille. 3*
Avant un nom propre de pays. 4*
Avant un nom précédé de *en* ou de *dans* en français. . . 5*

Avant deux noms dont le premier exprime la qualité ou la dignité d'une personne, et dont le second est le nom propre ou le titre de cette même personne. 15*
Avant un infinitif (voy. le n° 39 dans la première partie). . 7*

ACCORD DES NOMS

Quand deux ou plusieurs noms désignent une seule et même personne, une seule et même chose (Ludovicus rex). . . 8*

RÉGIME DES NOMS.

De entre le mot *ville* et le nom propre d'une *ville*. . . . 9*
De entre deux noms dont le dernier est pris dans un sens général 16*
De entre deux noms dont le dernier exprime la matière dont une chose est faite. 17*
De entre deux noms dont le dernier exprime une qualité bonne ou mauvaise. 18*
De entre un nom et un adjectif. 19*
De entre un attribut et un nom de ville ou de pays, etc. 20*, 24*
De entre deux noms dont le premier se traduit par un nom breton en *er* ou en *our*. 23*
De entre un nom de chose inanimée et un infinitif. . 25*, 26*
De, du, de la, des avant un nom partitif. 6*
De, du, de la, des entre deux noms dont le premier a le dernier pour complément. 10*, 11*, 12*
De, du, de la, des entre un nom de nombre et un autre nom. 21*
Du, de la, des entre deux noms dont le premier se traduit par un nom breton en *er* ou en *our*. 22*
A entre deux noms. 27*
A entre deux noms dont le dernier est précédé d'un nom de nombre. 28*
A entre un nom et un infinitif. 29*
Manière de former un nom composé en breton. 30*

DE L'ADJECTIF

Accord de l'adjectif avec le nom.	31*
L'adjectif breton se met ordinairement après le nom.	32*
Quand l'adjectif se rapporte à un infinitif.	33*

RÉGIME DES ADJECTIFS.

De après les adjectifs *plein, comble, digne, content, mécontent, pourvu, dépourvu,* etc.	34*
De après les adjectifs *avide, cupide,* etc.	35*
De quelle préposition doit être précédé le complément des adjectifs qui expriment un sentiment de bonté, de douceur, de reconnaissance, de sensibilité, etc.	36*
De quelle préposition doit être précédé le complément des adjectifs qui expriment un sentiment de haine, de cruauté, d'arrogance.	37*
De quelle préposition doit être précédé le complément des adjectifs qui expriment l'avantage ou le désavantage, la facilité ou la difficulté, ainsi que ceux qui expriment inclination vers quelque chose.	38*
De quelle préposition doit être précédé le complément des adjectifs qui expriment la lenteur, la maladresse, la négligence, la vitesse, l'adresse, etc.	39*
Les adjectifs *klañv, skuiz, néc'het* veulent *gant* avant leur complément.	40*
De entre un adjectif un infinitif. (Voy. le n° 33*).	41* 42*
A entre un adjectif un infinitif.	43*
Pour entre un adjectif et un infinitif.	44*

COMPARATIF ET SUPERLATIF

Formation du comparatif	45*
Quand le comparatif peut se mettre indifféremment avant ou après le nom auquel il se rapporte	46*
Le *que* après un comparatif.	47*
Formation du superlatif.	48*
Le *que* après un superlatif.	49*
Le complément du superlatif, étant un pronom personnel, ne doit être précédé d'aucune préposition.	50*

De après un comparatif se rend par *euz*, si le complément
est un nom pluriel précédé de l'article. 51*
De après un comparatif se rend par *a* ou *euz*, si le complément est un nom singulier. 52*
Le comparatif peut se mettre avant ou après le nom auquel
il se rapporte. 53*

DES VERBES

ACCORD DU VERBE AVEC LE SUJET

Quand le verbe a pour sujet un seul pronom personnel. . 54*
Dans toute proposition négative le verbe s'accorde, excepté. 55*
Le verbe étant à la première ou à la seconde personne s'accorde
avec son sujet, s'il en est suivi. 56*
Dans toute proposition affirmative le verbe se met à l'impersonnel, quand il est précédé de son sujet. 57*
Le verbe se met à la troisième personne du singulier, si le
sujet est de la troisième personne et suit immédiatement
le verbe, ou s'il n'en est séparé que par *na* (ni) ou un régime. 58*

EMPLOI DE L'IMPERSONNEL, DU PERSONNEL ET DES VERBES AUXILIAIRES

Cas où le verbe se met à l'impersonnel ou se conjugue avec
l'auxiliaire *ober*. 59* 60*
Cas où le verbe se met au personnel. 61* 62*
Après *ogen, mes* (or, mais) le verbe se met à l'impersonnel
ou se conjugue avec l'auxiliaire *ober* dans une proposition
affirmative. 63*
Après *ha* ou *hag* (et) on peut mettre le verbe au personnel,
à l'impersonnel ou le conjuguer avec *ober* dans une proposition affirmative. 64*
Quand la phrase commence par une incidente, le verbe se
met au personnel dans l'incidente et dans la principale à
laquelle est liée l'incidente. 65*
La phrase bretonne peut commencer par le participe passé
de la principale, et alors l'auxiliaire se met au personnel. 66*

RÉGIME DES VERBES

Tout verbe actif veut un régime direct. 67*
Le régime d'un verbe passif est précédé de *gand* en breton 68*

RÉGIME INDIRECT DES VERBES ACTIFS ET RÉGIME DES VERBES NEUTRES

Verbes après lesquels *à* se rend par *da*. . . 69*, 70*, 71*, 72*
Verbes après lesquels *à* se rend par *digand*. 73*
Verbes après lesquels *à* se rend par *é*. 74*
Verbes après lesquels *à* se rend par *out*. 75*, 76*
Verbes souvent sans régime en français et suivis de *out* en breton. 77*
Verbes après lesquels *contre* et *à* se rendent par *out* ou *gand*. 78*
Verbes après lesquels *à* se rend par *euz*. 79*
Verbes après lesquels *à* se rend par *out* ou par *é*. . . 80*
Verbes après lesquels *de* se rend par *a* ou *euz* ou par *euz a*. 81*
Verbes après lesquels *de* se rend par *divar*. 82*
Verbes après lesquels *de* se rend par *digand*. 83*
Verbes après lesquels un nom de personne ou un pronom personnel doit être précédé de *digand*. 84*
Verbes après lesquels *de* se rend par *diout*. 85*
Verbes après lesquels *de* se rend par *da* ou par *out*. . . 86*
Verbes après lesquels *de* se rend par *euz*. 87*
D'après et *de*, signifiant *d'après*, se rendent par *diout* ou *hervez*. 88*
De, pouvant se trouver par *touchant*, peut toujours se rendre par *divar-benn*. 89*
Verbes après lesquels *de* se rend par *a* et quelquefois par *euz* ou *diout*. 90*
Verbes après lesquels *de* se rend par *a* (verbes absoudre, délivrer, etc.). 91*
De avant le complément d'une proposition négative se rend toujours par *a*. 92*
Quand deux verbes français n'ont qu'un régime et que les verbes bretons veulent des régimes différents. 93*

NOM DE LA CAUSE, DE L'INSTRUMENT ET DE LA MATIÈRE

De avant le nom de la cause, de l'instrument et de la matière
se rend toujours par *gand*. 94*, 95*, 96*

RÉGIME D'UN VERBE SUR UN AUTRE

Quand deux verbes sont de suite et que le premier n'exprime pas mouvement, le second se met à l'infinitif sans préposition. 97*
Si le premier a un régime direct, l'infinitif du second est précédé de *da*. 98*
Quand le premier verbe a un régime gouverné par *da* en breton, l'infinitif du second est sans préposition. . . . 99*
Si le premier verbe exprime mouvement pour aller ou venir en quelque lieu, l'infinitif du second est précédé de *da*. 100*
Si le premier verbe exprime mouvement pour venir de quelque lieu, l'infinitif du second est précédé de *a* ou de *euz*. 101*
Cas où le dernier verbe doit se mettre au participe présent. 102*, 103*
Comment on doit rendre le gérondif français en breton 104*, 105*
A se rend par *da* avant un infinitif actif qui peut se tourner par le passif. 106*
L'infinitif français qui suit un des verbes *voir, entendre, écouter* (vidi cum ingredientem) se met au participe présent. 107*

VERBES PRONOMINAUX.

Le pronom régime direct d'un verbe pronominal breton est toujours *en em*. 108*

VERBES IMPERSONNELS

Sujet. 109*
Cas où le verbe impersonnel breton doit être suivi de son sujet réel. 110*
Cas où le verbe, qui suit le verbe impersonnel en breton, se met à l'infinitif précédé de *da*. 111*

DES PRONOMS

Les pronoms sujets sont. 112*
Les pronoms régimes directs sont. 113*
Pronoms qui se mettent après les verbes et après d'autres pronoms. 114*
Les pronoms régimes indirects sont. 115*
Pronoms gouvernés par les prépositions *gand, digand*. . 116*
Pronoms gouvernés par les prépositions *out, diout*. . . . 117*
Pronoms gouvernés par les prépositions *var, divar, rak, dirak, dré, dreist, enn, évid, hép, némed* et par la conjonction *égét*. 118*
Var-lerc'h et *goudé* ne gouvernent aucun pronom, etc. . 119*
Manière de rendre les pronoms *me, te, se, nous, vous, le, la, les*. 120*
Manière de rendre les pronoms *me, te, nous, vous* (étant pour *à moi, à toi, à nous, à vous*), *lui, leur*. . . . 121*
En régime d'un verbe passif se rend par *gand*, etc. . . . 122*
Manière de rendre *en* signifiant *de lui, d'elle, d'eux, d'elles, son, sa, ses, leur, leurs*. 123*
Manière de rendre *y* signifiant *à lui, à elle, à eux, à elles*. 124*
Manière de rendre les pronoms *soi, soi-même*. . . 125*, 126*
Manière de rendre *même* joint à un pronom, et de rendre le pronom auquel *même* est joint. 127*
Manière de rendre *on* avant le verbe *être*. 128*
Manière de rendre *on* avant le verbe *avoir*, et *il y a*, etc. 129*
Manière de rendre *on* avant le verbe *avoir*, et *il y a*, etc. dans une incidente ou une principale précédée de quelque mot. 130*
Manière de rendre *on a, il y a* précédés de *quand* ou *lorsque*, etc. 131*
Manière de rendre *on* avant les autres verbes. 132*, 133*, 134*, 135*
Manière de rendre *on* dans une proposition principale affirmative. 126*, 137*
Manière de rendre *on* dans une proposition négative, soit principale, soit incidente. 138*

ACCORD DU RELATIF AVEC L'ANTÉCÉDENT

Le *qui* et le *que* relatifs. 139*
Ce qui, ce que entre deux verbes. 140*, 141*
Tout ce qui, tout ce que entre deux verbes. 142*
Dont, de qui, duquel, delaquelle gouvernés par un nom 143*
Dont, de qui, etc, gouvernés par un adjectif ou par un verbe. 144*
A qui, auquel, à laquelle, etc. 145*
Par qui. 146*
Manières de répondre. 147*, 148*, 149*, 150*, 151*

ADJECTIFS POSSESSIFS

Emploi de l'adjectif possessif. 152*, 153*
Ma et *va* précédés de *da* se rendent par *am, da* (ton, la tes) précédé de *da* se rend par *az*. 154*
Ma et *va* précédés de *é* se rendent par *em*, et *da* précédé de *é* se rend par *ez*. 155*
L'adjectif possessif breton mis immédiatement avant un verbe devient pronom personnel régime direct de ce verbe. . . 156*
Manières de rendre *son, sa ses* dans une proposition dont le sujet est *on*. 157*

PRONOMS INTERROGATIFS

Qui interrogatif. 158*
Quel, quelle, lequel, laquelle, quels, quelles, lesquels, lesquelles interrogatifs. 159*, 160*
Qui entre deux verbes. 161*
Que interrogatif. 162*
Quel, quelle, etc. quand on peut ajouter le mot *grand*. . 163*
Quel, quelle, etc. signifiant *quantième*. 164*
Quel, quelle suivis d'un adjectif. 165*

DES PARTICIPES

Participes joints au sujet. 166*, 167*

Participes joints au régime. 168*, 169*
Manière de rendre le participe passé qui ne se rapporte ni au sujet ni au régime. 170*

NOMS DE MESURE, DE DISTANCE, ET D'ESPACE, ETC.

Nom de la *mesure*. 171*
Lieu précis où une chose est arrivée, et *nom* de *distance*. 172*
Nom de la *manière* et de la *partie*. 173*

CONJONCTION *QUE*.

La conjonction *que* entre deux verbes. . 174*, 175*, 176*, 177*

TROISIÈME PARTIE

CELTICISMES

Ne pas avant un infinitif. 178*
De ce que conjonctif entre deux verbes. 179*
Si conditionnel. 180*
Pour avant un infinitif. 181*
Kavout dá, beza dá gand, kavout kérsé, béza kérsé gand, kavoud iskiz, béza iskiz gand. 182*
Béza stad é, béza lorc'h é, béza droug é. 183*
Arriver avant un infinitif. 184*
Arruout, béza stad é et *béza droug é* veulent leur complément précédé de *gand*. 185*
C'hoarvézout veut *gand* avant son régime. 186*
Béza gwell, suivi de *gand,* diffère de *béza gwell,* suivi de *da.* 187*
Accuser suivi du parfait de l'infinitif ou d'un substantif. 188*
Menacer suivi d'un verbe. 189*
Finir avant un infinitif. 190*
Venir de, ne faire que de. 191*

Apprendre. . . . . 192*. — *Être debout.* . . . 193*
Faillir, penser, manquer suivi d'un infinitif, *avoir été sur le point de,* etc. 194*
S'en falloir beaucoup, être bien éloigné de. . . . 195*
Être indifférent, importer peu. 196*
Faire avant un infinitif. 197*
Ce n'est pas à dire pour cela que. 198*
N'être pas homme à, femme à. 199*
C'est à, c'est de avant un infinitif. 200*
C'en est fait de. . . . 201*. — *Un tel.* 202*
Tel que suivi d'un verbe. 203*
Si dubitatif. 204*
Être capable de. 205*
Manière de faire un verbe d'un nom terminé en *ad.* . . 206*
Manière de faire un verbe d'un nom de fruit. . . . 207*
Manière de faire un verbe d'un adjectif. 208*
L'infinitif précédé de l'article indéterminatif. 209*
Manière de faire un verbe d'un nom de nombre ordinal. . 210*
L'adjectif possessif entre le mot *potr* et un nom. . . . 211*
Le mot *potr* désignant un homme de profession. . . . 212*
Le pronom de la troisième personne du singulier féminin devient neutre par certaines manières de parler. . . . 213*
Le verbe *avoir* se rend quelquefois par le verbe *béza.* . . 214*
Cas où une phrase courte en breton commence souvent par un des pronoms *mé, té, hi, héñ, ni, c'houi, hi* ou *int.* . 215*
Que après *autant, aussi.* 216*
Que après *tant, si.* 217*
D'autres que. 218*
Quelques autres tournures bretonnes. 219*
Di privatif. 220*
Mé avant un verbe se rend par *drouk,* et *mal* se rend par *goall* ou *gwall* 221*
Remarque sur *ek* et *ik* à la fin des mots. 222* 223*

FIN DE LA TABLE DES MATIÈRES.

TRÉGUIER, — TYP. A. LE FLEM.

www.ingramcontent.com/pod-product-compliance
Lightning Source LLC
Chambersburg PA
CBHW070649170426
43200CB00010B/2171